※カラーページの解説は261、262頁を参照ください。

写真　想定される被害の様相（昭和東南海地震：尾鷲市）

Ⅱ

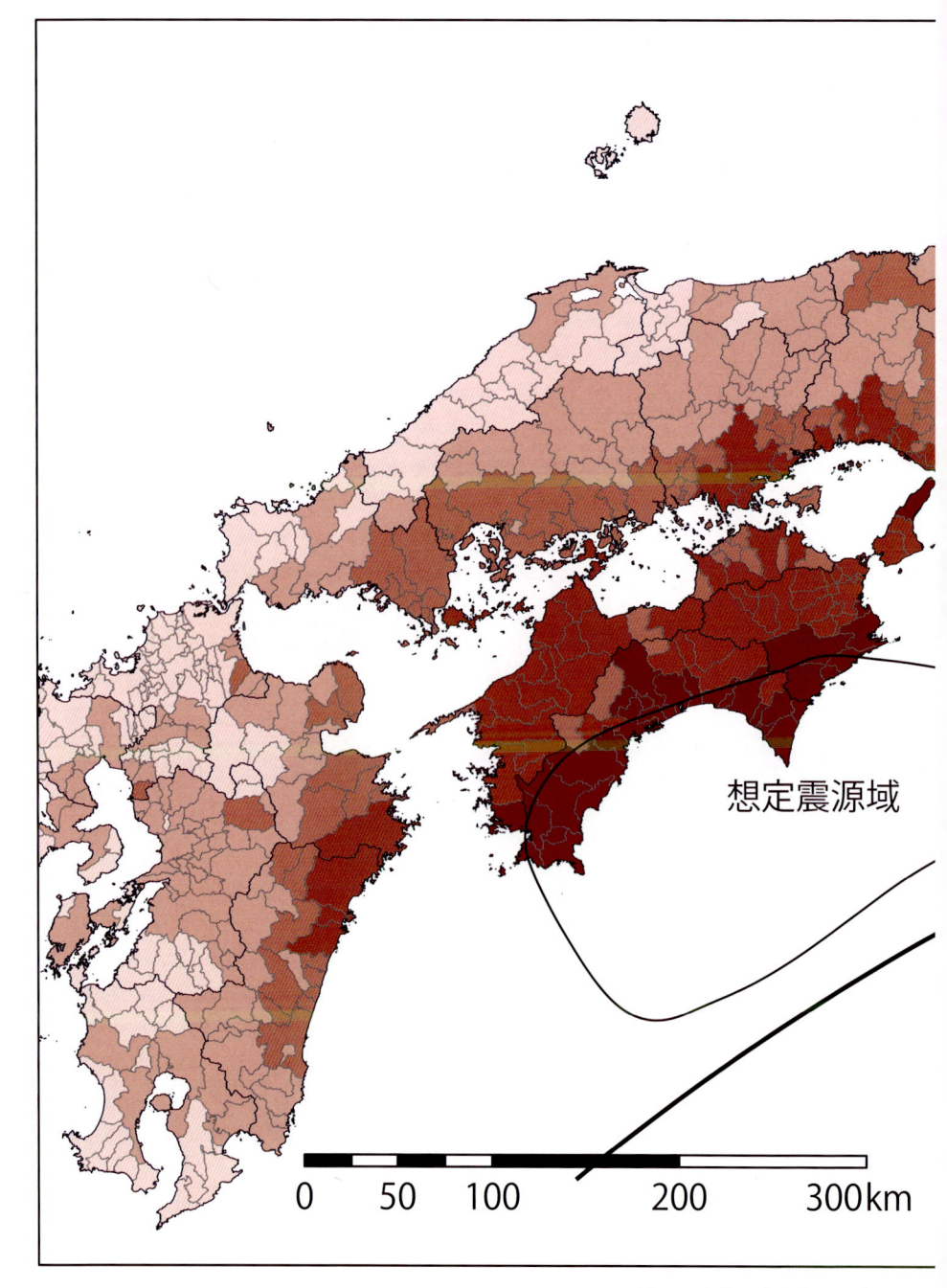

想定震源域

0 50 100 200 300km

図1 東海・東南海・南海地震の

Ⅲ

プレート境界

市区町村最大震度
東海・東南海・南海地震
（　）内は市区町村数
- 6強以上 (132)
- 6弱 (238)
- 5強 (213)
- 5弱 (294)
- 4以下

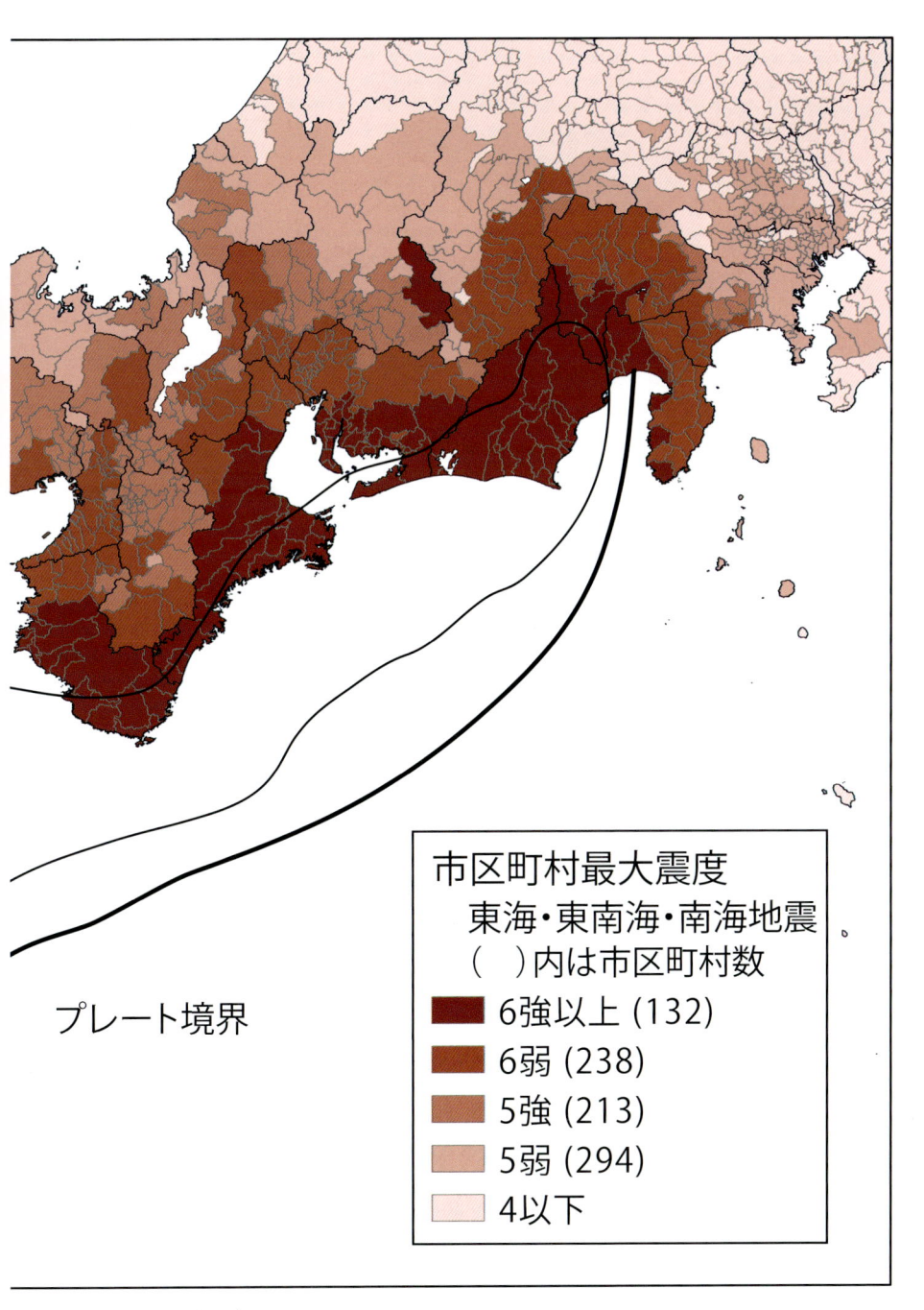

震源域と市町村別最大震度

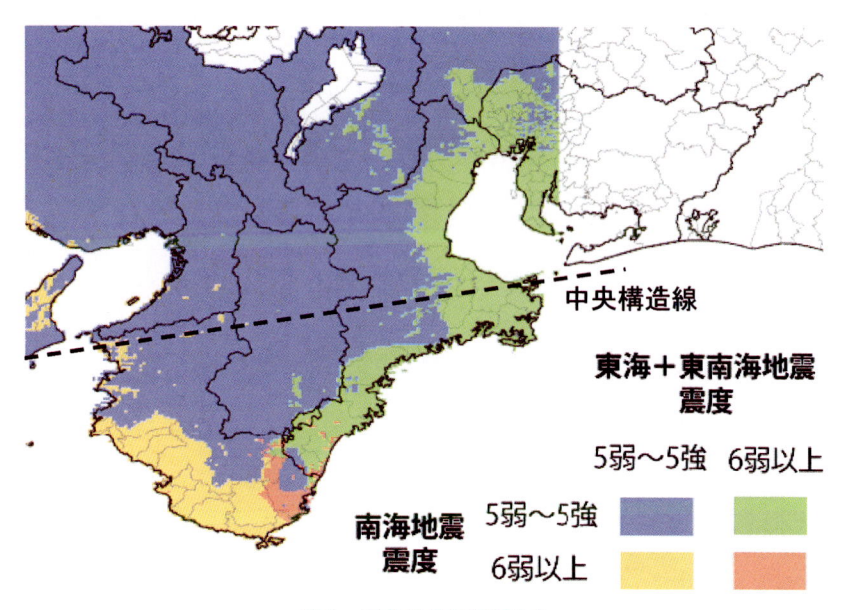

図2　紀伊半島の震度分布

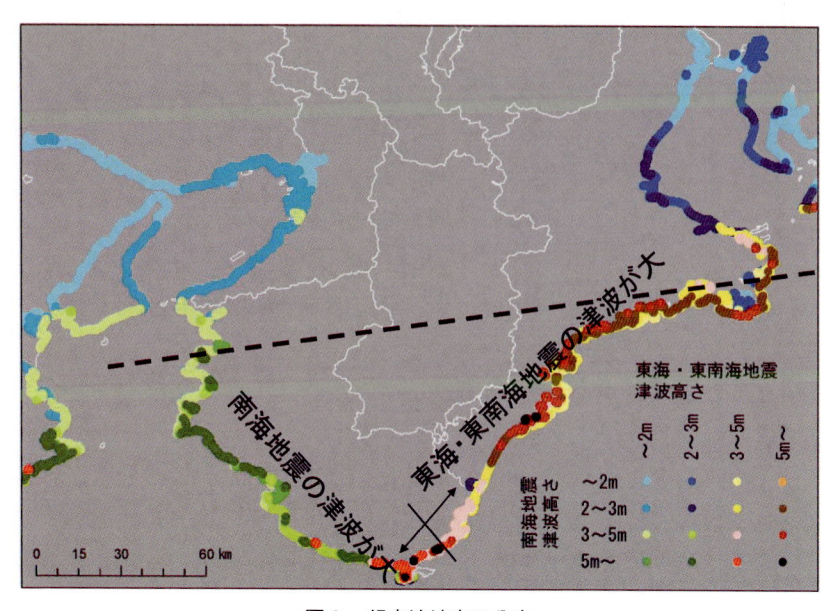

図3　想定津波高の分布

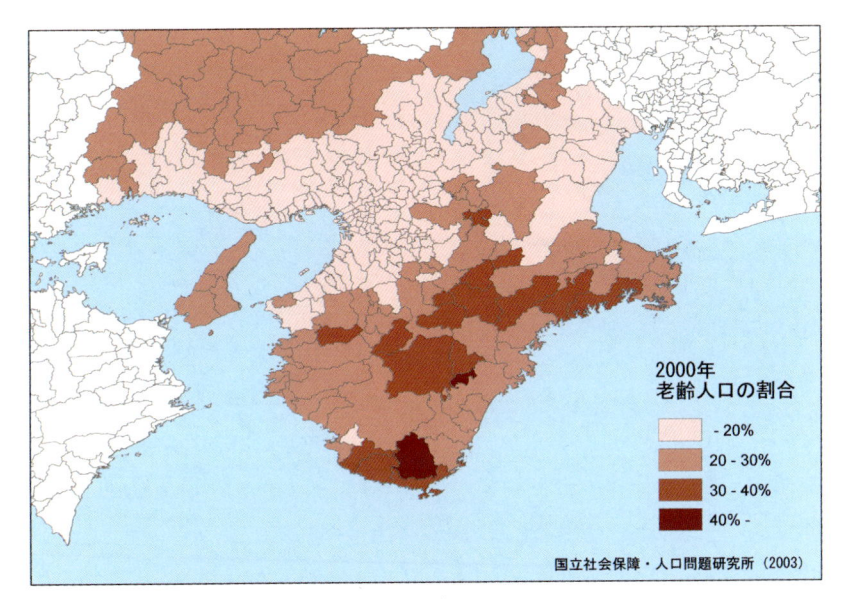

2000年

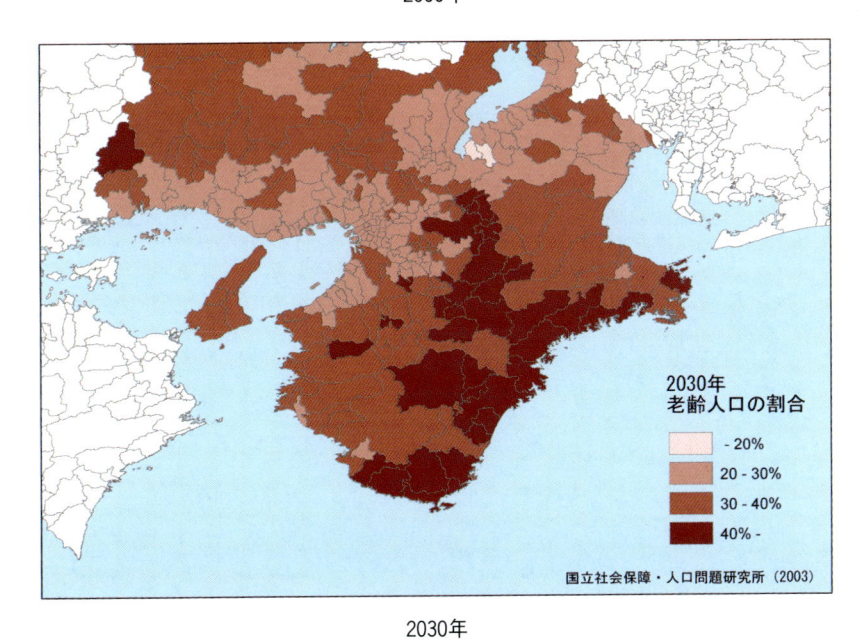

2030年

図4　近畿圏の老齢人口率

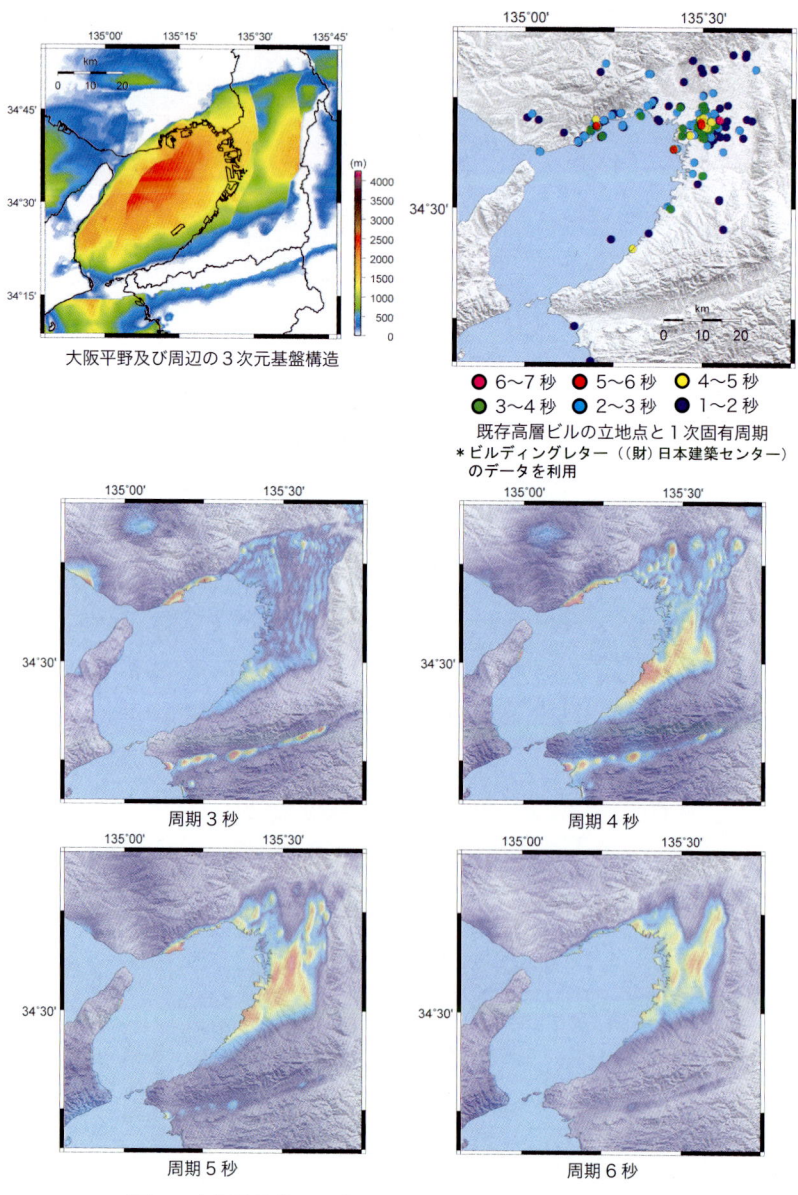

大阪平野及び周辺の3次元基盤構造

● 6〜7秒　● 5〜6秒　● 4〜5秒
● 3〜4秒　● 2〜3秒　● 1〜2秒
既存高層ビルの立地点と1次固有周期
＊ビルディングレター（（財）日本建築センター）のデータを利用

周期3秒

周期4秒

周期5秒

周期6秒

図5　高層建築物の分布と東南海・南海地震の予測地震動
(出典：川辺秀憲・釜江克宏：想定南海地震による大阪堆積盆地での地震動の予測、日本地震学会2005年秋季大学、p 205、2005年)

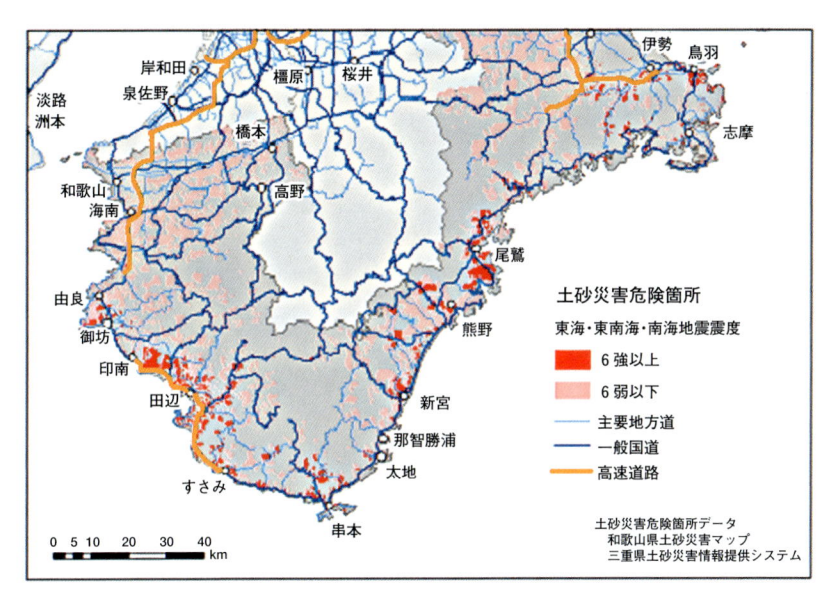

図6　紀伊半島南部の土砂災害危険箇所とその震度

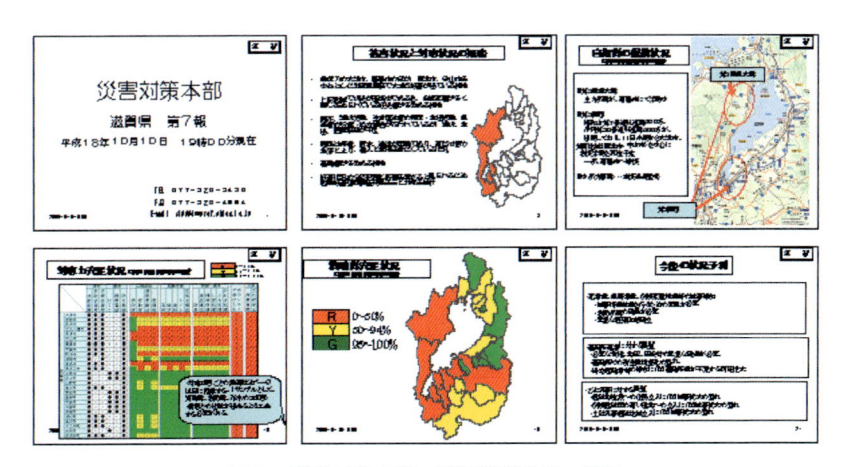

図7　災害対策本部　状況認識の統一資料

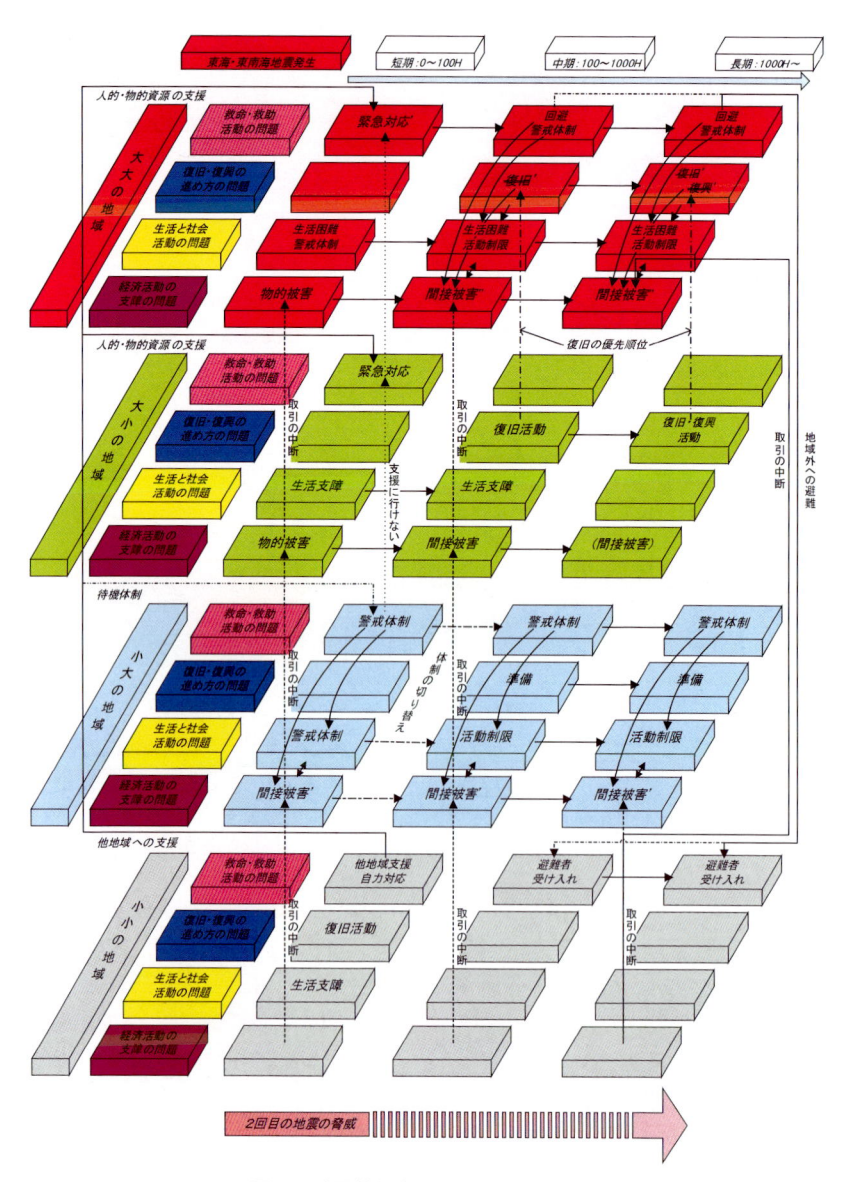

図8　時間差発生に関する問題の構造

巨大地震災害へのカウントダウン

～東海・東南海・南海地震に向けた防災戦略～

監 修　河田惠昭（人と防災未来センター長）
　　　　林　春男（京都大学防災研究所教授）
編 集　大大特成果普及事業チーム33

東京法令出版

本書は、文部科学省の「大都市大震災軽減化特別プロジェクト」
（大大特）による調査・研究報告を基に作成しております。

序　文

　残念ながら、近い将来必ず発生する東海・東南海・南海地震は、起こらなければ起こらないほど、発生確率が大きくなるといういやな性質をもっています。しかも、これらの避けられない地震と津波にいかに対応するのかという問題は、先送りが許されないほどに重大で、かつ多岐にわたっています。私自身は、政府の東海地震対策専門調査会や東南海・南海地震等専門調査会に委員として参画し、本書で紹介されている研究の必要性を強く訴えてきた経緯があります。あるいは、総合科学技術会議でも議論をしてきました。その結果、大きな研究プロジェクトとして文部科学省に採択されました。京都大学防災研究所では、私が研究代表者として、これらの地震と津波災害の外力から被害軽減までの諸課題を組織的に研究推進し、大きな成果を挙げて参りました。そして、本書で紹介されている成果普及事業が途中から組み込まれ、それを人と防災未来センターに委託したのも私です。なぜそうしたのかについては、このような広域災害は政府と自治体が連携しなければ乗り越えられないことが自明だからです。そして、このセンターに自治体関係者を結集して議論しなければならないと強く思っていたからであり、このような場を設定できるのはこのセンターのほかにないからです。

　それまでに、既に三重県をはじめとして幾つかの府県レベルの自治体では防災戦略とアクションプランを展開しており、ほとんどのケースは30年計画、すなわち、解析資料がもっとも整っている南海地震が一番起こる確率が大きくなる時期までに防災・減災対策を整備することになっています。しかし、それだけでは不十分です。なぜなら自治体連携ができないからです。阪神・淡路大震災から15年を経過しようとしていますが、この間我が国で発生した大小92回の被害地震では、ことごとく自治体連携が不十分なのです。関係者は謙虚に、この事実を認めなければいけません。なぜ、連携ができないかといえば、日ごろからやっていない

からです。ですから、人と防災未来センターでは、被災のおそれのある府県レベルと政令市レベルの自治体を中心に関係者の参加を得て、ワークショップをはじめ、様々な取り組みを行ってまいりました。その成果の一部が本書で報告されています。

　しかし、このような大きな問題が数年で解決できるわけではありません。次の東海・東南海・南海地震が起こるまで解決できないかもしれません。しかし、明確な方向性をもって関係者が努力しているときは勢いがあります。そのような状態で突然発生するこれらの地震災害に対処したいのです。人と防災未来センターでは、東海・東南海・南海地震を中核プロジェクトと位置付けて、現在に至るまで組織的な研究を継続しています。本書が、これらの地震災害のみならずほかの災害でも、自治体連携による被害軽減に役立つと信じています。

　平成21年5月

　　　　阪神・淡路大震災記念　人と防災未来センター長　河田　惠昭

はじめに

　本書は、21世紀前半に発生が確実視されている東海・東南海・南海地震による被害を最大限予防し、それでも避けられない被害からの創造的な復旧・復興の実現を目的とした、全国の若手防災研究者と近畿圏の防災実務者による戦略的なアクションプランである。また本書は文部科学省「大大特」の「防災研究成果普及事業」の一環として3年間にわたって実施された研究者と実務家の協働の成果でもある。ここでは本書がどのような背景で生まれ、何を目指してきたかを紹介したい。

大大特

　まず「大大特」について紹介しよう。大大特とは、平成14年度から5年間にわたって実施された「大都市大震災軽減化特別プロジェクト」の通称である。「大大特」は「新世紀重点研究創世プラン―リサーチ・レボリューション・2002（RR 2002）―」の一環として文部科学省による委託事業として実施された。その目的は、首都圏や京阪神などの大都市圏において、大地震が発生した際の人的・物的被害を大幅に軽減するための科学的・技術基盤を確立することを目的として研究開発された最先端の科学技術を我が国の地震防災対策に効果的に活用することである。また、「大大特」は7つの大きなテーマで構成されており、理学・工学・社会科学など異分野の研究者が結集して学際的な課題解決を目指した大規模な研究プロジェクトである。

　その中で京都大学防災研究所は「災害対応戦略研究」の課題の一つである「巨大地震・津波による太平洋沿岸巨大連担都市圏の総合的対応シミュレーションとその活用手法の開発」の中核機関として、東海・東南海・南海地震とその前後に危険性が高まる都市直下型の地震災害を想定して、総体としての被害の最小化を地域間の連携を前提として実現する方法を検討してきた。

成果普及事業

　本書が生まれる直接のきっかけとなったのが「成果普及事業」である。正式名称は「防災研究成果普及事業」であり、大大特の事業の一環として平成16年度から3年間にわたって実施された。成果普及事業を計画した文部科学省によれば、「防災研究成果普及事業」とは「都道府県および政令指定都市が実施する防災対策事業において、地域の特性に応じた防災力の更なる向上を図るため、国の計画・方針の下で大学・研究機関が推進してきた地震、火山噴火、その他の自然災害に関する防災研究の成果を、理学、工学から社会科学までの異分野連携によって総合的に普及し、他の都道府県などにも普及可能な防災事業のモデルを開発するパイロット的事業」であると規定されている。京都大学防災研究所も成果普及事業を担当することとなり、東海・東南海・南海地震とその前後に危険性が高まる都市直下型の地震災害を想定して被害の最小化に関する研究成果を広く社会に普及させるため、近畿圏を中心として普及方法の検討を行うことになった。以上が、本書が生まれた背景である。

　「成果普及事業」の一環として京都大学防災研究所は、「研究成果の応用・普及による自治体の防災力の向上と効率的連携に関する研究」を実施した。21世紀前半に発生が確実視される東海・東南海・南海地震災害のようなスーパー広域災害に対しては、各地域の防災力を向上させると同時に、それらを効率的に結びつける地域間の広域連携の推進が不可欠であると考えたからである。そこで、東海・東南海・南海地震の防災対策推進地域である、大阪府、京都府、滋賀県、奈良県、兵庫県、和歌山県、三重県の2府5県、及び大阪市、神戸市、京都市という近畿圏内の3政令市の防災担当職員とともに、広域連携を効果的に実現する手法の開発と地域の防災力向上を目指した自治体向け防災プログラムの開発を行うとともにそれらの普及に努めることとし、事業の実施は、財団法人阪神・淡路大震災記念協会　人と防災未来センターに委託した。

研究者と実務者の協働

　本事業の特徴を一言でいえば、研究者が自らの問題意識で研究を実施しその成果を自治体に提案するという「トップダウン」型の成果普及ではなく、まず自治体のニーズ"声"を把握してそれに応える形で自治体関係者と共に研究者が防災プログラムの開発を行う「ボトムアップ」型の成果普及モデルの開発を行ったことである。具体的な方法としては、まず「巨大地震・津波による太平洋沿岸巨大連担都市圏の総合的対応シミュレーションとその活用手法の開発」の研究を担当する京都大学防災研究所の教員や人と防災未来センターの上級研究員による指導の下に、近畿2府5県及び3政令市から推薦された防災担当者と全国で活躍する若手の防災研究者及び人と防災未来センターの専任研究員がワーキンググループを結成した。そして定期的な討議及びワークショップの開催を通して、1)自治体間での広域連携を可能にするための標準的情報処理スキームの基盤整備と、2)地域の防災力向上のために、近畿圏全体として考えるべき防災プログラムを自ら作成していった。

　平成16年度には参加した各自治体が抱えている防災対策における問題点、一般的な行政課題などのニーズを把握し、東海・東南海・南海地震に対して近畿圏として取り組むべき7つの戦略的な防災課題を抽出し、続く平成17年度には、6つの戦略課題について具体的な地震・津波防災対策をまとめたアクションプランの作成に着手した。最終年度の平成18年度には、アクションプランの内容を見直すとともに、プランの実行方策を検討し、報告書としてまとめた。その成果が本書の基礎である。

本書の目指すもの

　21世紀前半に発生が確実視されている東海・東南海・南海地震による被害は東海、近畿、四国と西日本の太平洋側に広域にわたる。中央防災会議が行った被害想定では、死者2万4,000人、被害額81兆円という甚大な被害が予想されている。予想される被害をできるだけ最小化するとともに、避けられない被害からの創造的な復旧・復興を図ることは21世

紀の日本の生き残りにとってきわめて重要な課題であり、人と防災未来センターで行ってきた大大特成果普及事業は、近畿圏という限定された地域を対象としているものの、来るべき東海・東南海・南海地震対策を考える上で貴重な示唆をたくさん含んでいる。しかし、その報告書は内容的には大変優れたものだが、報告書という性格から活動すべてを盛り込もうとしている感がある。また、全員が分担して執筆していることもあり、読み物としては分量が多すぎること、また全体としての論理展開がわかりにくくなり、メッセージが読者に伝わりにくいことも否めない。そこで、本書では報告書の内容は変えずに、書籍としての読みやすさを考慮して、巻末に示す執筆者らに、成果のエッセンスをわかりやすく読者に伝えることを目的として、各分科会を代表してそれぞれリライトを依頼したものである。

　本書はあくまでも今回の「成果普及事業」に参加したメンバー全員の成果である。直接的には防災研究の成果を普及するにあたって、研究者と実務家の協働のあるべき姿を示す一例として読者の皆様の参考になること、そして最終的には東海・東南海・南海地震の被害の最小化と創造的な復旧・復興の実現に向けた一助となることができれば、参加メンバーにとって望外の幸せである。

　平成21年5月

京都大学防災研究所教授　　林　春男

目　次

第1編　東海・東南海・南海地震とはどのような災害なのか

1　東海・東南海・南海地震の特徴 …………………………………………… 2
　(1)　広域に大規模な被害をもたらす災害である ………………………… 2
　(2)　津波による被害 ………………………………………………………… 5
　(3)　やや長周期の強震動による被害 ……………………………………… 6
　(4)　時間差発生のケースがある …………………………………………… 7
　(5)　発生時期が切迫している ……………………………………………… 9
2　東海・東南海・南海地震を迎え撃つためには～基本的枠組み～ ……… 11
　(1)　敵は一様ではない～地域によるハザード特性の違いを把握する～ … 12
　(2)　己も一様ではない～地域の脆弱性の違いをとらえる～ …………… 13
　(3)　戦略構築のための4分割マトリクス ………………………………… 14
　(4)　東海・東南海・南海地震に備えるための6つの戦略課題とは …… 16

第2編　6つの課題

第1章　住宅の耐震化戦略の構築 ………………………………………… 22
1　なぜ、耐震化戦略が必要なのか ………………………………………… 22
2　耐震化が進まない理由 …………………………………………………… 24
　(1)　耐震化を邪魔する要因とは …………………………………………… 24
　(2)　今、自治体は何をしているのか ……………………………………… 25
　(3)　それぞれの地域の悩み ………………………………………………… 25
3　国の地震防災戦略とは …………………………………………………… 26
　(1)　追い風が吹いた！国の地震防災戦略 ………………………………… 26
　(2)　10年でどこまで耐震化するのか？できるのか？ …………………… 28
　(3)　国の地震防災戦略をとことん議論する ……………………………… 31
4　大転換期を迎えた住宅政策 ……………………………………………… 40
　(1)　量から質へ ……………………………………………………………… 40
　(2)　耐震化率90％をともに掲げた住宅政策目標と耐震化目標 ………… 42

5 近畿圏の自治体が知恵を絞った耐震化の考え方・進め方 ……………43
  (1) 耐震化戦略計画が目指すもの ………………………………………43
  (2) 3つの戦略軸を知る …………………………………………………44
  (3) 達成すべき3つの戦略目標「基本戦略」、「短期戦略」、「長期戦略」…44
  (4) 戦略構造体系を可視化する …………………………………………46
  (5) 社会の防災力を高める対策を推進する「基本戦略」 ……………46
  (6) 人命をまもるために耐震性を優先的に高める対策を促進する
      「短期戦略」 …………………………………………………………48
  (7) 住宅ストックの質を継続的に高める対策を導入する「長期戦略」……50
  (8) 向かうべき方向を見据え、今は何をすべきか考える ……………52
  (9) 新しい耐震化計画は国の地震防災戦略とどこが違うのか ………53
6 どのように耐震化戦略計画を使うのか ……………………………………54
  (1) 網羅的な耐震化施策メニューを手に入れる ………………………54
  (2) 耐震化の対象に応じて戦術を考えよう ……………………………55
  (3) 耐震化フェーズを知れば打つべき施策もみえてくる ……………56
  (4) 対策選定ツールを使ってみよう ……………………………………56
7 まとめ ……………………………………………………………………………59
  (1) 戦略計画書の特徴を振り返る ………………………………………59
  (2) 国の地震防災戦略の意義をあらためて考える ……………………60

第2章 やや長周期の強震動による社会資本への被害予測と対策の確立 …………………………………………………………63

1 「やや長周期の地震動」とは ……………………………………………63
  (1) 模型実験から …………………………………………………………63
  (2) 構造物の固有周期とは ………………………………………………64
  (3) 地震動の周期とは ……………………………………………………67
  (4) 地震応答スペクトルとは ……………………………………………67
  (5) 海溝型地震と内陸直下型地震の地震動の特徴 ……………………68
2 やや長周期の地震動はどのような被害を引き起こすか ………………69
  (1) どのような社会資本を考えるか ……………………………………69
  (2) 高層建築物に対する被災の特徴 ……………………………………70
  (3) 長大橋梁に対する被災の特徴 ………………………………………73
  (4) 石油コンビナートに対する被災特徴 ………………………………74
3 やや長周期の地震動の対策を確立するために …………………………75

(1)　長周期地震動ハザードマップとは …………………………………77
　　(2)　コミュニケーションツールの要件 …………………………………78
　　(3)　コミュニケーションツールで何を表現するのか …………………78
　　(4)　長周期地震動ハザードマップ構築に向けたコミュニケーション
　　　　 ツールの検討 ……………………………………………………………79
　4　どのような戦略で立ち向かうのか ……………………………………81
　　(1)　やや長周期の地震動のメカニズムを知る …………………………84
　　(2)　長周期強震動による社会資本の弱いところを知る ………………87
　　(3)　長周期地震動への対策を知り、実施する …………………………94
　5　まとめ ………………………………………………………………………98

第3章　広域災害を視野に入れた連携体制の構築・効果的な危機対応を可能にする情報システムの開発 ……………100

　1　効果的な災害対応と広域連携が必要とされるのは …………………100
　　(1)　同時被災性 ……………………………………………………………100
　　(2)　広域連携の必要性 ……………………………………………………101
　2　現在の災害対応の問題点は何か？ ……………………………………102
　　(1)　災害対策本部事務局が災害対応時に抱える課題 …………………102
　　(2)　災害対策本部会議が抱える課題 ……………………………………104
　　(3)　災害時の動員体制や市町村における課題 …………………………105
　　(4)　災害対策本部が行うべき災害対応とは？ …………………………106
　　(5)　情報共有ではなく「状況認識の統一」を …………………………110
　　(6)　自治体の被害掌握状況も重要な情報となる ………………………112
　　(7)　災害対応に必要とされる情報 ………………………………………113
　　(8)　具体的な災害対策本部資料案 ………………………………………114
　　(9)　東海・東南海・南海地震に向けた資料の活用方策 ………………116
　　(10)　東海・東南海・南海地震に向けた新たな挑戦 ……………………116
　3　問題解決のための戦略計画 ……………………………………………117
　　(1)　3つの達成目標 ………………………………………………………118
　　(2)　5つの柱 ………………………………………………………………118
　　(3)　戦略計画 ………………………………………………………………120
　4　効果的な災害対応に向けて ……………………………………………124
　　(1)　目標管理型の災害対応を ……………………………………………124
　　(2)　戦略チームの設置を …………………………………………………125

(3)　多様な主体との効果的な連携を可能にする仕組みを……………………126
　(4)　行政組織全体の災害対応に対する意識改革を ……………………………127
　(5)　防災担当部局がもっと機能を発揮できる体制を……………………………128
　(6)　防災担当部局の全国的な連携方策を ………………………………………128

第4章　要援護者の避難対策も含めた総合的な津波避難対策の提案……………130

1　問題の所在 ……………………………………………………………………130
2　避難対策の現状と課題　～現地調査の事例から～…………………………131
　(1)　被災地における災害対応の実態調査　＜洲本市＞………………………131
　(2)　津波対策実施地域の実態調査　＜那智勝浦町＞…………………………132
3　被害の概要 ……………………………………………………………………133
　　　近畿圏における被害の全体像 …………………………………………………133
4　津波避難対策のための戦略計画………………………………………………134
　(1)　戦略計画の基本理念と減災目標 ……………………………………………134
　(2)　東海・東南海・南海地震対策のための近畿圏における8戦略………135
5　地域性を踏まえた戦略策定 …………………………………………………141
　(1)　地域性を検討する必要 ………………………………………………………141
　(2)　地域別の戦略 …………………………………………………………………143
6　今後の検討課題 ………………………………………………………………150
　(1)　建物の耐浪性に関する研究 …………………………………………………150
　(2)　自己完結型要援護者支援隊の構築 …………………………………………151
　(3)　船舶の海域避難マップの策定 ………………………………………………151
　(4)　海水浴、釣り客に対する情報提供・避難誘導のあり方の検討 …………151
　(5)　平常時から災害時について運用できる法整備 ……………………………151
　(6)　災害時要援護者避難支援が30年後に目指すもの ………………………153
　(7)　本戦略計画の今後の実施体制の確立 ………………………………………154

第5章　中山間地域・中小都市の再生を視野に入れた防災のあり方の提案 ………………………………………………………………………159

1　中山間地域の課題……………………………………………………………160
　(1)　中山間地域とは………………………………………………………………160
　(2)　新潟県中越地震における中山間地域の被害と教訓 ………………………160
2　東海・東南海・南海地震による中山間地域の様相 ………………………163

(1)　地理的状況 …………………………………………………………164
　(2)　東海・東南海・南海地震と紀伊半島への影響 ………………164
　(3)　課題 …………………………………………………………………171
 3　「選択と集中」 ………………………………………………………172
　(1)　中山間地域の生活の枠組み ………………………………………172
　(2)　孤立による生活への影響 …………………………………………174
　(3)　地域特性を活かした戦略的な防災 ………………………………177
　(4)　指標による評価の可能性 …………………………………………180
　(5)　指標の構築 …………………………………………………………183
 4　指標の活用 ……………………………………………………………187
　(1)　活用方法 ……………………………………………………………187
　(2)　活用による効果 ……………………………………………………189
　(3)　地域に根ざした自己完結型の防災対策を進めるために ………190

第6章　複数の震災が連続して発生する場合での最適な復旧・復興戦略 …………………………………………………………192

 1　東海・東南海・南海地震の時間差発生の問題とは？ ……………192
 2　地域ごとの問題の特性 ………………………………………………193
　(1)　時間差で襲う複数の地震への対応を要請される地域
　　　〜〔大大の地域〕における問題の特徴〜 …………………………194
　(2)　東海・東南海地震への災害対応を基本とする地域
　　　〜〔大小の地域〕における問題の特徴〜 …………………………196
　(3)　次に襲う南海地震への災害対応を迫られる地域
　　　〜〔小大の地域〕における問題の特徴〜 …………………………197
　(4)　自立した災害対応と他地域への支援が求められる地域
　　　〜〔小小の地域〕における問題の特徴〜 …………………………198
 3　戦略計画に対する基本的な考え方 …………………………………201
　(1)　東海・東南海地震発生後に円滑かつ的確に警戒体制を示すこと
　　　のできる仕組みをつくる（戦略目標①）…………………………203
　(2)　南海地震の発生脅威のある中で適切に対応できるように住民の
　　　危機管理能力の向上を図る（戦略目標②）………………………205
　(3)　時間差発生時の対応を効果的に行えるように空間を整備する
　　　（戦略目標③）………………………………………………………207
　(4)　災害対応に必要な資源の確保と効率的な資源配分体制を構築す

　　　　る（戦略目標④）……………………………………………………208
　(5) 両方の地震で被害にあうと予測される地域の復旧・復興を円滑
　　　　に行えるようにする（戦略目標⑤）……………………………………209
　(6) 住民の生命にかかわるリスク軽減のために社会・経済の活動制
　　　　限内容の枠組みを決める（戦略目標⑥）………………………………211
　(7) 2回目の地震の脅威によって生じる経済的な間接被害を軽減す
　　　　るために広域的なBCPを作成する（戦略目標⑦）…………………212
　4　来る巨大災害に向けて…………………………………………………………214

第3編　現場と研究者の知恵が集う〜チーム33がめざしたもの〜

　1　行政によるこれまでの対策について……………………………………………218
　2　これからの我が国に必要な対策とは？…………………………………………219
　　(1) 目的－手段の体系を持つ「戦略計画」である…………………………………219
　　(2) 30年という時間を味方につける…………………………………………………219
　　(3) 自治体の枠を超え、広域的視点で考える………………………………………219
　　(4) 地域主導で考える…………………………………………………………………220
　　(5) 最新の科学的知見を活用する……………………………………………………220
　　(6) 既存の制度や仕組みに必ずしもとらわれない…………………………………221
　3　チーム33の結成……………………………………………………………………221
　　(1) 戦略課題の設定……………………………………………………………………222
　　(2) 「知恵が足りない」〜若手防災研究者の参入〜…………………………………224
　　(3) 「現場知」と「専門知」の交錯による価値観の転倒……………………………225
　　(4) 本計画策定手法の意義と限界……………………………………………………227

資料編 ……………………………………………………………………………231

第1編

東海・東南海・南海地震とはどのような災害なのか

1　東海・東南海・南海地震の特徴

　まもなく発生するといわれている東海・東南海・南海地震は、中央防災会議[1]によれば最悪で24,700人の死者[2]が発生し、約94万棟の家屋が全壊[3]又は焼失すると想定されている。

　戦後、我が国が経験した最悪の地震災害である阪神・淡路大震災は死者6,434人、全壊・全焼家屋数が約10万棟であるから、いかに東海・東南海・南海地震の被害規模が激甚かがわかる。

　しかし、このような数字だけでは、巨大災害であるということはわかっても、具体的にどのような被害が出るのか、それに我々はどのように対処すればよいのか、まったくうかがい知ることはできない。そこで、この巨大地震の実像にもう少し迫ってみることにする。

(1)　**広域に大規模な被害をもたらす災害である**

　東海・東南海・南海地震による災害の特徴の一つは、その被災地が極めて広範囲に及ぶという点である。そもそもこの地震は、日本列島の西半分の南側で、ユーラシアプレート[4]の下にフィリピン海プレートが潜り込んでできているプレート境界部分を震源域として発生する海溝型地震である。**巻頭カラーページ図1**にその震源域が示されるが、これによって、西日本の太平洋側を中心として幅広い地域で強い揺れが生じることが予想されている。

　巻頭カラーページ図1では、市区町村別の最大震度が色分けによって示されている。これによれば、震度6強以上の揺れが想定される市町村は132に及び[5]、10県にまたがっている。

1　内閣総理大臣の諮問機関の一つ。我が国の防災政策の基本的な計画である「防災基本計画」の策定や修正など、防災にかかる重要事項についてはこの会議に諮ることが災害対策基本法によって定められている。
2　朝5時に発生するケース
3　夕方18時に発生するケース
4　「プレート」：地球の表面を覆う十数枚の巨大な岩石層の板のこと。
5　2008年1月時点での市町村数

一般的に、市町村は震度5弱以上の揺れが観測されれば、災害対策本部を設置して災害対応にあたることになっているが、そうだとすると、この東海・東南海・南海地震では、実に877の市町村災害対策本部が設置されることになり、それぞれが災害対応を実施する必要に迫られることとなる。

◆近畿圏だけで2,000万人以上が被災◆

　24,700人という死者数の想定も甚大であるが、災害対応に与えるインパクトという意味では、どれだけの人口が被災するかという視点が同時に重要である。

　表1-1は、近畿圏の各府県[6]において、一定の震度以上の揺れにさらされることが想定される人口数を示したものである。仮に震度5弱以上の揺れを体験することが予想される人々を「被災者」と定義しよう。すると、近畿圏だけでも約2,215万人、四国や東海地方も含めると3,895万人の人々が「被災者」となる。これは、我が国の約3人に1人が被災するということを意味している。

　震度5弱以上で被災者と呼ぶことは、地震被害を誇張しているという批判もあるかもしれない。だが必ずしもそうではないことを示しておきたい。平成17年7月23日に発生した千葉県北西部を震源とする地震（M6.0）では、東京都足立区で最大震度5強を観測し、首都圏の一部の地域で震度5弱、ほとんどの地域で震度4の揺れを観測した。この地震による死者は0人、重症者4人、軽傷者34人と、全体としては軽微な被害であった（消防庁調べ）。しかしながら、首都圏の交通は一時的にマヒし、大量の帰宅困難者が発生した。また約67,000件のエレベーターが自動停止し、78件で閉じこめが発生している（国土交通省調べ）。高度に発達したライフラインに依存し、社会経済活動の

---

[6] 近畿地方と呼ぶ場合は、表1-1の府県に福井県も含めることが一般的だが、福井県については東海・東南海・南海地震の影響をほとんど受けないことから表1-1からは除外している。

密度の濃い都市部においては、物的・人的な被害は小さくとも、人々の生活に与える影響が極めて大きいということが改めて明らかになった地震であった。

東海・東南海・南海地震では、震度5弱以上の揺れにさらされる人々のほとんどが京阪神都市圏、中京都市圏に居住しており、これら都市圏においては、震度5弱の揺れであってもかなりの混乱が予想される。第2編第2章で詳述するが、計測震度は低くとも高層建築物や長大社会資本に大規模な被害が発生するおそれがあり、震度5弱といえども決して軽視できない。

表1-1　府県別暴露人口

各震度階以上の揺れにさらされる人口（東海・東南海・南海地震） (人)

	震度6強以上	震度6弱以上	震度5強以上	震度5弱以上
大阪府	0	1,092,248	8,598,379	8,801,847
京都府	0	23,139	1,885,879	2,308,043
兵庫県	8,517	375,562	4,470,087	5,331,410
滋賀県	0	122,221	1,202,006	1,334,834
奈良県	0	1,864	1,261,546	1,442,795
三重県	416,420	1,522,971	1,817,316	1,857,339
和歌山県	219,362	746,929	1,065,070	1,069,912
近畿圏計	644,299	3,884,934	20,300,283	22,146,180
近畿圏／四国・東海・近畿	(13%)	(5%)	(56%)	(57%)
四国・東海・近畿	4,773,963	75,136,244	36,185,547	38,950,697

注：平成12年国勢調査によるメッシュ別夜間人口に中央防災会議による震度分布を重ねて得られた値

◆極めて困難が予想される災害対応◆

これだけ広域に被害が及んだ場合、限りある災害対応の資源をどこにどの程度投入するべきかは悩ましい問題である。例えば京都大学防災研究所の井合進教授らは、上水道について、76,007件の被害が生じるとされており、これは阪神・淡路大震災の被害の16倍以上に及ぶこと、そしてそれをすべて復旧するのにかかる時間を331日と推計している[7]。1年近くも水道が使えない地域があり得るとすれば、どの地

7　井合進「ライフラインの安全性」大大特総括成果報告・シンポジウム

域の復旧を優先すべきかという問題が必ず生じるはずであるが、これは水道などのライフラインに限った話ではない。自衛隊の応援はどこからどのようにどの程度入ればいいのか、傷病者の搬送はどこからどこへどのように行えばよいのかなど、一つ一つの課題が直接被災者の生死にかかわる意思決定を迫られることとなる。

　しかもこれらの課題は相互に複雑に関係し合っている。例えば水道が使えない地域に仮設住宅を建設するわけにはいかない。重症患者を被災地内で手当するのか、それとも被災地外へ搬送するのかなどについても、どの程度外部の応援が望めるのか、いつまでにライフラインの復旧が行われるのかなどに依存する。このように、それぞれの課題の解決のためには、相互に調整すべき内容が少なくない。平時の行政活動にみられるようないわゆる「縦割り」の業務処理では災害対応は混迷を極めるばかりである。

　既にみたように東海・東南海・南海地震に対する災害対応は多数の都府県を巻き込んだものになる。現在の我が国の防災対策は、自治体ごとに計画を策定し、それに基づいて対策を進めることが基本となっており、東海・東南海・南海地震対策についても例外ではない。それぞれの都府県の災害対策本部は、それぞれの地域の被災者にとって最善を尽くそうとして災害対応を行うはずである。その結果、それぞれの都府県が外部からの応援や物資をお互いに奪い合うという事態すら想定される。国民の３人に１人が被災する事態において、このような争いが不毛であることは論を待たないが、このような事態を調整するための仕組みはまだ設計段階にあるといえる[8]。

(2) 津波による被害

　東海・東南海・南海地震のもう一つの特徴は、大規模な津波を引き

---

[8] 中央防災会議は平成18年４月に「東南海・南海地震応急対策活動要領」を作成し、現在のところ緊急災害現地本部の設置場所や、各省庁の役割分担などについて定められているが、具体的な活動内容については現在検討が進められている。

起こし、これによる物的・人的被害もかなりの規模に及ぶということである。伊豆半島・御前崎から遠州灘、志摩半島から紀伊半島沿岸、徳島県、高知県へ至る海岸線では5メートルを超える巨大津波が想定されている。これらの地域は地震発生から津波到達までの時間も短く、紀伊半島についていえば、那智、新宮、すさみなどのいくつかの地域ではその時間はわずか10分以内であると想定されている。前述の24,700人の人的被害のうち、実に9,100人が津波によるものなのである。

　津波は同時に沿岸部の社会資本にも影響を及ぼす。例えば紀伊半島の南端部の沿岸を走る主要幹線道路である国道42号線などは、津波により多くのがれきが堆積し通行不能になることが予想される。また津波はくり返し発生するために、沿岸部での災害対応活動は地震発生から24時間程度は行うことができない。津波が落ち着いた後も、港が被災していたとすれば船舶を用いた海からの支援も困難となる。

(3) やや長周期の強震動による被害

　東海・東南海・南海地震の特徴のもう一つは、大きくゆっくりとした周期の揺れ（やや長周期の強震動）が特に強く生じることである。この揺れは、京阪神や中京圏の平野部で特に増幅して、高層建築物や高速道路などの長大橋、石油タンクなどに大規模な被害をもたらす可能性のあることが、最近の研究で明らかになっている。例えば、平成15年9月26日に発生した十勝沖地震では、苫小牧市にある出光興産の石油タンクで大規模な火災が発生したが、これはやや長周期の強震動に対して石油タンクが大きく揺さぶられ、タンクの液面に浮かぶ鉄板と外枠との間で生じた摩擦により石油に引火したものである。大阪湾や伊勢湾には大規模なコンビナートが集積しており、このような火災の危険性のある石油タンクは少なくない。

(4) 時間差発生のケースがある

　これまでは、東海・東南海・南海地震が同時に発生することを暗黙の前提として議論をしてきた。しかしながら、東海・東南海地震と南海地震とが同時に発生するということは必ずしも断言できない。

　東海・東南海・南海地震は日本の歴史の中で繰り返し発生している。最も古い記録は、日本書紀に記されている白鳳地震（684年11月29日に発生）とされている。この後100年前後の周期でくり返し発生したことが、文献調査や地質学的な調査などから明らかになっている。

　図1-1は、過去4回の地震発生時期と震源域についてまとめたものである。1707年の宝永地震では、伊豆半島沖から足摺岬沖までの領域で一斉に地震が発生している。東海・東南海・南海地震の同時発生とは、このような発生の仕方を想定したものである。

　だが1854年に発生した安政地震では、東海地震が先行して発生し、32時間後に南海地震が発生している。直近の事例では、1944年に東南海地震が発生し、それから2年後に南海地震が発生している。このように、過去3回の事例だけでも、同時発生ケース（宝永型）、32時間後に発生するケース（安政型）、2年後に発生するケース（昭和型）とそれぞれ異なる発生パターンを持っているのである。なお、これまでにわかっている限りでは、南海地震が先行したケースは過去に一度も存在しない。

東海地震の考え方

　我が国の地震対策は東海地震対策と東南海・南海地震対策に分かれており、このことから東海地震と東南海・南海地震はまったく別の地震であるという認識を持つ人も少なくない。しかし、本書ではこの両者の区別は行わず、東南海地震は東海地震に連動して発生するという前提で議論を展開している。その理由は次のとおりである。

　図1-1でも明らかなように、昭和の地震では、東海地震の領域については地震が発生していない。このことから、近い将来東海地震が単独で発生するという、「駿河湾（東海）地震説」が発表され、それ以降、我が国では東海地震の単独発生を念頭においた対策が行われてきた。当時は地震

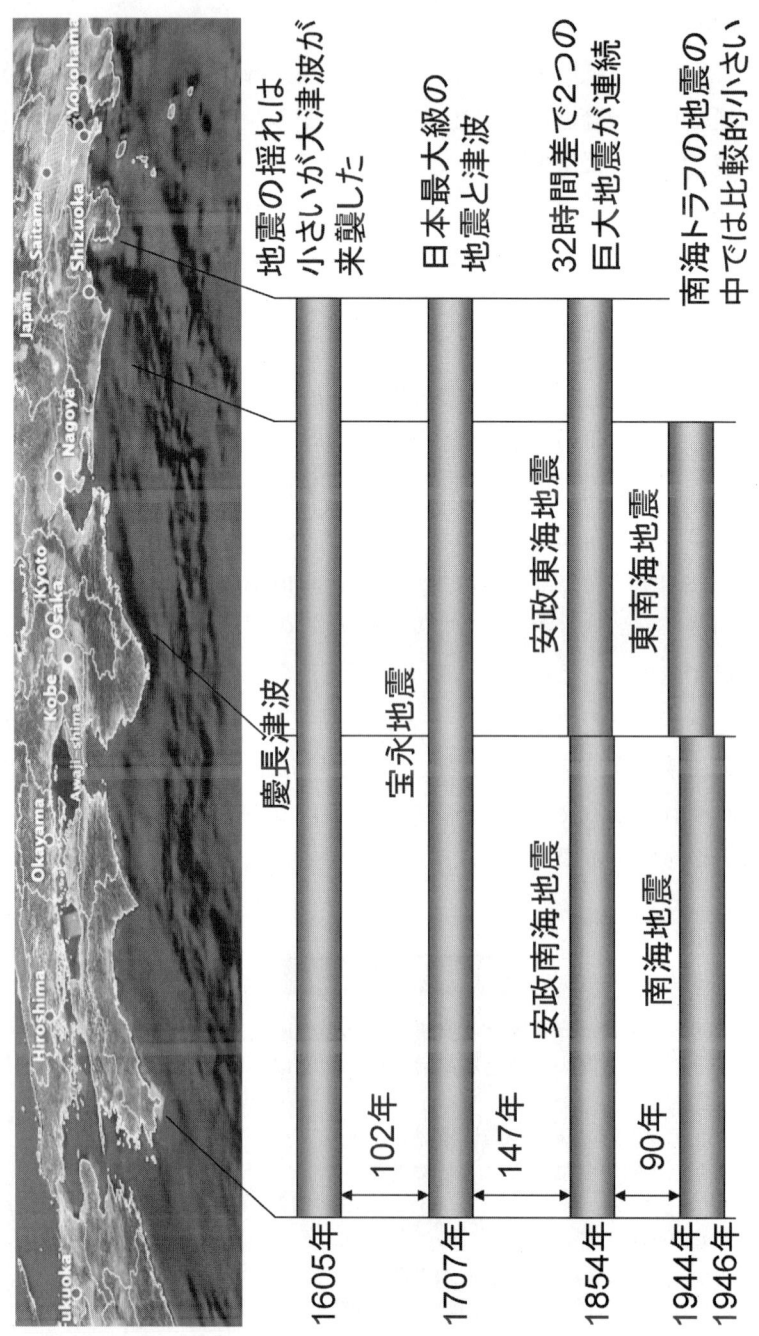

8 第1編 東海・東南海・南海地震とはどのような災害なのか

年	間隔	地震名	特徴
1605年		慶長津波	地震の揺れは小さいが大津波が来襲した
1707年	102年	宝永地震	日本最大級の地震と津波
1854年	147年	安政東海地震／安政南海地震	32時間差で2つの巨大地震が連続
1944年／1946年	90年	東南海地震／南海地震	南海トラフの地震の中では比較的小さい

図1-1 東海・東南海・南海地震の発生パターン

学の発展により東海地震の予知が近い将来可能になるということが信じられており、地震の予知情報に基づき内閣総理大臣が警戒宣言を発表し、地震被害の軽減のために社会経済活動を強力に規制できる内容を含む「大規模地震対策特別措置法（大震法）」が制定され、東海地震の想定被災自治体は同法の適用を受ける「強化地域」の指定を受けている。

　その間、今度は東南海・南海地震の発生も懸念され始めた。そこで政府は平成14年に「東南海・南海地震に係る地震防災対策の推進に関する特別措置法（特措法）」を制定し、これらの対策に取り組むようになった。大震法とは別に法律を制定したのは、東南海・南海地震については警戒宣言が発表できるほどの地震観測態勢が整っていないことによる。今後観測網が充実して東海地震と同じ程度に直前予知が可能な体制が整えば、東南海・南海地震についても特措法から大震法による対策へとシフトすることになっている。

　以上のように、我が国の地震防災対策において「東海地震」が「東南海・南海地震」と別個のものとして扱われているのは、東海地震対策が先行して制度化されたこと、とりわけ予知ができるという前提に基づく固有の制度が作られた歴史的背景による。

　しかしながら、最近の地震学では、次の東海地震は東南海地震と連動して起こるのではとする説が有力である。そもそも東海地震が単独で発生したケースが過去に存在せず、地震防災の研究者の間ではこのような考え方が支配的になっている。本書もこのような立場にならうものである。

　ところで、東海・東南海地震と南海地震が時間差を持って発生するとなると、それらの対策は一層困難を極める。例えば、東海・東南海地震が先行して発生したときに、それらの被災地の災害対応はどのように行うべきなのか。我が国のすべての対応力を東海・東南海地震の被災地に投入すべきなのか。それとも来る南海地震のために余力を残しておくべきなのか。詳細は第2編で論じるが、複数の連続地震は被災者のいのちにもかかわる悩ましい問題を生じさせることである。

(5)　発生時期が切迫している

　既に述べたように、過去の地震はおおよそ100年前後の周期を持って発生している。問題は次の地震がいつ発生するかということである。

　これも最近の地震学の研究成果によるが、大規模な地震の後は次の

地震までの発生時間が長く、小規模であれば比較的次の発生時間が短いということが経験的に明らかになっている。図1-2は、こうした考え方に基づき、東南海地震と南海地震の発生確率をグラフに表したものである。東南海地震と南海地震とで若干の違いはあるが、東南海地震、南海地震について発生確率が最大になるのがそれぞれ2031年、2036年となっており、次の地震まで残された時間は20年強～30年弱しかないのである[9]。人々が平均寿命まで生きるとすれば、おおよそ現在50才未満の人々は潜在的な被災者であると思ってよい。このように考えると、決して遠い未来の話ではないことがわかる。

しかしながら、20年～30年という時間は、通常の行政施策ではあまり検討されない超長期的な時間であり、様々な対策を実施していくためには決して短い時間ではない。むしろ抜本的な対策を長期的な視点から行うことが可能な程度に、時間が残されていると考えるべきである。

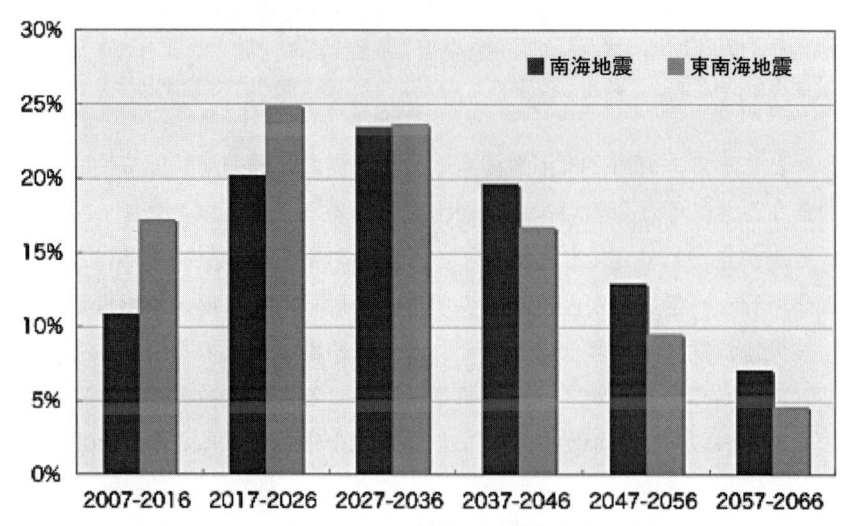

図1-2 東南海・南海地震の発生確率

---

9 これはあくまで確率の問題であり、20年強～30年弱で必ず起こるということを意味しないことは注意したい。明日発生する可能性がゼロであるわけではなく、50年間発生しない可能性もゼロではない。

2　東海・東南海・南海地震を迎え撃つためには～基本的枠組み～

　これまで、東海・東南海・南海地震について、その災害としての特徴を全体的にとらえてきたが、それでは、我々はいったいこのような巨大災害をどのようにして迎え撃つべきなのか。我々が検討した、近畿圏全体の視点から以下論じる。しかし、ここでの考え方はほとんどすべての地域にとって参考となるはずである。

　ところで、災害を考えるにあたっては、ハザード（Hazard）と脆弱性（Vulnerability）の区別が極めて重要である。図1-3は、災害発生のメカニズムを図示したものである。一般に地震や津波の発生そのものだけでは「災害」とは呼ばれることはない。それが社会に何らかの被害をもたらして初めて「災害」と呼ばれる。したがって、災害が発生するということは、災害を引き起こすきっかけとなる外力（例えば地震や津波など）が存在し、同時に社会の側に災害を誘引する要素（例えば耐震性の低い建造物やライフラインへの高度な依存など）が存在し、両者が結びついた時に初めて被害が発生する。前者の外力は「ハザード」、後者の災害を誘引する要素は「脆弱性」と呼んで区別される。災害の様相は、ハザードと社会の脆弱性の双方の要因によって決定される。

　以下では、東海・東南海・南海地震を迎え撃つための戦略を、ハザードと脆弱性のそれぞれの地域性を明らかにしながら検討してみよう。

ハザード (Hazard) ✕ 脆弱性 (vulnerability) ＝ 災害 (Disaster)

災害を引き起こす外力
例）
・地震動
・津波

災害を誘発する社会的要因
例）
・耐震性の低い建造物
・ライフラインへの高度な依存

図1-3　災害発生のメカニズム

(1) 敵は一様ではない〜地域によるハザード特性の違いを把握する〜

　まず、東海・東南海・南海地震のハザードは、地域によって相当な違いがあるということを押さえておく必要がある。特にここでは、時間差発生を考慮して、東海・東南海地震と南海地震のそれぞれによるハザードを分割して整理することにする。

　巻頭カラーページ図2は、東南海地震と南海地震のそれぞれの震度分布の組み合わせにより紀伊半島を4分割したものである。これをみると、少なくともどちらかの地震で震度6弱以上の強い揺れを経験するのは、沿岸部を中心として特に紀伊半島の南部、紀伊水道から志摩半島を結ぶ線（中央構造線）より南であることがわかる。特に紀伊半島の南端部である和歌山県と三重県との県境近くにおいては、どちらの地震によっても震度6弱以上の揺れに見舞われる地域がある。これらの地域より東側の沿岸部については、東南海地震による揺れが大きく、逆に西側は、南海地震による揺れが大きいと想定される。特に西側の地域では、東南海地震が先行して発生した場合、南海地震の発生までに一定の事前準備が可能であるものの、発生までの具体的な日数などはまったくわからないゆえに、非常に難しい問題を抱えることが予想される。

　なお、今回の戦略構築にあたっては、時間差発生のケースにおいては東南海地震が南海地震に必ず先行するものと考え、南海地震が東南海地震に先行するケースは検討から除外する。南海地震が先行する可能性は必ずしも科学的に否定されているわけではないが、既に述べたように有史以来南海地震が先行したケースはない。過去に一度も例がないケースの検討に時間を割くよりは、過去の事実を重視し、経験則に則って議論を行う方がより合理的であると考えるからである。

　反対に、点線以北の地域についてはどちらの地震でも震度5強以下の揺れである。このように、点線以北と以南では、地震動の強さが大きく異なるということを認識する必要がある。ただし、大阪平野については先述したように、やや長周期の強震動が増幅されるということ

は注意すべきであるが、それにしても大型建造物について選択的に被害をもたらすという意味で、紀伊半島先端部の揺れとはまったく違う性質のものであり、同様に考えるべきではない。

　次に巻頭カラーページ図3は、想定される津波高について、東海・東南海地震と南海地震のそれぞれの津波高の組み合わせを示したものである。こちらは、震度分布以上に点線以北と以南で明確な違いがあることがわかる。すなわち点線以南の沿岸部については、少なくともいずれかの地震によって3メートル以上の高さの津波が襲来するのにたいして、点線以北は3メートル未満の高さに過ぎない。津波による想定死者は紀伊半島の南側に集中していることからも、津波対策のウエイトは紀伊半島南部においてより重要性が高いといえる。

(2)　己も一様ではない～地域の脆弱性の違いをとらえる～
　次に脆弱性の観点から近畿圏を眺めてみよう。様々な指標が考えられるが、その一つとして老齢人口率を市町村別にみたのが巻頭カラーページ図4である。上側は2000年の実績値、下側は次の地震発生時期に近いと思われる2030年の推計値である。

　老齢人口率とは、65歳以上の人口が全人口に占める割合であり、ここでいう老齢者が必ずしもすべて災害時に援護が必要になるわけではない。ここで重要なのは、紀伊半島の南北で老齢人口率の水準がまったく異なるという点である。紀伊半島南部では、地域を担う若者達が少なく、援護の必要な高齢者が相対的に多いことを意味している。老齢人口率の増大は全体的な傾向であるとはいえ、やはり紀伊半島南部の水準は深刻で、高齢化が進行すれば地域内の共助も機能しにくくなる。また30年後には居住者がいなくなり、消滅する危険性のある集落も中山間地域には少なくない。

　他方、紀伊半島北部においては人口が集中し、ライフラインなどの社会資本に強く依存して生活しているから、それらの機能障害は深刻な被害をもたらす。この点について南部では、日常からライフライン

の依存度が低いため、それほど問題にならない。つまり、社会の脆弱性の構造も紀伊半島の南部と北部で大きく異なるため、地震対策の課題やその解決戦略は大きく変わってくるはずである。

(3) 戦略構築のための4分割マトリクス

前述のハザードの違いと地域の脆弱性の違いを考慮した戦略構築のためには、図1-4のように近畿地方を4分割して把握することが重要である。なお、図中の点線は中央構造線を示すものとして理解していただきたい。

		東海・東南海地震震度	
		4以上5強以下	6弱以上
南海地震震度	4以上5強以下	連続する大都市の機能不全と社会混乱（大阪・神戸・京都・奈良）	先発する中小都市・中山間地域の地震津波災害（尾鷲・津など）
	6弱以上	後発する中小都市・中山間地域の地震津波災害（田辺・串本）	連続する中小都市・中山間地域の地震津波災害（新宮・勝浦）

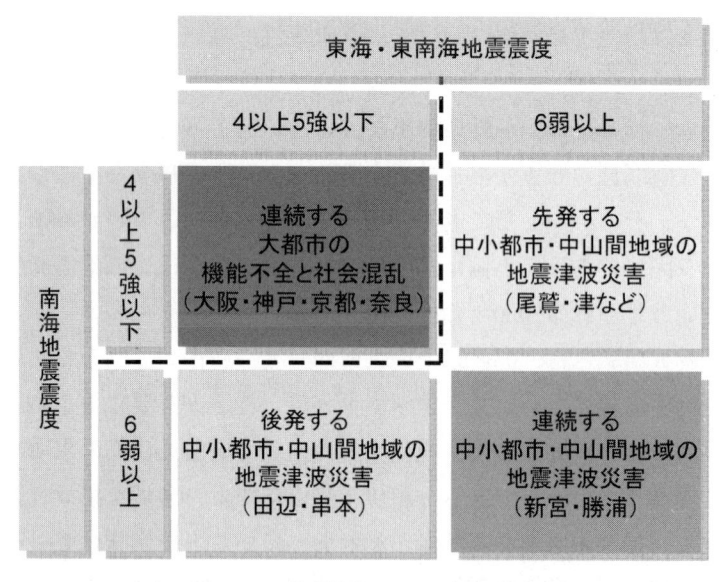

図1-4 戦略構築のための基本視点

このマトリクスを構築するにあたって、想定震度5強と6弱で地域を分割した理由は次のとおりである。第1に、それが大都市部と中小都市・中山間地域の分布とほぼ重なるという点があり、これは、東南海・南海地震の近畿圏における重要な特徴の一つである。第2に、阪神・淡路大震災以降に我が国で死者の発生した地震災害はすべて最大

震度 6 弱以上を観測している[10]。いい換えれば、最大震度 5 強までの地震では死者は発生しない。こうした事実からも震度 5 強と 6 弱とでは生じる被害の次元がまったく異なると想定されるからである。

　このように近畿圏を分割することによって、それぞれの地域における災害の特徴は次のようにまとめられる。

① 　連続する大都市の機能不全と社会混乱（大阪・神戸・京都・奈良）
　　左上の象限は、どちらの地震においても震度 4 以上 5 強以下の揺れであるような地域であり、主にこれらは大阪、神戸、京都、奈良などの大都市圏に該当する。既にみたように、地震の揺れそのものはそれほど大きくなく、津波による被害も軽微であると想定されるが、鉄道網や道路網などの一時的な停止、やや長周期の強震動による長大建造物への被害などによって都市機能の低下による社会混乱が予想される地域である。しかも、これらは東南海地震及び南海地震のどちらにおいても生じ得るため、時間差発生のケースにおいてはこれらの混乱が連続する可能性がある。ただし、やや長周期の強震動は一部の大規模建造物に対して選択的に被害をもたらすと考えられるものの、阪神・淡路大震災のように一部の地域が面的に壊滅的被害を受けるといった状況を想定する必要はない。

② 　先発する中小都市・中山間地域の地震津波災害（尾鷲・津）
　　右上の象限は、主に先行する東南海地震とその津波により大きな被害が想定される地域である。中小都市の多くは沿岸部の漁港を中心として発達しており、そこには 5 メートルほどの大津波が想定される。さらに津波や土砂災害によって、これらの地域全体が孤立し、救援活動が難航する。また、内陸部には過疎・高齢化の著しい中山間集落が点在しており、それらの大多数は長期に孤立することが予想され、土砂災害による被害の発生も想定される。

10　気象庁のデータによる。

③ 後発する中小都市・中山間地域の地震津波災害（田辺・串本）

　左下の象限は、主に後発する南海地震とその津波により大きな被害が想定される地域であり、災害の様相としては、②とほぼ同様である。しかし、この地域が決定的に異なるのは、東南海地震が単独で発生した場合の対応である。東南海地震が単独発生した場合、過去にはその数時間後〜3年後に必ず南海地震が発生している。このため、東南海地震を南海地震発生の一つの前兆として考えることによって、東南海地震発生後に南海地震への特別な警戒態勢を取ることも可能である。しかし、過去の発生間隔に幅があるために、どのような警戒態勢をどの程度行うかについては様々な問題が予想される。

④ 連続する中小都市・中山間地域の地震津波災害（新宮・勝浦）

　右下の象限も、中小都市・中山間地域の地震津波災害という点では②、③と同じであるが、それが複数回連続で発生するという点が異なる。東南海地震が単独で発生した場合、②の地域は、そのまま復旧・復興へと対応を段階的に進めることが可能であるが、この地域においては程なく再び大きな地震津波に見舞われる可能性が高い。このように、後発する南海地震を考慮しなければならないことは、災害救援活動や復旧・復興活動を大きく制約することになり、難しい判断が迫られる地域である。

(4) 東海・東南海・南海地震に備えるための6つの戦略課題とは

　以上を踏まえ、本書では、東海・東南海・南海地震対策として次の6つの戦略課題を提示する。これまでこの地震災害の特徴について論じてきたが、その対策としては、ほかの地震災害についても共通して必要な対策もあれば、特にこの地震に対して重点的に検討しなければならないものも存在する。そこで、共通性の高いと思われる対策から以下順に紹介する。

① 住宅の耐震化戦略の構築

　人口集積地域である紀伊半島北部には、多数の住宅が密集している。紀伊半島北部においては津波の影響が少ないだけに、住宅の倒壊を防ぎ、地震後も被災者がそこに住み続けられるようにすることが何にもまして肝要である。既にみたように紀伊半島南部は壊滅的な被害を受け、災害対応の資源も集中させざるを得ないのであるから、そのためにも都市部においては脆弱な構造物を減らし、家屋の倒壊を極力起こさないようにする必要がある。国の地震防災戦略でも、耐震化率の目標を「10年で90％」と定め対策が進められているが、東海・東南海・南海地震の発生可能性が最も高まると思われる20〜30年後に向けた対策はいかにあるべきなのか。

② やや長周期の強震動による社会資本への被害予測と対策の確立

　既にみたように、大阪平野では2〜6秒周期の地震動が強く発生し、その結果、高層建築物、長大橋脚、石油タンクなどの大型社会資本において甚大な被害が発生する可能性が高い。具体的にはどのような被害が想定されるのか、またそのための対策はいかにあるべきなのか。

③ 広域災害を視野に入れた連携体制の構築・効果的な危機対応を可能にする情報システムの開発

　府県間をまたがる広域的な災害において、互いに協力・連携することによってそれぞれの府県の災害対応が容易になることも少なくない。しかし、現在の防災対策は基本的に自治体ごとの計画に基づいて行われており、災害対応の流儀が自治体ごとに異なるうえ、相互の被害情報すら共有する仕組みが存在しないため、組織を超えた協力・連携は現状では極めて困難である。自治体の枠を超え近畿圏としての効果的な災害対応を可能にするためには、どのような考え方に基づき、どのような仕組みが必要なのか。

④　要援護者の避難対策も含めた総合的な津波避難対策の提案

　　わずか数分で10メートルの津波がやってくる紀伊半島南端部は、住民による自主的な避難を地域による助け合いだけで行うことには深刻な限界があると思われる。また、津波の襲来にかかる時間を考慮すれば、それぞれの地域によって津波避難についても異なった考え方や戦略が必要だと思われる。それぞれの地域特性にあった津波避難の戦略はいかにあるべきなのか。

⑤　中山間地域・中小都市の再生を視野に入れた防災のあり方の提案

　　強い揺れと津波により、紀伊半島のほとんどの集落や中小都市は孤立することが予想される。都市と比較して中山間地域はライフラインへの依存がそもそも小さく、孤立しても都市ほどには困らないということは新潟県中越地震が示したところである。しかし、東海・東南海・南海地震は被害規模が桁違いに大きいため、孤立の全面解消にはかなりの時間がかかることが予想される。かといって、今後一層の過疎高齢化が進むことが予想されるこの地域に孤立防止のための対策資金を投入することも現実的ではない。孤立のリスクを一定程度受け入れつつ、被災者の生活と地域を守るためにはどうすればよいのか。

⑥　複数の震災が連続して発生する場合での最適な復旧・復興戦略

　　既にみたように、この地域の沿岸部は東海・東南海地震と南海地震の少なくともどちらかによって震度6弱以上の強い揺れを経験し、3メートル以上の津波の襲来を受けることがわかった。そうすると、既にみたように時間差で発生した場合には、それぞれの地域がどのように振る舞えばよいのかについて深刻な悩みを抱えることになる。また、その後の復旧・復興についても、後発地震の発生可能性があることを理由に事業の進捗が滞る可能性もある。このようなジレンマを解消し、限られた対応資源を有効に活用するための考え方はど

のようなものか。

　以上述べた6つの課題ごとの戦略については、第2編以降で詳細に論じられる。本書は、既に述べたように近畿圏としての戦略を論じているが、その内容や考え方については、ほかの地域のほかの地震災害についても同じように利用できるものが少なくないと思われる。

【執筆者】
　（人と防災未来センター　研究副主幹：永松　伸吾）

第2編

6つの課題

- 第1章　住宅の耐震化戦略の構築
- 第2章　やや長周期の強震動による社会資本への被害予測と対策の確立
- 第3章　広域災害を視野に入れた連携体制の構築・効果的な危機対応を可能にする情報システムの開発
- 第4章　要援護者の避難対策も含めた総合的な津波避難対策の提案
- 第5章　中山間地域・中小都市の再生を視野に入れた防災のあり方の提案
- 第6章　複数の震災が連続して発生する場合での最適な復旧・復興戦略

第1章　住宅の耐震化戦略の構築

1　なぜ、耐震化戦略が必要なのか

　地震からいのちをまもるためには、阪神・淡路大震災で多くの死者を発生させた住宅の倒壊を未然に防ぐことが防災対策上の最重要課題であることは、現在では広く社会に認知されている。平成17年3月に政府中央防災会議においては、東海・東南海・南海地震などの巨大地震災害発生時における死者数及び経済被害額の半減を目的として、平成27年までの10年間で住宅の耐震化率90%を確保することを具体数値目標とする「地震防災戦略」が決定されるなど、住宅の耐震化を取り巻く環境は整備されつつある。しかし、耐震性が不十分と推計されている全国約1,150万戸[1]の住宅の耐震改修は遅々として進まず、多くの自治体では何をどうしたら短期間で大量の住宅の耐震化を実現できるのかに関する具体情報を必要としている。

　さらに平成18年には、国から「住生活基本計画」が打ち出されたように、現在の我が国の住宅政策は量の供給から質の向上へと転換期を迎えている。したがって、長期的には良質な住宅ストックを形成していくことが目標となり、自治体においてはどのように耐震化目標と住宅政策目標を達成していくのか、その方策を模索している状況にある。

　本章では、そのような自治体の悩みを解決するための手助けとして、現場に役立つ実用的な戦略を構築し、自治体が必要とする情報やツールを提供することを目的に、上記の問題に直面していた近畿圏の自治体職員と、耐震化問題を専門分野とする研究者が中心となって、約2年間に

[1] 平成15年推計値

わたる検討結果をとりまとめた「戦略計画書」を紹介し解説するものである（図2-1-1：本章の目的と構成を参照）。特に本章では、同じ問題を抱える自治体職員の方々に、国の数値目標である耐震化率90％をどのようにとらえるべきか、90％を達成すると耐震化問題が解決するのか等について、少しでも情報を提供できればと願い、次のトピックを中心に取り扱うことにした。

(i) なぜ皆が重要だと思っている耐震化が遅々として進まないのか、耐震化を阻害する要因を分析。

(ii) 自治体の視点から各地域における課題を踏まえて、国の地震防災戦略上の疑問点や課題、補完すべき事項を整理し、その考え方に対する理解を深める。

(iii) 短期的には耐震性を向上し、長期的には良質な住宅ストックの形成に貢献することを目標とした包括的な戦略計画とはどのようなものか、その骨格となる戦略構造を明示し、特徴を説明。

(iv) 戦略計画書における具体的施策や計画書の使用事例を紹介。

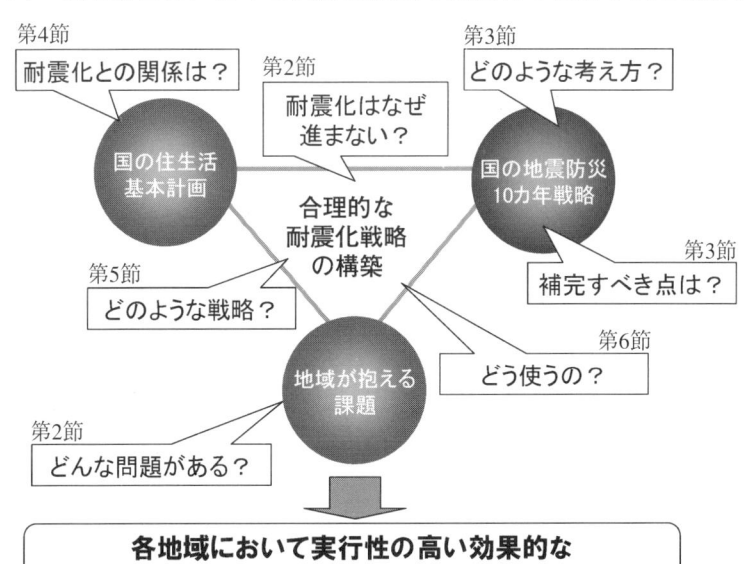

図2-1-1　本章の目的と構成

2 耐震化が進まない理由

(1) 耐震化を邪魔する要因とは

耐震化がなかなか進まない要因を自治体職員と耐震専門家が列挙し、TQM技法の親和図法と連関図法を用いて分析した結果を図2-1-2に示した。

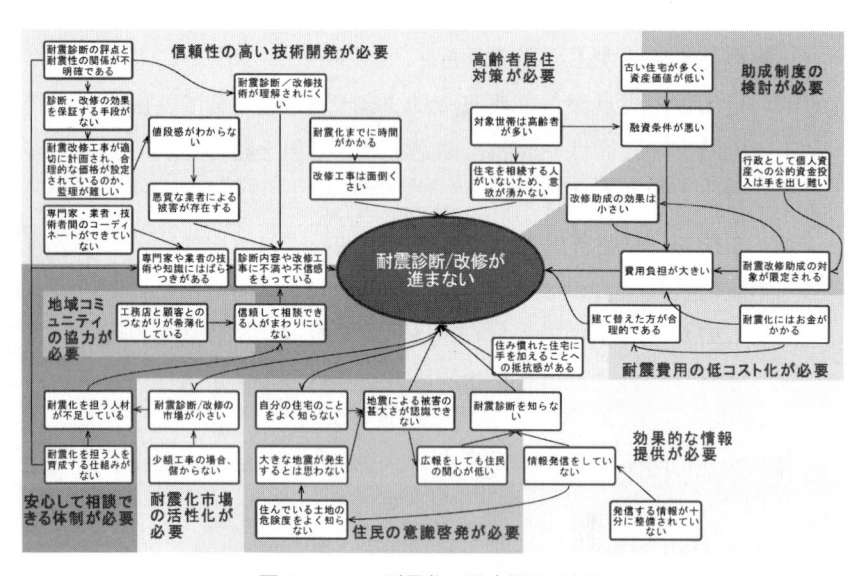

図2-1-2　耐震化の阻害要因分析図

図2-1-2から問題と要因の関係は複雑に結びついていることがよくわかる。このことから、例えば単発対策として自治体に相談窓口を設置したとしても、住民の意欲を引き出すような働きかけがなければ効果は薄く、住民の意欲を引き出すことができたとしても、コストの問題や技術的な不信感が耐震化を阻むことになるという構図がよく見える。

> **① 親和図法と連関図法**
>
> 　両手法は、工場などで製品の品質管理のために開発され発展をしてきたTQM（Total Quality Management）手法における技法の一つである。親和図法は混沌とした複雑な状況を事実や推測、意見やアイディアを言語データ化し、相互の親和性（簡単に書くと、互いの言語データが似ているのか、似ていないのか）によってグループ化し、構造を明示する手法。一方、連関図法とは、問題を発生させた根本要因を分析する手法で、問題とその問題を発生させた要因を矢印で図解して示す手法。

(2) 今、自治体は何をしているのか

　図2-1-2の課題に対して、これまでに各自治体では以下のような事業を展開し、住民の意識啓発活動や、安心して耐震化に取り組める環境の整備、費用面での支援などを進めている。

・講演会、各地域への出前トーク、耐震フェアの開催
・広報誌、パンフレットを用いた住民へのPR活動
・耐震改修事例の紹介
・耐震相談窓口の設置
・建築関係業者リストの公開や建築業者の紹介
・耐震診断、改修工事への補助金助成

　しかし、大きな効果が得られていないのが実状であり、今後は図2-1-2のような複合的な阻害要因を効果的に消去していけるような戦略を構築し、対策メニューの充実化を図っていく必要がある。

(3) それぞれの地域の悩み

　図2-1-2に示した課題に加えて、自治体では図2-1-3のような地域固有の課題をそれぞれ抱えている。これらの地域特性にかかわる課題は、次の4つに大きく分類することができる。1）地理的な条件による地震危険度の違いにかかわる課題、2）住宅の分布状況にかかわる課題、3）用途や構造の特徴などの住宅特性にかかわる課題、4）所有者や居住者の特性や耐震化意識にかかわる課題。したがって、

以上の条件や状況等の地域特性に応じて、それぞれの地域に最も効果的な戦略を考案していくことが重要となる。

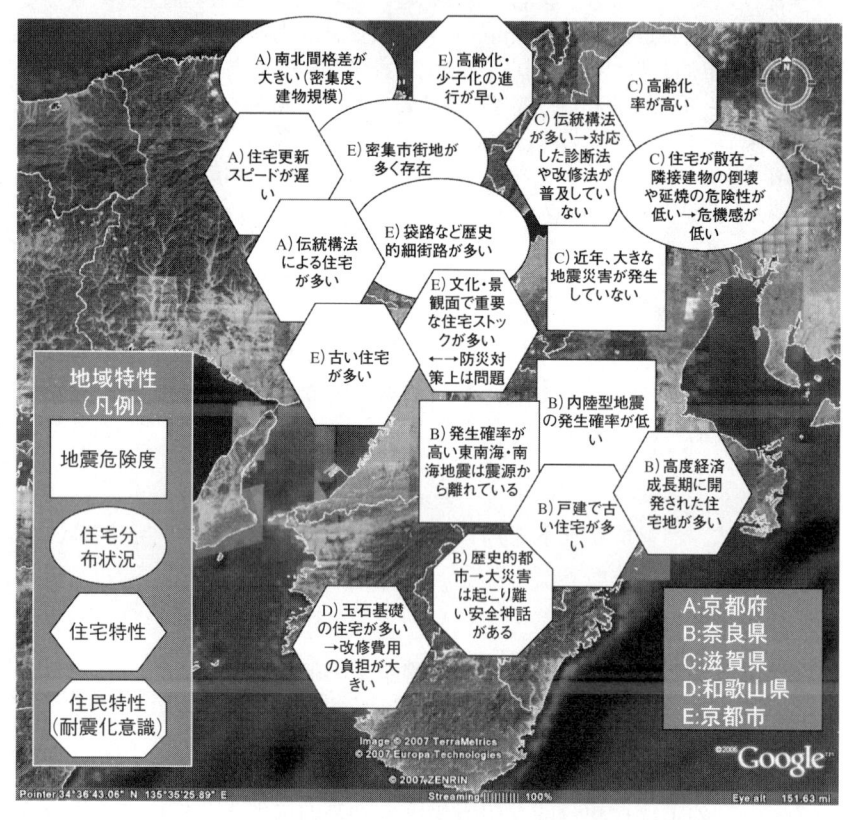

図2-1-3　各自治体における耐震化の観点からの地域特性

3　国の地震防災戦略とは

(1) 追い風が吹いた！国の地震防災戦略

　平成17年3月に国から公表された地震防災戦略の特徴を図2-1-4に示す。この戦略は、今後10年間で東海地震や東南海・南海地震、首都直下地震などの大規模地震により発生すると推定される死者数及び経済被害額を半減させることを目標としている。住宅の耐震化はこの目標達成に向けた重点課題として設定されている。そして具体数値目

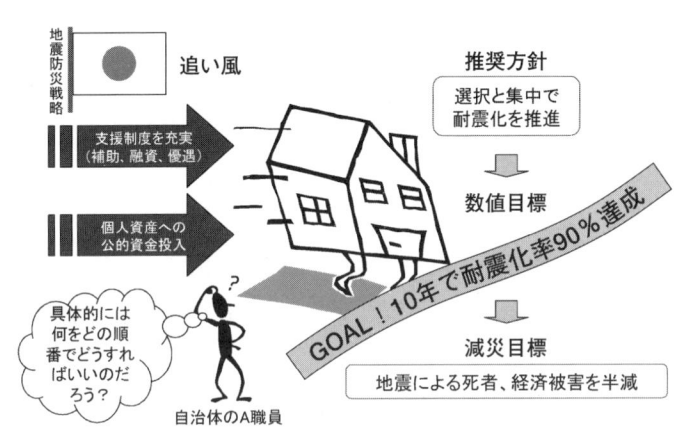

第1章 住宅の耐震化戦略の構築　27

図2-1-4　国の地震防災戦略の特徴

②　耐震化をめぐる国の動き

　下図に示すように耐震化に関する国の方針は、平成7年1月の阪神・淡路大震災を教訓として、平成16年10月の新潟県中越地震、平成17年3月の福岡県西方沖地震、同年7月の千葉県北西部地震、同年8月の宮城県沖地震とつながる地震の頻発により、大地震はいつどこで発生してもおかしくない状況を踏まえ、この間の中央防災会議による提言等を踏まえて打ち出されている。そして、耐震化率の目標等の設定は改正耐震改修促進法の中に義務付けられている。

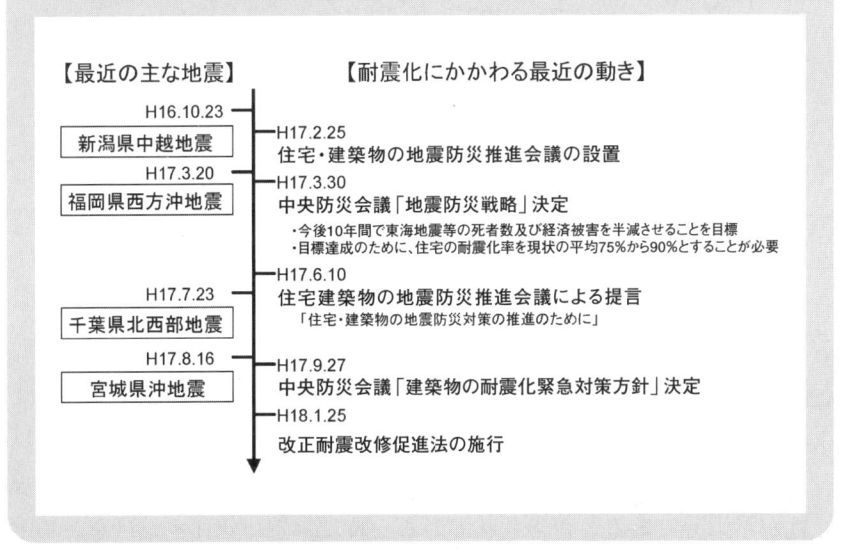

【最近の主な地震】　　　【耐震化にかかわる最近の動き】

H16.10.23
新潟県中越地震
　　　　　　　　　H17.2.25
　　　　　　　　　住宅・建築物の地震防災推進会議の設置
H17.3.20
福岡県西方沖地震
　　　　　　　　　H17.3.30
　　　　　　　　　中央防災会議「地震防災戦略」決定
　　　　　　　　　・今後10年間で東海地震等の死者数及び経済被害を半減させることを目標
　　　　　　　　　・目標達成のために、住宅の耐震化率を現状の平均75%から90%とすることが必要

　　　　　　　　　H17.6.10
　　　　　　　　　住宅建築物の地震防災推進会議による提言
H17.7.23
千葉県北西部地震
　　　　　　　　　「住宅・建築物の地震防災対策の推進のために」

H17.8.16
宮城県沖地震
　　　　　　　　　H17.9.27
　　　　　　　　　中央防災会議「建築物の耐震化緊急対策方針」決定
　　　　　　　　　H18.1.25
　　　　　　　　　改正耐震改修促進法の施行

標としては、住宅の耐震化率を現状の平均75％から90％とすることが掲げられている。また、国は目標達成を図るために補助金や交付金制度の創設、融資制度の拡充、税制度上の優遇措置の推進を主体とした支援制度の充実化を進めている。この戦略が打ち出されたことにより、各自治体では財政面で国から支援を受けられるだけではなく、個人財産としての性格が強い住宅の耐震性確保に公的資金投入が事実上認められたと位置づけることができ、これまで以上に幅広い施策の展開が可能となった。

③ 改正耐震改修促進法とは

　耐震改修促進法の正式名称は「建築物の耐震改修の促進に関する法律」。阪神・淡路大震災の教訓から平成7年12月に施行。しかし、なかなか耐震化が進まない現状を踏まえ、平成18年に主に以下の特徴を持つ改正耐震改修促進法が施行された。
① 数値目標の設定：住宅及び多数の人が利用する一定規模以上の特定建築物の耐震化率を平成27年までに90％とする。
② 対象建物の拡大：特定建築物の対象条件を広げ、倒壊すると道路を閉塞する建物も対象とする。
③ 建築物に対する指導の強化：指導や指示に従わない特定建築物の名前を公表する。
④ 計画的な耐震化の推進：地方公共団体は数値目標を盛り込んだ耐震改修計画を策定し、耐震化を推進する。
⑤ 支援制度・対象の拡充：補助金や交付金、融資などの支援を拡充。また、耐震化以外の部分では現法律に照らして不適格となるような場合であっても、一定の改築を伴う耐震改修工事も支援対象とする。

(2) 10年でどこまで耐震化するのか？できるのか？

　さて、国の数値目標である10年間で耐震化率90％達成という数値目標について考えてみよう。表2-1-1に住宅の耐震化の状況を示す。耐震性が不十分とされる住宅数の推移をみると、平成10年からの5年間で主として自然更新により減少傾向にあるが、依然として絶対数は平成15年の段階では全体の約1/4に相当する1,150万戸の住宅の耐震性が不十分であると報告されている。特に木造戸建住宅だけをみると、

全体の41％に相当する1,000万戸と計上されている。

　このペースで住宅更新が進み、かつ住宅総数の増減はないと仮定した場合の耐震化率の予測推移を図2-1-5に示す。この場合に耐震化率90％を確保するために要する時間は、単純計算では13.6年となり、平成30年ころには特別な施策を講じなくても達成する見通しである。もちろん、後年は耐震化がより困難な住宅が残されることが予想されるので、このように単純にはいかないであろう。ここで別の視点からみると、この3〜4年程度を短縮することが果たしてどれだけ重要なのかと思われないだろうか。実はこれには大きな効果があるととらえている。これについては最後に考えてみたい。

　図2-1-5をもう一度みると、平成27年までの10年間で特別な施策を講じない場合の耐震化率は85％程度と想定されている。したがって国の目標はあと5％を施策効果によって引き上げようとするものである。これにより、耐震改修はこれまでの2〜3倍にペースアップし、全国レベルでは1年で約10〜15万戸のノルマを達成していくことになる。このようにみると国の目標は現実的な数値設定と評価できる。ところでこの想定には大きな落とし穴が隠れていることにお気づきだろうか。というのは、昭和56年（1981年）の建築基準法改正による新耐震設計法の適用以降の住宅は、耐震性が十分に確保されているものと仮定されているのである。この問題に対しても最後にふれる。

表2-1-1　住宅の耐震化の状況　　単位：万戸

		平成10年	平成15年	推移
住宅総数		4,400	4,700	300
	耐震性不十分	1,400	1,150	−250
	(％)	32	24	
木造戸建住宅		2,350	2,450	100
	耐震性不十分	1,200	1,000	−200
	(％)	51	41	
共同住宅その他の住宅		2,050	2,250	200
	耐震性不十分	200	150	−50
	(％)	10	7	

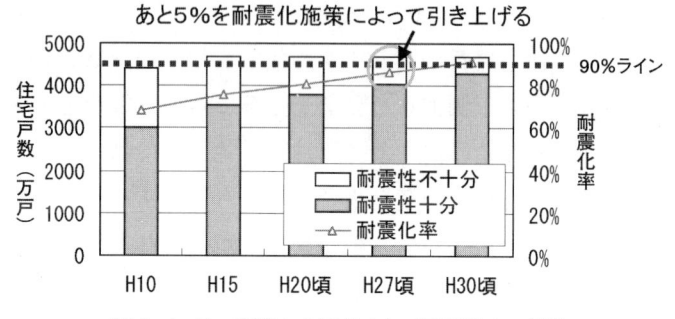

図2-1-5　現状から予想される耐震化率の推移

④ 新耐震設計法と阪神・淡路大震災における建物被害

　耐震設計の基準は建築基準法に規定されている。その基準は過去に大きな地震災害が発生する度に見直しが行われている。新耐震設計法は1978年の宮城県沖地震を教訓として、1981年6月に建築基準法が大改正されたことにより導入された設計法である。主なポイントとして、中地震と大地震の2つの地震力を設定した2段階設計法を採用し、木造については、地震の力に抵抗する壁の量を増大することが定められた。阪神・淡路大震災ではこの設計法を採用していた建物の被害が小さかったことが報告されている。例えば下図は兵庫県西宮市を事例として、震度と木造住宅の倒壊（層破壊）率の関係を示している。図により、新耐震設計法適用後の住宅の倒壊率は非常に低いことがわかる。ただし、1981年以降の住宅であっても、建物のバランスが悪かったり、白蟻の被害など建物管理上に問題があるような場合には、倒壊したケースが報告されている。

倒壊率(％)

建築年＼震度	-1945	1946-1960	1961-1964	1965-1971	1972-1981	1982-
5強	0	0	0	0	0	0
6弱	2	1	1	1	0	0
6強	27	13	10	7	2	1
7	65	43	33	21	7	1

・震度6弱以上で倒壊が発生した
・新耐震設計基準以降（1981年6月以降）は倒壊建物が少ない

震度と倒壊（層破壊）率の関係：倒壊率は阪神・淡路大震災における兵庫県西宮市で実際に倒壊した建物被害を基に、統計分析処理をして求めた推計値。

(3) 国の地震防災戦略をとことん議論する

ここで、国の地震防災戦略に対する理解を深めるために、自治体職員から投げかけられた図2-1-6の8つの疑問について考えてみたい。以下では、議論の要旨を説明し、耐震化を効果的に推進するための戦略策定に向けて留意すべき課題の整理を行う。

疑問1　そもそもの耐震化の定義って何？
疑問2　東南海・南海地震を考えておけばいいのか？
疑問3　10年で耐震化率90％を達成すると死者数と経済被害額は半減するのか？
疑問4　達成目標は国内一律に90％？
疑問5　選択と集中の戦略で90％達成！だけど残りの10％は？
疑問6　耐震化問題は10年で解決するの？
疑問7　地域を強くする観点からの耐震化も必要？
疑問8　津波とか液状化に対してはどう考えたらいいの？

図2-1-6　国の防災戦略における近畿圏の自治体の疑問点

① 疑問1　耐震化の定義

【問題提起】　国の防災戦略を読み解くにあたり、最初に困ったのは耐震化の定義である。これがどこにも書かれていないのである。建築の専門家間では、A)「耐震化とは現行の建築基準法を満足するように耐震性を高めること」として共有されているものと思われるが、自治体職員からは、「耐震化とは現状よりも少しでも耐震性を高めること」であり、その意見が発展して、いのちをまもることを目標とするならば、B)「耐震化とは住宅の倒壊を防ぐ最低限の基準を満足すること」と考えた方がよいのではないかとの意見が出された。その最低限の基準として木造の場合、耐震診断の上部構造評点で0.7程度を確保すればよいのではないかとする案が出された。

【戦略計画策定方針】　B案のメリットとして、1）耐震性が著し

く低い建物の上部構造評点を1.0まで高めることは技術的・経済的側面から困難が多いが、0.7程度であればその障壁が低くなり、耐震化を諦めていた人の意欲を引き出すことができる、2）必要コストの低減により、資産価値が低く、耐震化しても数年から数十年で解体されてしまうような住宅に対する公的資金投入への抵抗感が低減できる、ことが挙げられる。しかし結論として、以下の事由により原則A案を採用し、かつ、B案のメリットを考慮した戦略を考える。

・0.7が住宅の倒壊を防ぐ最低限の基準とするための技術的根拠が少ない。一方、現行基準を満足する建物と等価の1.0以上を確保すれば、阪神・淡路大震災のケースでは被害を軽減したという事実がある。

・少しでも耐震性を上げることと定義すると、効果があまり期待できない耐震化工事も「耐震化」となり、悪質な業者の行

⑤ 上部構造評点0.7と1.0の意味

木造住宅で一般的に用いられている耐震診断法は平成16年に大きく変わり、(1)だれでもできる我が家の耐震診断、(2)一般診断、(3)精密診断の3種がある。(1)は一般市民向けの診断法で、住民が実施できる簡単な10個のチェックポイントから診断する。(2)と(3)は専門家や実務者向けで、①地盤と基礎及び②上部構造を診断する。上部構造の診断結果は評点として算出され、評点と耐震性は下表のような対応関係にあり、評点が高いほど、十分な耐震性を有していると判断される。ここで、数値の意味について、1.0のボーダーラインは現行の建築基準を満足かどうかを判断する数値として位置づけられているが、0.7のボーダーラインについては、住民へわかりやすく危険度を伝えるという手段として設定されている以外に特別な意味を持たない。

上部構造評点と耐震性評価結果の対応

上部構造評点	～0.7	0.7～1.0	1.0～1.5	1.5～
評価結果	倒壊する可能性が高い	倒壊する可能性がある	一応倒壊しない	倒壊しない

為の容認につながるおそれがある。
・新築住宅で1.0が確保されていない場合や、経年劣化で1.0を下回るようになった住宅も、0.7以上あれば問題ないものと誤解を招くおそれがある。
・1.0以下を認めることは、コンプライアンスを高めていくことと相反することとなる。
・後述する住生活基本計画では「耐震化」に変わり、「新耐震基準適合率」という用語が用いられている。

　一方、このような議論が交わされた背景には、診断結果と被害の関係が不明確で、またどれだけ補強するとどの程度効果が得られるのかといった情報提供が難しいなど、技術的な課題があり、今後は耐震化技術の一層の高度化が求められる。

② 疑問2　海溝型地震と内陸型地震の戦略上の位置づけ
【問題提起】　国の戦略を紐解いていくと、近畿圏では発生確率の高い東南海・南海地震が耐震化戦略の主対象として設定されている。その場合にA）近畿圏全体で戦略を考えていくのか、B）府県別に策定するのかが戦略策定の前提条件となる。A案は、例えば和歌山県のように想定地震動の大きい地域に資源を集中することができて効果的である。また、B案は各府県の地理的条件によって東南海・南海地震の影響度は異なり、東南海・南海地震よりも影響度が大きく、いつ発生するかわからない内陸型地震に備えることを優先すべき地域が発生する問題がある。

【戦略計画策定方針】　東南海・南海地震を対象とすれば、A案が理想的である。しかし、現状の行政システムを考慮すると、平時の対策は府県単位で推進していくことが現実的である。したがって、基本的にB案をベースに戦略を策定する。対象とする地震については、東南海・南海地震はマスメディア等を通

して住民の関心が高いため、対策を進めやすいメリットがあることを活かしつつ、各地域で発生確率は低いが影響の大きい内陸型地震に対応可能な包括的な戦略を準備する。その場合には、海溝型と内陸型の地震動の特性や想定される被害の違いを十分に認識することが重要となる（参照：第2編　第2章　やや長周期の強震動による社会資本への被害予測と対策の確立）。

③　疑問3　減災目標と数値目標の関係

【問題提起】　国は数値目標として耐震化率90％達成を掲げており、その考え方は明確である。しかし、本当に90％を達成すると、死者数及び経済被害額の半減は達成するのだろうか？机上の計算では顕在化していないが、実際は、多くの自治体では住民からの申し出がないと耐震化支援が行えないプロセスを採用している点に大きな問題を抱えていると指摘できる。つまり、耐震性が著しく低い住宅の耐震化は時間やコスト面、あるいは技術面で困難が多く、それゆえ住民の耐震化意欲が低いことが想定され、住民から手が挙がらない可能性が高い。その結果、ただ単に数値的に90％を達成しても、このような住宅に対して耐震化が行われなければ死者数の半減にはつながらないのではないか。

【戦略計画策定方針】　確かに耐震化率90％を達成すれば、人的被害の軽減には貢献する。したがって具体的な数値目標を設定することは有効であり、それ自体は問題ない。ただし、耐震化の進め方として90％の数値達成に注力すると、上記の問題が発生することは容易に予想される。したがって、本来の目的である人的被害の半減を目標とした戦略を策定するのであれば、住民の耐震化意欲を高めるだけではなく、想定地震動の大きい危険地域や倒壊リスクが高い住宅を優先的に耐震化していくなど、手挙げ方式以外の耐震化プロセスの導入を考える。

コラム ⑥ 阪神・淡路大震災の倒壊率

　阪神・淡路大震災では、震災関連死を除く5,500余名の死者のうち、8割以上は建物の倒壊に起因すると報告されている。では、建物の倒壊はどのくらい発生したのだろうか？実は、意外にもこの数字は明らかにされていない。全壊数や半壊数はよく耳にされるかと思うが、倒壊建物の公式な報告は聞いたことがないであろう。それも当たり前で調査されていないのである。これは、全壊数や半壊数は災害救助法が適用されるかどうかを判断するための基準などに利用されるのに対して、倒壊数を計上しなければならない法的根拠がなく、結果として倒壊数は全壊数の中に含まれてしまったため、どこにどのくらい発生したのかはよくわかっていないのである。最新の研究によると、兵庫県西宮市全体の建物について、平均的な倒壊率は約5％（倒壊数は約5千棟）、神戸市全体の倒壊率も5～8％程度（倒壊数は約2万～3万棟）と推定されている。ここで、極論を述べると、この5～8％の建物の耐震化を事前に行い、倒壊を防止することができれば、死者の8割以上のいのちを救えたことになる。反対に90％以上の建物の耐震化を達成したとしても、この5～8％の建物の耐震化が取り残されていた場合には、人的被害の軽減には結びつかない。さて、このように事前に倒壊建物の予測が精度よくできれば非常に効率的に耐震化を進める戦略を打ち出すことが可能となることはわかっているが、現在の技術レベルでは極めて難しい問題でもある。

④　疑問4　数値目標の設定の考え方

　【問題提起】「死者数及び経済被害額の半減を達成する」という本来の目標が、「全国一律に耐震化率90％を達成する」ことにすり替わっている。耐震化率90％については、表2-1-2に示すように新築や建替等の自然更新により、比較的容易に達成可能な自治体もあれば、現状の耐震化状況を踏まえれば現実的に達成困難な自治体が存在している。また、たとえ府県内で平均的には90％を達成したとしても、市町村レベルで地域別にみると現状の耐震化率に格差があり、さらに立地状況や住宅の形態の違い等により耐震化の進捗ペースが異なることが予想され、一律的に耐震化率を設定することは難しいのではないか。

【戦略計画策定方針】　国は各地域の状況を踏まえて、「地域目標」を定めることを期待しているが、各都道府県の耐震改修促進計画の現状を調べると、表2-1-2のように90％達成を目標にした計画ができつつあり、90％達成が一人歩きしている感がある。重要な点は、何も考えずに90％を設定するのでなく、死者数及び経済被害額の半減を達成するためには、何が問題なのかを各地域の課題として十分に認識したうえで、達成可能な「地域目標」、「数値目標」を設定することである。反対に「数値目標」を設定するためには、どのような地震を想定し、どこにどのような建物が分布しているのかなど地域を把握する手続きを踏まねばならず、そこから問題が見出せることになるであろう。したがって、必ずしも90％にこだわる必要はなく、計画策定には地域に応じた数値目標を設定する手続きを採用すべきである。

表2-1-2　近畿圏の自治体の耐震化状況（各府県の耐震改修促進計画などを参考に作成）

	住宅総数（現状）	耐震化率 現状	H27（現状ペース）	H27目標（施策効果）	対象住宅数 現状で耐震性が不十分	改修・建替目標数
大阪府※1	352万戸	73.3	82.4	90.0	94万戸	27万戸
京都府※2	105万戸	74.2	記載なし	90.0	27万戸	記載なし
兵庫県※3	205万戸	78.0	87.5	97.0	45.3万戸	20.5万戸
滋賀県※4	43万戸	73.6	87.3	90.0	11.5万戸	1.3万戸
奈良県※5	49万戸	75.0	87.0	90.0	12.1万戸	1.7万戸
和歌山県※6	38万戸	66.6	78.9	84.2	12.7万戸	2万戸

※1　「大阪府住宅・建築物耐震10カ年戦略プラン、平成18年12月」に基づく。現状は平成18年時点の推計値。
※2　「京都府建築物耐震改修促進計画（平成19年3月）」に基づく。現状は平成15年時点の推計値。
※3　「兵庫県耐震改修促進計画（平成19年3月）」に基づく。現状は平成15年時点の推計値。
※4　「滋賀県既存建築物耐震改修促進計画（平成19年3月）」に基づく。現状は平成15年時点の推計値。
※5　「奈良県耐震改修促進計画（平成19年3月）」に基づく。現状は平成17年時点の推計値。
※6　「和歌山県住宅・建築物耐震化促進計画（平成19年3月）」に基づく。現状は平成17年時点の推計値。

⑤　疑問5　選択と集中の弊害

【問題提起】　国の地震防災戦略の本文中には「具体的な被害軽減

量を数値目標として定め、それに向けて、被害要因の分析を通じた効果的な対策を選択し、戦略的に集中して推進していくことが必要である」と書かれている。正論である。しかし、果たして、効果の低い対策は捨てた方がよいのであろうか。現行の一般住宅を対象とした耐震化手法は住民が手を挙げてくれることを期待し、また、手を挙げてもらえるように補助金や交付金などの支援制度を拡充して耐震化へのインセンティブを高める方策が主体であることを先に指摘した。手を挙げてもらえそうな住民層は、自己資金を持っていたり、元々の耐震性がそれほど低くないため、耐震化の必要コストも少なくて済む、といった耐震化への意欲が高い層である。したがって、まずこの層に集中して対策を講じることが効果的であろう。その一方で、このような方策は、高齢者層や耐震化に必要な資金を十分に持たない低所得者層のような社会的弱者への効果は経験上あまり期待できない。この住民層に対策を講じなくても90%を達成できるのであれば、特別な施策は必要ないのであろうか。

【戦略計画策定方針】　上記のような対策を推進した結果、10年後に懸念されることとして、十分な耐震性を持つ層が90%と、持たざる層が10%を占めるような二極化の進展が想定され、新たな耐震化格差社会を生むおそれがある。当然のことながら社会的弱者に十分に配慮した戦略を併せ持つ必要がある。しかし、この住民層の耐震化はこれまでも極めて困難である。したがって耐震化以外の対策を含めて、いのちをまもるために取り得る手段を講じていく必要があることを認識して、耐震化の網から漏れるような対象層を創出しない戦略を考える。

⑥　疑問6　耐震化問題の再発

【問題提起】　前記の疑問5で議論したように10年後に国の戦略目標を達成した後の社会についても考えるべきであろう。これま

で述べてきたように、国の戦略推進は短期的には確かに一定の効果が期待できる。しかし、例えば近畿圏では約30年後に発生すると考えられている東南海・南海地震を見据えると、一時的に耐震性を高めたとしても、それを維持するために必要な住宅のメンテナンスを怠ると、経年劣化により耐震性の低下を招き、耐震化問題が再発する可能性が残されている。

【戦略計画策定方針】 2007年3月に発生した能登半島地震でも報告されているが、過去の地震災害における住宅の被災要因として、蟻害や老朽化等の維持管理の問題が度々挙げられている。このように建替えや耐震改修でせっかく耐震性を確保したとしても、地震発生時に耐震性が低下していては意味がない。つまり、30年という長期的視点からは必ずしも10年で集中的に耐震性を高める戦略を打ち出すだけでは耐震化問題の根本解決につながらないのである。したがって、住民が自身の住宅をメンテナンスしていくために必要とする情報の提供や、それを支援していく仕組みや環境を整えていく必要がある。

⑦ 疑問7 地域防災と耐震化

【問題提起】 木造密集市街地のように、単に耐震改修するだけでは、道路閉塞や火災延焼の問題は解決できない。反対に耐震化してしまうことによって、狭隘道路を解消しようとしても耐震化した建物が邪魔になることが想定される。いのちをまもるためには耐震化を迅速に進めるべきであるが、地域防災の観点からは、必ずしも対策として適当な選択とはならないのではないか。

【戦略計画策定方針】 地域防災の視点から耐震化を進めていく戦略を併せて持つ必要がある。例えば、地域の地震防災マップを作成し、想定地震の震度分布や被害予測結果に応じて、改修や建替えの優先促進地区や、住宅の集合化推進地区、あるいは、

歴史的・文化的な街並みの保全地区などを設定して、個としての住宅の耐震化ではなく、集合体としての耐震化手法も積極的に採用すべきである。具体的には、沿道の建物の耐震化を進めながら、救急、消防、避難活動や緊急物資搬送のための道路を確保したり、耐震性が十分な住宅への住み替えを誘導しながら、オープンスペースの設置や敷地拡張を図るなど、密集市街地の問題解消に向けた対策との併用が効果的である。

⑧　疑問8　地震による揺れ以外のハザードへの備え

【問題提起】　これまでは、地震の揺れによる被害を中心に、どのような戦略が必要になるかを議論してきたが、地震時には津波や液状化、あるいは斜面崩壊や火災の発生も考えられる。特に東南海・南海地震では沿岸部一帯にわたる巨大津波や、都市部では広域的な液状化の発生に注意する必要がある。

【戦略計画策定方針】　厄介なことに津波や液状化、斜面崩壊、火災に対して、単に住宅を強くするだけではあまり効果が期待できない。そこで、地域特性に応じた対策や土地利用の観点からの対策を進めていくことが重要となる。さらに震後対策として、住宅再建や次に襲ってくるであろう災害に備えた都市復興の視点からの対策も必要であろう。例えば液状化により被災した住宅の再建には大規模な補修が必要となるため、地震保険への加入率を上げるなどの対策を推進したり、過去に数度となく津波が発生するような常襲地域では、被災地の建築制限や、構造制限を課したりするなどの対策が講じられるべきである。

⑦　液状化では人は死なない。しかし、住宅の補修には費用がかかる。

液状化現象とは、地震の揺れによって地盤が液体のようになる現象。液状化は、1）強い揺れと2）砂質地盤、及び3）高い地下水位の3つの条件がそろうと発生する確率が高い。最近の研究では、東南海地震や南海地震のように揺れの継続時間が長いと、液状化被害を発生させたり、拡大さ

せるとの指摘もなされている。さて、この液状化が起こると一般的な住宅はどのようになるかというと、地盤が住宅を支えることができなくなり、左下の写真のように傾いたり、沈んだりすることがある。住宅の一部分だけが沈下することも多く起こり、基礎が堅固でないと基礎から住宅が真っ二つに裂けるような被害も発生する。しかし、先に地盤が破壊してくれるので、地震力の住宅への入力が低減され、住宅が倒壊にいたるようなケースはほとんどないため、「液状化では人は死なない」という研究者もいる。液状化による被害で厄介なのは、外観からは一見すると被害がないように見えても、住宅全体にわたって家にゆがみが生じるため、柱と梁の仕口部に隙間ができたり、壁のクロスがはがれたり、ドアや窓の開け閉めが困難になったりなど、あちこちで不具合が発生し、住宅の補修には高額な費用がかかってしまう点にある。写真右下は鳥取県西部地震で傾いた住宅を基礎の下からジャッキアップして補修しているが、このようなケースではおおよそ300〜500万円程度の補修費用が必要となる。

液状化により傾斜した住宅（尼崎市）　傾斜をジャッキアップして補修(米子市)

4　大転換期を迎えた住宅政策

(1)　量から質へ

　平成18年6月に住生活基本法が制定され、この法律に基づいて住生活基本計画（全国計画）が9月に策定された。この計画の策定背景には、まず、図2-1-7に示すような地球や社会規模の外部環境変化が挙げられる。また加えて、平成15年時点の住宅ストック数は総世帯数に比較して14％多く、量的には既に充足した状況にあり、その結果として、図2-1-8に示すように住宅政策を取り巻く環境が大きく変化

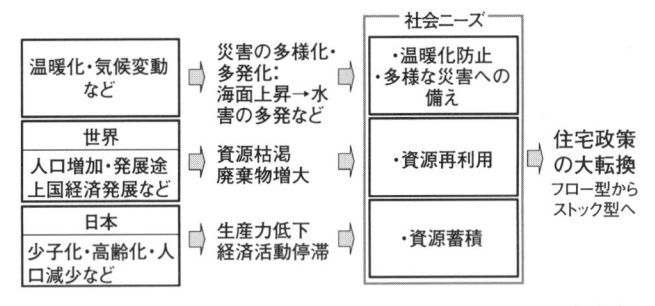

図2-1-7　地球・社会環境変化により転換期を迎えた住宅政策

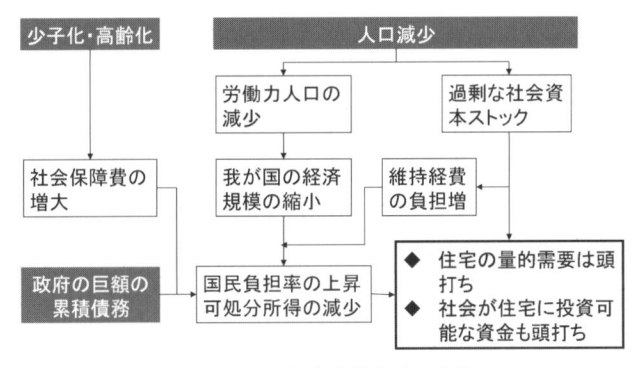

図2-1-8　住宅政策環境の変化

⑧ ストック重視型社会とは

　この基本計画では住生活の安定の確保・向上を促進する施策の基本的・横断的な視点として、「ストック重視の施策展開」、「市場重視の施策展開」、「関連する施策分野との連携による総合的な施策展開」、「地域の実情を踏まえたきめ細かな施策展開」の4つが挙げられている。特に、「ストック重視の施策展開」の視点では、環境問題や資源・エネルギー問題がますます深刻化する中で、1）既存住宅ストック及び新規に供給される住宅ストックの質を高めるとともに、2）適切に維持管理された住宅ストックが市場において循環利用される環境を整備することを重視した施策展開が必要であるとされている。この施策効果として、良質な住宅ストックを次世代に継承することにより、資源にゆとりが生まれ、そのゆとりを文化に投資するなどにより、さらなる豊かな住環境の形成につながると考えられている。

しているのである。この住生活基本計画では、「本格的な少子高齢社会への移行」、「人口・世帯減少社会の到来」、「国民の居住ニーズの多様化・高度化」、「環境制約の一層の高まり」など様々な重要課題が挙げられ、住宅政策においても、「量」から「質」への一層の政策転換が提唱されている。つまり、これまでのスクラップビルド型（フロー型）の住宅政策から良質な「ストック」を将来世代へ維持継承していくことを主眼に置いた政策へ大きく舵を切っていくこととなる。

(2) 耐震化率90％をともに掲げた住宅政策目標と耐震化目標

　住生活基本計画では、図2-1-9に示すように4つの目標が設定されている。その目標の達成状況を示す成果指標の一つに「新耐震基準適合率」があり、具体数値目標として90％達成が掲げられている。したがって、耐震化戦略計画を策定するにあたっては、長期的には住宅ストックの質を高める住生活基本計画を踏まえて、これまでのスクラップビルド型（フロー型）の住宅政策の延長上に置くのではなく、住宅政策の柱として設定されている「市場重視・ストック重視」との整合性が図られるべきである。例えば、社会ニーズとして既に発生している、長寿命化、省エネ化、省資源化、省CO_2化、高断熱化、バリア

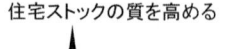

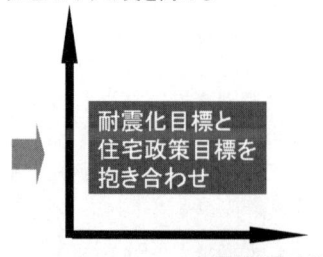

図2-1-9　住生活基本計画と耐震化戦略

フリー化、あるいはリサイクルやリユース、スケルトンインフィル、などと抱き合わせた豊かな社会資本形成のための住宅政策を展開すべきであろう。

5 近畿圏の自治体が知恵を絞った耐震化の考え方・進め方

(1) 耐震化戦略計画が目指すもの

これまでに耐震化の阻害要因や地域固有の課題、国の地震防災戦略の考え方及び耐震化を進めるにあたり備えるべき視点、あるいは長期的な取り組みとして住生活基本計画との関係について順を追って説明してきた。ここまでの検討結果をまとめると、以下の3点が耐震化戦略を策定するための要件となる。

(i) 緊急的には住宅の耐震性を高めていく必要があり、そのためには住民の耐震化意欲を向上し、主体的に耐震化が進められていく環境を整備していくことが必須。

(ii) 今後30年を見据えると、長期的視点から住宅ストックの質を改善し、良質なストックを形成していくことが必要。

(iii) 耐震化問題を繰り返さないためには、将来においてその良質なストックの保全が地域コミュニティーの主体となる市民や企業、行政において継続的な取り組みとして位置づけられるような仕組

---

1. 東海・東南海・南海地震による人的・経済被害を半減するために、今後10年間で住宅の耐震性を集中的に高める。
2. 耐震化を切り口とした住宅政策を展開し、今後30年をかけて住宅ストックの質を改善する。
3. 良質な住宅ストックの形成・保全が地域コミュニティの継続的な取り組みとして位置づけられるような仕組みや体制を構築する。

⬇

多様な災害に強い都市・地域・まちをつくるために、
社会資本としての住宅の安全性を高め、
良質な住宅を次世代へ継承する。

図2-1-10 戦略計画書の策定目的

みや体制を構築していくことが重要。

以上の要件から、新しい耐震化戦略の策定目的を図2-1-10に示す3つに設定する。

(2) 3つの戦略軸を知る

ここからは、本戦略計画の内容について解説する。本計画書は前述の策定目的達成に向けて、必要となる戦略を体系化したものである。まず、図2-1-11に本戦略計画の枠組みを示すが、最初にこの3つの戦略軸について説明する。第1軸は耐震性を高めることを目標とした軸である。これは、国の地震防災戦略の目標でもある。第2軸は社会の対応力を高めることを目標とした軸。これは、住民の意識啓発やそれを促す情報提供などのソフト対策を中心として高めることができる軸であり、耐震化を効果的に推進するためには不可欠な軸である。さらに本計画では第3の戦略軸を新たに設定する。この軸は住宅ストックの質を高めることを目標とした軸であり、住生活基本計画の目標でもある。

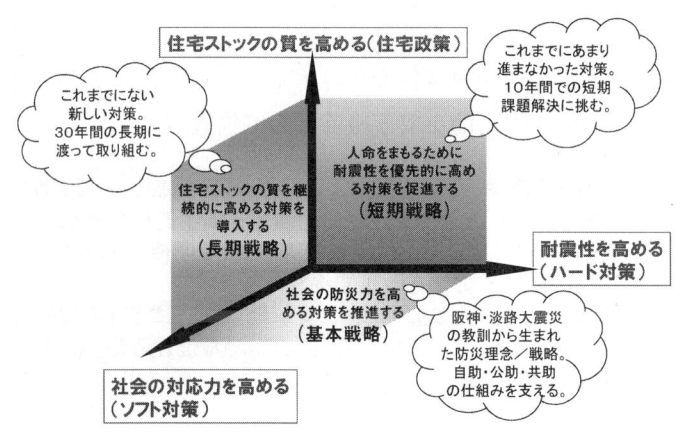

図2-1-11　3つの戦略軸と「基本戦略」、「短期戦略」、「長期戦略」

(3) 達成すべき3つの戦略目標「基本戦略」、「短期戦略」、「長期戦略」

図2-1-11をもう一度みると、第1軸と第2軸の間に1つの面が構

成されている。この面はソフトとハード対策から構成されており、この両方を高めることにより社会全体の防災力の向上を図ることができると考える。阪神・淡路大震災以降の耐震化への様々な取り組みの多くは、まずこの面上で様々な取り組みが行われている。そこで本計画においても A) 社会の防災力を高めることを目標とした戦略を「基本戦略」として位置づける。

また、第3の軸を設定したことにより、さらに2つの面が形成される。耐震性を高める軸と住宅ストックの質を高める軸で構成される面は、住宅ストックの質のうち、特に耐震安全性の向上を図る面である。本計画では、B) 人命をまもるために耐震性を優先的に高めることを目標とした戦略を「短期戦略」と位置づける。

もう一方の面は、耐震性を含めて良質な住宅を確保し、その住宅を維持するためには、社会システムの改善が求められていることを示している。これは、長期にわたる課題であり、本計画ではC) 住宅ストックの質を継続的に高めることを目標とした戦略を「長期戦略」として位置づけている。

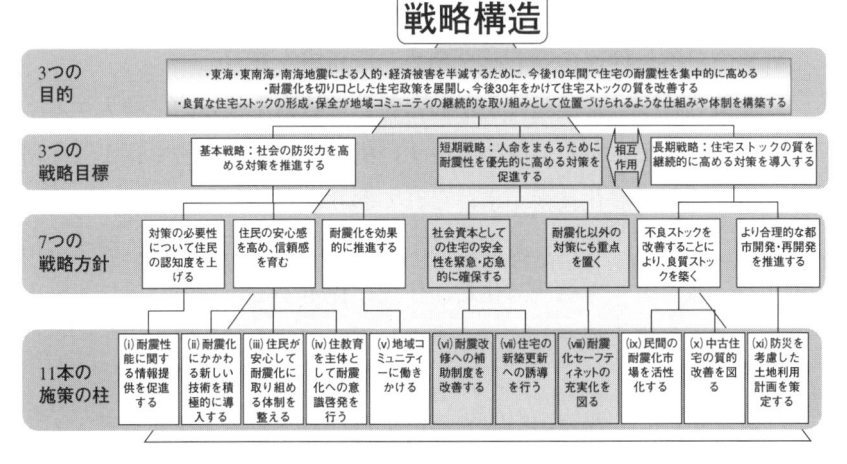

図2-1-12 耐震化戦略計画の構造体系

(4) 戦略構造体系を可視化する

　３つの戦略を推進するために、前掲の図２-１-２の阻害要因を一つずつ消去していけるような対策を列挙し、それらの対策について、前記の３つの目的と目的を達成するための手段の関係を分析した結果、図２-１-12のような戦略計画構造体系を構築した。本構造では最終的に、７つの戦略方針を立て、11項目を施策の柱として採用した。

(5) 社会の防災力を高める対策を推進する「基本戦略」

　基本戦略は短期戦略と長期戦略の推進に必要となる基盤戦略と位置づけられる。以下に戦略方針と施策の柱に沿って概要を説明する。

　戦略方針①　対策の必要性について住民の認知度を上げる
　　施策の柱(ⅰ)　耐震性能に関する情報提供を促進する
　　　　　地震危険度や住宅の耐震性、劣化状況などの居住環境や住宅の質に関する情報を積極的に集積し、住民が必要とする的確な情報を提供する。また、効果的な情報提供を実現するために、情報管理に力を入れ、利用可能な情報資源や、提供すべき情報内容、情報の提供手段を整備していく。

　戦略方針②　住民の安心感を高め、信頼感を育む
　　施策の柱(ⅱ)　耐震化にかかわる新しい技術を積極的に導入する
　　　　　住民に対して説明しやすい耐震性能評価手法や、より実用的な耐震化技術が求められており、行政としてその開発を支援する。また、耐震改修事例や、改修効果、価格に関する情報をデータベース化し、住民に提示するためのパンフレットを作成するなど、ツールを整備していく。

　　施策の柱(ⅲ)　住民が安心して耐震化に取り組める体制を整える
　　　　　相談窓口や耐震化支援センターなどを設置したり、耐震化

にかかわる業者の情報を提供するなど、住民が耐震診断や改修工事に対して信頼を置いて、安心して任せることができるような環境体制づくりを行う。

施策の柱(iv)　住教育を主体として耐震化への意識啓発を行う

　耐震化の底上げを図るためには、住民に住環境の大切さや住宅の安全性等に対する認識・知識を十分に持ってもらうだけではなく、自治体職員自身の意識啓発を併せて進める必要がある。また、東海・東南海・南海地震が30年後に発生すると仮定すると、現在の小学生が40歳前後の年齢となる。したがって、次世代にすまいの問題を自ら解決できる力を備えてもらうために、学校教育現場に住教育を取り入れられるように自治体の立場から支援する。さらに昨今の耐震化偽装事件

⑨　住教育支援の成功事例

　神戸市は学校と建築士会とタッグを組み、住教育ワーキンググループを発足させて住教育支援を実践している。教育現場の住教育に関する課題には、1）衣食分野のように実習がない、2）すぐに子供の生活に活かせない、3）個々の家庭環境と直結するため扱いにくい、4）専門的な領域で情報がない、といったことが挙げられる。このような教育現場のニーズに応えるため、自治体が建築の専門家集団と現場との橋渡し役を務め、現場に人材やアイディアの提供を行っている。

住教育へのかかわり方(神戸市の事例)　　神戸市O中学校における授業風景

を教訓とし、建設業界全体としての耐震化に対する取り組みに協力していく。

戦略方針③　耐震化を効果的に推進する
　施策の柱(v)　地域コミュニティーに働きかける
　　　　耐震化は個人の問題だけではなく、倒れこみによる隣家への被害発生や、火災延焼の拡大、道路閉塞による災害対応活動の妨害などを防止する観点から進める必要がある。地域の自治会や町内会におけるネットワークや資源（耐震ボランティア、工務店、診断士など）を有効に活用して地域を巻き込んで耐震化を進めることは有効であり、地域コミュニティーと協調体制を構築する。

⑩　国民運動としての地域ぐるみの耐震化

　自治会や自主防災組織、建築士や大工といった専門家や防災ボランティア、福祉関係者などを巻き込んで耐震化を目指した活動が報告されている。愛知県では、平成18年4月に定められた「災害被害を軽減する国民運動の推進に関する基本方針」を枠組みとして上記の様々な団体が連携し、住宅耐震化を目的とした以下のようなモデル事業を行っている。
　・耐震診断ローラー作戦
　・耐震化アドバイザー養成事業
　・耐震化まちづくり活動助成事業
　・高齢者住宅耐震改修促進事業
　この中で耐震診断ローラー作戦のように、これまでの受け身型の手挙げ方式ではなく、積極的に高齢者など情報が届きにくい層にまで直接働きかけた結果、耐震診断の申込み率が格段に上昇したという成果が挙げられている。

(6)　人命をまもるために耐震性を優先的に高める対策を促進する「短期戦略」
　　短期戦略は、東海・東南海・南海地震をターゲットとすると30年を猶予期間と考えることができるが、耐震化についてはいつ発生するか

わからない内陸型の地震にも備える必要がある。そこで、短期戦略では10年で優先的に解決すべき課題に取り組むと同時に、長期目標を踏まえた次の10年に向けた準備期間と位置づける。また、目標が達成すれば10年を目安に取り止めを含めて対策の切り替えを考えるべき戦略でもある。以下に戦略方針と施策の柱に沿って概要を説明する。

戦略方針④　社会資本としての住宅の安全性を緊急・応急的に確保する

施策の柱(vi)　耐震改修への補助制度を改善する

国からの支援制度が充実してきており、それを有効に活用して財源を確保する。併せて地方独自のインセンティブ制度を設けたり、高齢者や低所得者など耐震化の対象を考慮した補助制度を新設する。また、この短期戦略は地域目標を定め、目標達成に向けて進捗を管理していくことが大切であり、一定期間ごとに状況を検証していく。

施策の柱(vii)　住宅の新築更新への誘導を行う

新築優遇策を拡充する。新築に誘導する場合には、住宅の耐用年数で30年程度のものを建築するのではなく、より長寿命で、かつ、質の高い魅力的な住宅を建設することにより、良質なストック形成に貢献する。また、新築建物の耐震性を確実に確保していくことが重要であり、検査の徹底や性能表示制度の活用を進めていく。

戦略方針⑤　耐震化以外の対策にも重点を置く

施策の柱(viii)　耐震化セーフティネットの充実化を図る

いのちをまもるために、だれもが耐震化の網から落ちることのないような対策の整備に力を入れる。また、耐震化が困難であれば、家具の転倒防止や、一部屋だけの耐震改修とい

った方法を普及したり、最低限の耐震性の確保を目的とした簡易型の耐震改修に対して補助制度を設けるなど施策の充実化を図る。

⑪ 簡易型耐震改修の思わぬ効果

上部構造評点で0.7以上確保を条件とした簡易型の耐震改修に対する補助金助成は、既に和歌山県の「避難重視型補強」や神戸市の「すまいの耐震改修事業（小規模型）」など、一部の自治体で採用されている。例えば神戸市の事業では、最初は0.7くらいまで上げたいと相談にこられるようなケースでも、国や県の補助が1.0以上で適用となるため、それなら1.0まで上げた方がいいかなというように申請者の考え方が変化する現象が起こっている。つまり、この施策は住民に対する耐震化窓口を広げるような効果があり、1.0以上を確保するという耐震化の定義や目標に対して、必ずしも阻害要因とはなっていない点が興味深い。

(7) 住宅ストックの質を継続的に高める対策を導入する「長期戦略」

東海・東南海・南海地震を見据え、30年かけて耐震化の根本課題に取り組む。また、公的負担の軽減面から住宅政策との整合性を図り、事業の相乗効果を求めるとともに、震後対策を踏まえた戦略と位置づける。以下に戦略方針と施策の柱に沿って概要を説明する。

戦略方針⑥　不良ストックを改善することにより、良質ストックを築く

施策の柱(ix)　民間の耐震化市場を活性化する

耐震化を進めるためには民間の協力が不可欠である。したがって、民間の専門家や事業者との協力体制を築き、市場原理を活用して不良ストックを淘汰し、良質ストックの確保につなげる。また、リバースモーゲージなど比較的新しい市場の開拓に積極的に挑戦する。

施策の柱(x)　中古住宅の質的改善を図る

　　　耐震性が不十分な不良ストックを民間市場に乗せないような施策展開が必要となる。そのためには不良ストックを流通させない仕組みを考える。例えば、平成18年の宅地建物取引業法改正により、不動産業者は耐震診断の内容を重要事項として説明することが義務付けられたが、現行制度を拡充して、対象をすべての住宅とすることや、取引きには必ず診断結果を付与することなどは有効な手段となろう。一方では、耐震化を行った住宅の維持管理環境を整備するとともに、耐震性の向上に合わせてリフォームやバリアフリー化、省エネ化などをした良質なストックの流通を促進する仕組みを提供していく。さらには中古マンションのように所有者が変わるタイミングを見計らって施策を講じるなど、対策の対象者や対象物件に応じた幅広い施策を準備していく。

戦略方針⑦　より合理的な都市開発・再開発を推進する
　施策の柱(xi)　防災を考慮した土地利用計画を策定する
　　　その地域の将来あるべき姿を考えて土地利用計画を作成し、より効率的に耐震化を進める必要がある。つまり、土地利用の観点から地震危険度や土地条件、あるいは津波や液状化、斜面崩壊の発生などのハザード条件を考慮して、規制強化や建築制限、構造制限、居住制限などの対策の採用を検討する。また、中山間地域や主要道路沿い、木造密集市街地のような地域の耐震化は社会的影響を考慮して、建替促進地域、耐震改修促進地域など、耐震対策の優先地域を設定することを検討していく。先駆的な事例として、兵庫県西宮市では活断層情報を提供して建築主の耐震化への配慮を促し、神奈川県横須賀市では活断層周辺における建築規制を行っている。また、東京都新宿区では木造住宅密集地域をはじめとする地震災害

時の危険度などが高い地域を「重点地区」として位置づけ、地区内の住宅を対象とした耐震改修助成事業を開始している。

(8) 向かうべき方向を見据え、今は何をすべきか考える

　本戦略計画は地震による被害軽減を図るために計画期間を10年間とする短期戦略と、良質な住宅ストックの形成を図るための長期戦略の二段構えとなっている。短期戦略と長期戦略の関係を図2-1-13に示す。両計画は30年を計画期間とする全体の戦略計画を踏まえて策定され、両者は調和・連携することにより長期目標を実現する関係になっている。

　短期戦略は住宅の耐震化に直接働きかける戦略で、10年を計画期間とし、第一次から第三次の3つのフェーズがある。短期戦略は具体的で施策効果が測定しやすいという特徴があり、それぞれのフェーズにおいて数値目標を設定し、常に実績を評価して長期戦略に反映させるものとする。

　長期戦略は目に見える効果が現れにくいけれども、30年程度の長い期間を通じた取組みにより少しずつ効果が現れる施策が中心となる。長期戦略は短期戦略の延長上に位置づけられ、短期戦略の実施過程で行われる評価・検証の結果を反映し、適宜見直しする必要がある。

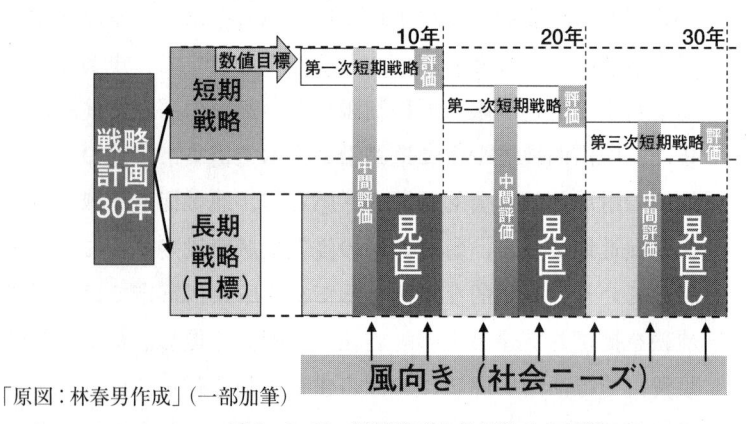

「原図：林春男作成」（一部加筆）

図2-1-13　短期戦略と長期戦略の関係

(9) 新しい耐震化計画は国の地震防災戦略とどこが違うのか

　ここで一度、本戦略計画と国の地震防災戦略の考え方における共通点と相違点について整理する。そのために、まず、現在においてこのような耐震化問題が発生した要因を考える。その要因は大きく3つある。第1の要因は既存不適格建物の問題。1981年（昭和56年）に建築基準法が改正され、新耐震設計基準へと耐震規定が大きく変更したために、現行法規が担保する耐震安全性を満足しなくなる事態が発生した。この既存不適格建物の存在は認知されていたものの、社会的には合法と取り扱われていた感があり、また個人財産としての住宅への関与は、行政としては踏み込みにくい領域であった。しかし、国が打ち出した地震防災戦略により、既存不適格問題は社会問題として位置づけられ、これにより耐震改修促進法の改正や自治体の耐震化促進計画策定へつながるなど大きな進展があった。

　本章における「短期戦略」とは、この国からの追い風に乗って、既存不適格建物を早急に解消するための戦略を提案したものである。しかし、国の戦略や本章の短期戦略は既存不適格建物を主対象に置いて、直面する問題を切り取ることを目的としており、耐震性を継続的に確保することを目的としたものではない。したがって、耐震化問題の根本課題となる第2、第3の要因を摘み取る必要がある。

　その第2の要因とは、これまで住宅を維持管理する環境整備が不十分だった点が挙げられ、その結果、新築時には現行法規をまもって建設されていたとしても、あるいは耐震改修により一時的に耐震性を確保したとしても、老朽化が進展して耐震性が不十分となる住宅が発生している。これを防ぐためには、自治体として管理体制を整えるだけではなく、住宅供給者はハード面で管理しやすい住宅を提供するなど官民一体となり、民間市場に関与しながら解決を図っていくことが今後重要になってくる。

　最後に第3の要因は建築生産システムの問題である。これは、もともと新築時に耐震安全性が確保されてない場合があることを指摘して

いる。特に、平成17年には耐震偽装事件が発生し、建築物の安全に関する信頼性が揺らいでおり、このような不信感を払拭するためには、設計監理や工事監理、あるいは建築確認や中間検査、完了検査を徹底することが基本となる。

　本章の「長期戦略」とはこの第2、第3の要因に目を向けたものであり、ここに国の戦略との相違点がある。このような長期戦略にしたがって、十分な耐震性を保有した質の高い住宅を供給し、その品質を維持していくという基本をまもり続けていけば、将来の耐震化問題は解消されるであろう。（図2-1-14参照）

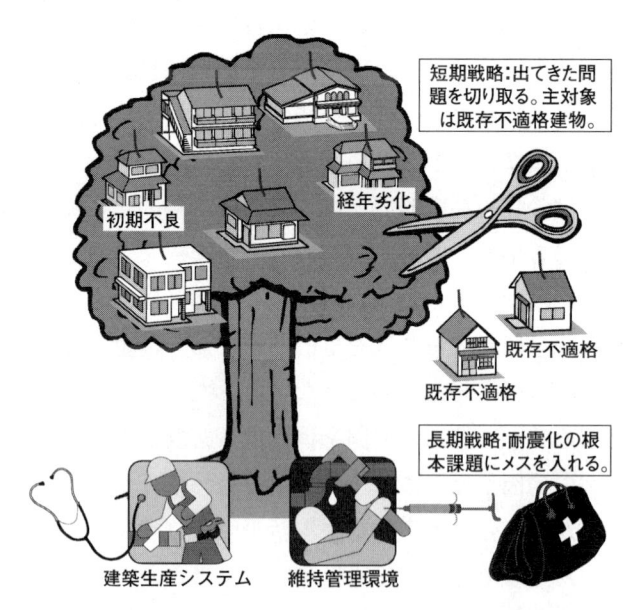

図2-1-14　耐震化戦略計画における耐震化問題の発生要因の位置づけ

6　どのように耐震化戦略計画を使うのか

(1)　網羅的な耐震化施策メニューを手に入れる

　これまでの検討結果から、本耐震化戦略計画書では、耐震化メニューとして11本の施策の柱の下に47個の施策項目、及び86個のアクショ

ン目標を提案している（巻末資料参照）。この戦略計画は合理性と網羅性を重視しており、実際に活用する場合には、地域の実情に即して必要な対策を選定する必要がある。例えば東海・東南海・南海地震で大きな揺れが予想される地域と、東海・東南海・南海地震を見据えながら内陸型の地震に備えることを優先すべき地域では異なる対策を選定し、異なるプロセスで耐震化を進めることになる。効果的な対策を講じるためには、耐震化の対象を考慮して、総合的に体系立てて対策を選択することが重要となる。そこで以降では、10年で耐震性を優先的に高める「短期戦略」を対象として、住宅所有者と住宅の特性を考慮した一連の対策セットを選定するためのツールを紹介する。

(2) 耐震化の対象に応じて戦術を考えよう

　効率的に耐震化を進めるためには耐震化を行う対象によりとるべき戦術を考える必要がある。表2−1−3は所有者の属性と住宅の特性をマトリクス化したものである。所有者は耐震化への意欲を考慮して3つのグループに分類し、一般層と高齢者層に分け、さらに同居世帯層と単身世帯層に分けている。金銭的な側面から十分な耐震化資金を持っているかどうかで、とるべき戦術を変えるべきだが、現状では耐震化資金に関するデータや資料は乏しいため、分類項目から除外している。

　住宅の特性について、戸建住宅の耐震化を進める時には、一般的に一人の所有者への働きかけとなるが、共同住宅の場合は複数の所有者や居住者との間で合意形成が必要になる。また、空家については、基

表2−1−3　所有者−住宅マトリクス

所有者属性		戸建		共同		空家
年齢	家族構成	持家	借家	分譲	賃貸	持家
一般	−	戦術(1−1)	戦術(1−2)	戦術(1−3)	戦術(1−4)	戦術(1−1')
高齢者	同居	戦術(2−1)	戦術(2−2)	戦術(2−3)	戦術(2−4)	戦術(2−1')
	単身	戦術(3−1)	戦術(3−2)	戦術(3−3)	戦術(3−4)	戦術(3−1')

本的には戸建の持家と同じように所有者へ働きかけることになるが、居住していないため、その地域や住宅の危険性に対する所有者の認識度が低い点が異なってくる。

(3) 耐震化フェーズを知れば打つべき施策もみえてくる

　図2-1-15に自治体の立場からの標準的な耐震化プロセスを示す。耐震化の流れをみると、基本的には以下の5つのフェーズがある。
　(ⅰ)　地震対策の必要性を知ってもらう
　(ⅱ)　耐震診断を受けてもらう
　(ⅲ)　耐震改修計画を策定してもらう
　(ⅳ)　耐震改修をしてもらう（補強・建替えを含む）
　(ⅴ)　適正な維持管理をしてもらう

　以上の基本フェーズに、借家や共同住宅の場合は所有者間や居住者の間で合意形成を図ってもらう手続きが入ってくる。

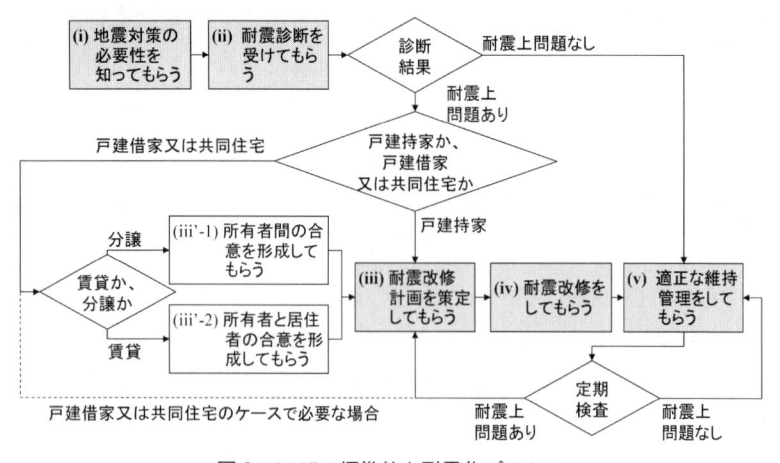

図2-1-15　標準的な耐震化プロセス

(4) 対策選定ツールを使ってみよう

　対策を選定する場合、まず前述の耐震化フェーズをクリアしていく流れを止めないようにすることを考えていく。また、そのうえでだれ

がどのように、何を使って耐震化を進めるのかを整理することが重要となる。そこで、対策選定ツールとして図2-1-16に示すようなマトリクスを構築した。このマトリクスを埋めるように、地域の実情に即して戦略計画書から対策を選定していくことにより、総合的な対策セットを作成する。

	(i)地震対策の必要性を知ってもらう	(ii)耐震診断を受けてもらう	(iii)耐震改修計画を策定してもらう	(iv)耐震改修をしてもらう	(v)適正な維持管理をしてもらう
自治体の耐震化推進体制の強化					
協力体制の構築					
耐震化促進のための具体施策					
情報提供内容や手段の改善					
必要な技術やツールの整備					

図2-1-16　対策選定ツール

　この前掲の図2-1-16の対策選定ツールを使用してケーススタディとして対策セットを作成した。条件として、表2-1-3の所有者-住宅マトリクスにおける戦術(1-1)と戦術(1-3)を設定した。つまり、対象建物は戸建持家とし、対象者は、1）耐震化が比較的に進みやすい一般の方と、2）耐震化が難しい単身世帯の高齢者を設定した。対策の選定者は5名の近畿圏の自治体職員であり、今後自身の自治体で採用したい施策を予算の制約は考慮せずに抽出してマトリクスを埋めていきながら図2-1-17の対策セットを作成した。対策カードに付属している番号は巻末の戦略計画書の対策番号に対応している。また、1）一般の方を対象した対策は白色のカードで、2）単身世帯の高齢者とした対策は白色のカードに濃い灰色のカードを加えたもので表現している。この図からわかるように、耐震化を進めるためにはこれだけの対策をこのように組み合わせて打ち出していく必要があることが

58　第2編　6つの課題

	(i) 地震対策の必要性を知ってもらう	(ii) 耐震診断を受けてもらう	(iii) 耐震改修計画を策定してもらう	(iv) 耐震改修をしてもらう	(v) 適正な維持管理をしてもらう
自治体の耐震化推進体制の強化	3.1) 耐震化担当部署を設置する	3.2) 耐震化に関する相談窓口を設置する		3.3) 耐震改修工事の監理体制を整備する	10.1.1) 現行の特定建築物の定期報告制度を活用した体制を確立する
協力体制の構築	3.4) 耐震化支援センターを設置する	5.6) 町医者のような、コミュニティーベースに密着した地域へ派遣する	5.4.1) 耐震改修業者の登録制度を設ける	4.4.2) 耐震改修の養成を強制的に進める体制を整備する	10.1.2) 建物維持管理のアドバイザーとしてのハウスドクター・防災指導員を育成＆普及
		5.3.1) 耐震診断能力者の育成を支援する		5.1.2.2) 町内会で耐震診断が義務交付金制度を活用する	10.1.3) 床下や天井要点検が手軽にできる住宅を普及する
	4.2.4) テレビCMの放映や地震チャンネルの設置など、スタメディアを利用して啓発を行う	1.1.2) ローラー作戦で勝手に耐震診断を行う	6.1.1) 統合補助金制度や地域住宅交付金制度を活用する	6.2.4) リフォームに合わせて耐震化の補助制度を拡充する	1.4.1) 10年に一度、住宅検査を行い劣化状況のモニタリングを行うサービスを行う
耐震化促進のための具体的施策	4.2.2) 住宅月間、建築防災週間、防災週間等の期間に集中的な広報を行う	6.2.1) 無料の耐震診断制度を設ける	耐震化住宅の資産価値を高くする	6.3.2) 自発的に耐震化・改修改善を受けたら耐震補助制度を確立する	10.1.4) 住宅カルテ制度を確立しての運用を支援する
		5.1.2.1) 町、地区単位で耐震診断を実施する	10.4.4) バリアフリーを活性化中古市場を活性化	6.2.5) 改修費用の一時金を提供する	
		6.3.1) 耐震改修費を負担できない所有者にかわって地方自治体が自ら耐震改修を実施する事業を検討する		7.1.4) 適正な建替え（簡易）耐震診断を普及する	
情報提供内容や手段の改善	1.2) 住宅の性……情報を提供する	1.2.2) 耐震診断・改修にかかる情報提供（工事費用・事例集、助成制度等）の一覧等の一元化を図る	3.2.5) 耐震診断結果を住民に説明する	9.2.1) リフォームを利用した高齢者向けの耐震補強ルートを確立する	1.4) 住宅の維持管理に必要な情報を整備する
	1.3.1) ……ビジュアル化して提供する	1.2.2.1) パンフレットを作成する	3.2.2) 良質な耐震改修業者を斡旋する	8.1) リバ建築型（簡易）耐震改修を推進する	
	1.2.3) 地震危険度や居住環境などの情報を一元的に集約する	2.3) 耐震化にかかる事例集・データベースを開発する	3.3.3) 良質な耐震改修業者リストを作成する	2.2) 耐震改修の手法を価格の関係でわかりやすく示すツールを開発する	
必要な技術やツールの整備	2.1.4) 精度の高いハザードマップを提供する		2.4.1) 耐震改修計画策定のテンプレートを開発する	2.1.2) コストパフォーマンスに優れた技術の開発者に普及に協力する	10.1.5) 維持管理の考え方を示すパンフレットの配布や、どのような状況が劣化に該当するかがわかるデータベースを構築する
				8.4) シェルター型の隔たりについてを活用する	

図2-1-17　対策選定ツールの使用事例

一見できる。

　また、このツールの効用として、対策セットを作成するだけではなく、一連の作業を通して以下の2点を確認することができる。

(i) 自治体が推進している現状の対策だけを使用して、マトリクスを埋めていくことにより、何が足りないか把握できる。

(ii) 新たなアイディアとして、本戦略計画書以外で必要な対策案を考えるツールとして活用でき、計画書の一層の充実化を図ることができる。

　今後の課題として、対策の効果や費用、優先性を考慮した選定手法の開発が必要になると考える。

7　まとめ

(1) 戦略計画書の特徴を振り返る

　本章では東海・東南海・南海地震への備えを一つの契機ととらえ、以下の特徴を持つ戦略計画を提案した。

(I) 3つの戦略目標を持つことにより国の地震防災戦略を補完

・「耐震化」に関する情報や技術、体制を整備し、「耐震化」にかかわる人々の意識を啓発することにより短期戦略と長期戦略の推進基盤を築くための基本戦略を提案。

・明日発生するかも知れない地震に備え、喫緊の課題として「耐震化」が叫ばれている現状を踏まえ、被害軽減のための耐震化を最優先課題とした短期戦略を提案。

・「耐震化」の流れを契機として、国の地震防災戦略が示す10年後の次のステップに向けた計画としての良質な住宅ストックの形成に貢献する長期戦略を提案。

(II) 今後30年を見据えた柔軟な長期目標の設定

・住宅にかかわる政策の動向や社会ニーズを反映した計画を提案。

・絶えず長期戦略と短期戦略の目標達成状況を評価し、必要に応じて見直しを行う柔軟な構造を持つ計画を提案。
(Ⅲ)　目的と手段の関係を明確化
　　　・目的を達成するための手段としての戦略目標、方針、施策の柱の関係を構造化し、目的と手段の関係に基づく戦略計画構造を持つ計画を提案。
　　　・戦略計画構造に従って、具体的かつ網羅的な施策を提案。
(Ⅳ)　地域性を重視
　　　・全国の目標を踏まえて、地域の課題を地域全体で解決を図る仕組み、体制を提案。
　　　・近畿圏をはじめとした各自治体において地震防災計画のベンチマークとして利活用することが可能な計画を提案。
(Ⅴ)　耐震化セーフティネットの構築
　　　・住宅の耐震化を進めることがすべてではなく、どのような場合でも倒壊の危険性は必ずあり、人命をまもるために耐震化以外の対策の推進を重視した計画を提案。

　本章では耐震化戦略計画の策定過程を順を追って説明してきたが、このような戦略を推進していくためには、地震防災対策や住宅政策、都市計画等のさまざまな施策が関係してくる。したがって、今後、自治体としては部局横断型の体制をまず確立して取り組みを進めていく必要があると指摘できる。

(2)　国の地震防災戦略の意義をあらためて考える
　最後に、第3節で提起した問題にふれ、国の地震防災戦略の意義を考察したい。第3節に残した問題というのは2つあった。①特別な施策を講じなくても、そのうち耐震化率は90％になるはずなのに、なぜ10年での達成を目指すのか。②昭和56年の新耐震設計法適用以降の住宅は、耐震性が十分に確保されていると仮定していいのか。①の10年

で90％達成については、別の狙いがあると考える。これは、90％達成を目標に自治体が努力した結果、耐震化にかかわる情報整備は進み、技術は開発され、住民意識は向上するなど、本戦略計画で定義した「基本戦略」の促進が期待できる。つまり、10年後以降に向けて、耐震性を継続的に確保していく文化を育むために必要となる基盤が構築されていくと考える。すなわち、国の戦略はこの耐震化文化の確立に向けた第1ステップととらえるべきものなのである。

②の新耐震設計法適用以降の住宅の問題は、当然ながら十分な耐震性があると保証することはできない。しかし、戦略性を考えると、母数が多い昭和56年以前の住宅を優先させるという考え方は成立する。したがって、国の戦略は当初の10年は優先性を考慮して耐震化の対象を絞り込み推進するが、10年後には新耐震設計法適用以降の住宅も耐震化の対象に入ってくることが予想される。その場合にも耐震化文化が根付いていれば、現状ほど大きな課題にはならないだろうと期待できる。

また、もし自治体に余力があれば、10年を待たずに新耐震設計法適用以降の住宅にも耐震化の対象枠を広げていくべきと考える。特に本戦略計画書で提案した「長期戦略」にかかわる対策については、新耐震設計基準かどうかで対象を絞り込む必要はない。例えば、既に昭和56年以降の建物であっても築25年程度を迎え、リフォーム時期に入っている建物が存在している。新耐震設計基準以前の建物に比較すると、より少ない投資で質の高い魅力的な住宅とすることが可能と考えられ、民間市場ではリフォームの主力商品となりつつある。したがって、このような民間市場を活性化して中古住宅の質的改善を図るような対策は早々に対象枠を広げて展開すべきであろう。

本章は自治体での活用を期待して、耐震化戦略の策定背景と考え方や戦略構造に重点を置いて説明してきた。本章中に紹介した具体施策を含めて、今後、近畿圏をはじめとした自治体において、それぞれの地域の実情に沿った耐震改修促進計画やアクションプログラム等の戦

略策定に少しでも役立てて頂けることを期待している。そして、30年というスパンで考えた時に、30年後にこの耐震化問題を残さないことが我々の願いである。

【執筆者】
（株式会社インターリスク総研　主任研究員：堀江　啓、東京大学大学院　情報学環総合防災情報研究センター　准教授：大原　美保、東京大学大学院　工学系研究科都市工学専攻　助教：廣井　悠）

第2章　やや長周期の強震動による社会資本への被害予測と対策の確立

　今後30年の間に50〜60％の確率で発生するとされている東南海・南海地震では、長周期地震動が発生するといわれている。長周期地震動は、2003年の十勝沖地震でも観測されており、この長周期地震動による石油タンクの液面が揺れ動く、いわゆるスロッシングによる火災が発生している。東南海・南海地震では、大阪平野を中心とした大都市に集中する高層建築物、長大橋梁などの長大構造物、石油タンクなどの社会資本が、初めてこのやや長周期の強震動を経験することになる。

　しかしながら、中央防災会議で行われた東南海・南海地震における被害想定をはじめ、これまでに行政が行ってきた地震被害想定は、長周期地震動を考慮したものではなく、長周期地震動への対策が十分な状況であるとはいえない。このような社会的背景をかんがみて、「やや長周期の強震動による社会資本への被害予測と対策の確立」分科会では、東南海・南海地震におけるやや長周期の強震動が、社会資本に対して与える被害とその対策について検討する。

1　「やや長周期の地震動」とは

(1)　模型実験から

　建築物模型を使用した実験を行い、周期の長い地震動により高層建築物がどのような影響を受けるのかについて検討する。ここでは、高層建築物、低層建築物の模型を用いて比較実験を行う。なお、高層建築物として4層、低層建築物として2層からなる模型を用いるものとする。

一般的に、地震動の周期と構造物の持つ固有周期が一致すると、構造物が大きく揺れる共振現象が生じる。まず、ここで使用する模型低層建築物に共振現象が生じる周期0.3秒という地震動により、高層建築物がどのように揺れるのか実験を行った。図2-2-1に実験結果を示す。これより、短周期地震動では、模型低層建築物は激しく揺れている一方で、模型高層建築物はほとんど揺れていないことがわかる。

次に、模型高層建築物に共振現象が生じる周期0.8秒の地震動による建築物の揺れについて実験を行った。図2-2-2に実験結果を示す。これより、模型低層建築物はほとんど揺れていないにもかかわらず、模型高層建築物は左右に大きく揺れていることがわかる。

高層建築物や長大橋梁などの長尺な構造物は、一般的にその構造物の持つ固有周期が長くなる。以上のことから、周期の短い地震動では低層の建築物が、周期の長い地震動では高層の建築物が大きく揺れることとなる。

(2) 構造物の固有周期とは

建築物の固有周期について、地面を板として、建築物を直定規に置き換えた単純なモデルで考える。

いま、この定規の上部をはじくと、定規は震動するが、定規が元の位置に戻ってくる時間、つまり、周期は、定規の材質や長さが同じであれば、強くはじいても、弱くはじいても、同じであるという性質がある。この周期は、定規の材質や長さによって決まるものであり、その定規固有のものであることから、固有周期と呼ばれている。

定規の固有周期は、定規の長さが長くなれば固有周期も長くなり、短くなれば固有周期も短くなる。したがって、高層建築物や長大橋梁などの長尺な構造物は、一般的に固有周期が長い構造物ということになる。

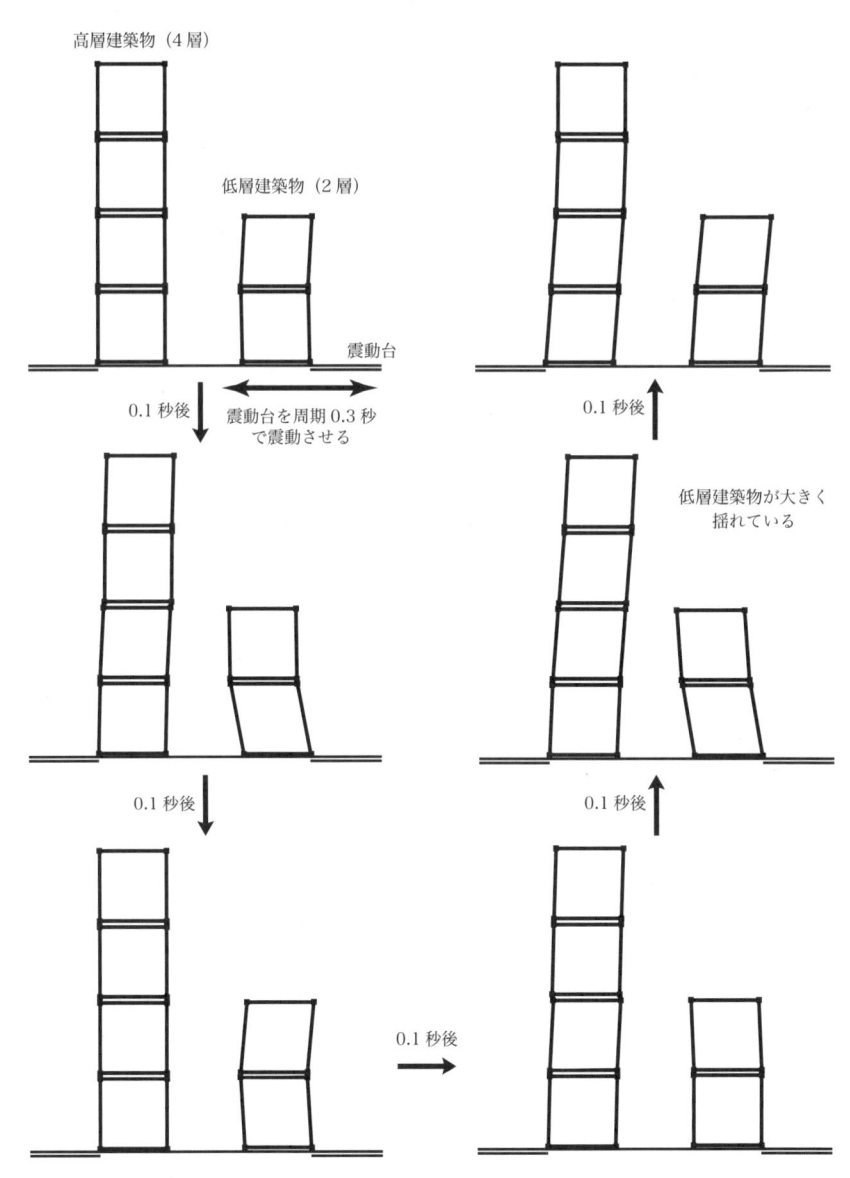

第2章　やや長周期の強震動による社会資本への被害予測と対策の確立　65

建築物模型による実験
簡易震動台の上に、高層建築物として4層の建築物模型と低層建築物として2層の建築物模型を設置した。短周期地震動では、震動台を周期0.3秒で震動させ、長周期地震動では、震動台を周期0.8秒で震動させた。

図2-2-1　模型低層建築物が共振する周期0.3sの地震動による建築物の揺れ

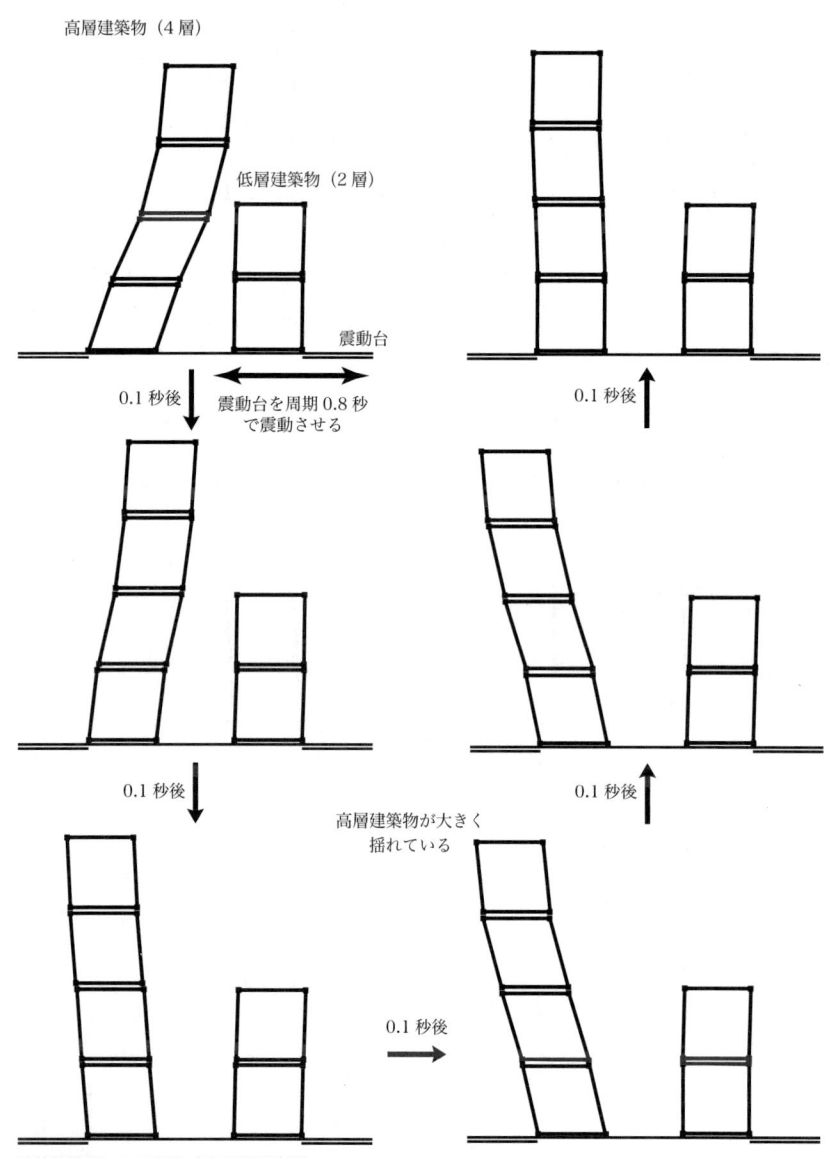

建築物模型による実験（長周期地震動）
簡易震動台の上に、高層建築物として4層の建築物模型と低層建築物として2層の建築物模型を設置した。長周期地震動では、震動台を周期0.8秒で震動させた。

図2-2-2　模型高層建築物が共振する周期0.8sの地震動による建築物の揺れ

(3) 地震動の周期とは

　地震は地面が震動する物理現象である。図2-2-3に地面の震動の様子を示す。地面が図中の左側の両矢印の方向で震動すると仮定する。震動が始まると(i)ではOの位置にあった点線は、まず、(ii)でAまで移動し、Aから折り返して、元のOを通過して、(iv)でBまで移動する。そして、Bから折り返して(v)で元のOの位置に戻る。そして、またO→A→O→B→Oの震動を繰り返す。この(i)から(v)までにかかる時間を周期という。時間を表しているため、その単位は、地震動の周期では秒が用いられている。

　地面の揺れる速度がゆっくりである場合や、速度が同じであっても振幅、つまりAとBの幅が大きい場合、周期が長くなる。一般に、周期2秒以上の地震動を「長周期地震動」と呼ぶ。一方、周期が1秒以下の地震動を「短周期地震動」と呼ぶ。

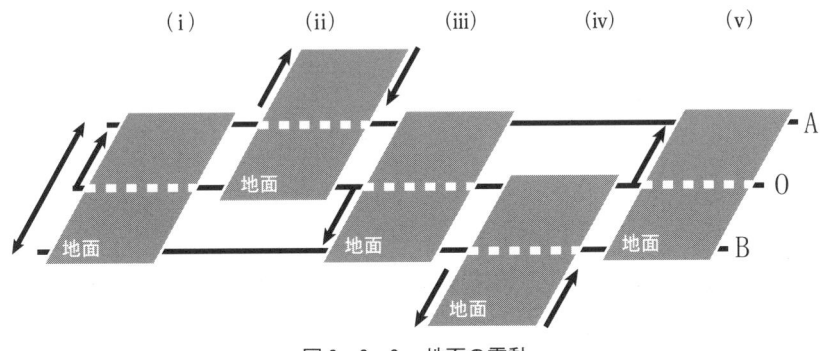

図2-2-3　地面の震動

(4) 地震応答スペクトルとは

　実際に観測される地震動波形は図2-2-4に示すように複雑な波形をしている。この複雑な波形は、さまざまな周期や振幅の正弦波と呼ばれる波形が合わさってできているものである。したがって、地震波形は、周期ごとの正弦波に分解することができる。

　そして、地震波形を周期ごとに分解し、周期ごとの揺れの強さを示

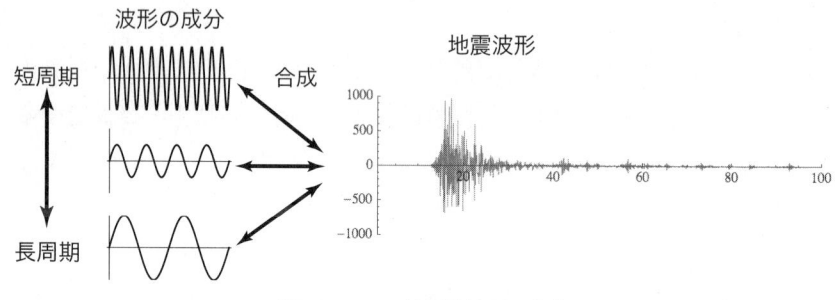

図2-2-4　地震動波形の合成

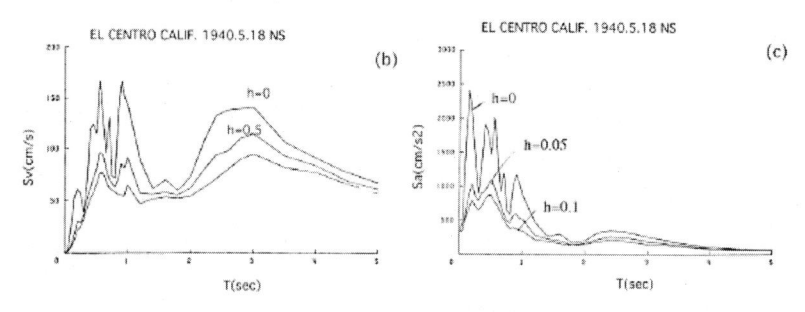

図2-2-5　地震応答スペクトル図（大崎（1994）による[1]）

したものを地震応答スペクトルと呼び、横軸に周期、縦軸に揺れの大きさにより表現した図を地震応答スペクトル図と呼ぶ。図2-2-5に地震応答スペクトル図を示す。この地震応答スペクトル図において、周期1秒以下の揺れが卓越するような地震動が短周期地震動、周期2秒以上の揺れが卓越するような地震動が長周期地震動となる。

(5) 海溝型地震と内陸直下型地震の地震動の特徴

　東海・東南海・南海地震のような海溝型地震と、兵庫県南部地震のような内陸直下型地震との地震波形の違いについて見てみる。図2-2-6に内陸直下型地震と海溝型地震の地震応答スペクトル図を示す。これより、内陸直下型地震では周期0.5秒程度の揺れが卓越しており、

1　大崎順彦：新・地震動のスペクトル解析入門、鹿島出版会、1994.

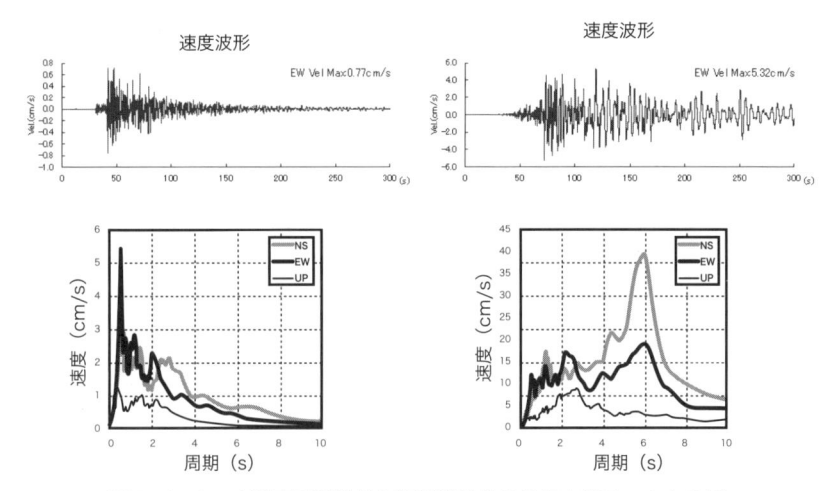

図2-2-6　内陸直下型地震と海溝型地震の地震応答スペクトル図

短周期の揺れが強いことがわかる。一方、海溝型地震では周期4秒から6秒の揺れが卓越しており、長周期の揺れが強くなる。

2　やや長周期の地震動はどのような被害を引き起こすか

(1)　どのような社会資本を考えるか

　　高層建築物の分布と東南海・南海地震の予測地震動（巻頭カラーページ図5）より、東南海・南海地震発生時には、大阪平野において周期が4秒から6秒の長周期地震動が卓越する。また、建築物の固有周期と同じ周期の地震動分布との比較から、建築物の立地と地震動が大きくなる箇所が一致するところがみられる。つまり、東南海・南海地震による長周期地震動により、固有周期が長い構造物、いわゆる長周期構造物が共振することが想定される。また、近畿圏に対する東南海・南海地震によるやや長周期の強震動という観点からは、社会資本としては、大阪平野を中心とした都心部の長大構造物に集中することができる。

　　平成15年現在の大阪平野においては、約250棟の高層建築物が建築

されており、さらに新築の高層建築物がつぎつぎに建築されている。これら高層建築物は、多数の企業が活動したり、1棟あたり数百世帯が生活したりするなど、その地域の社会経済活動を支えるものであり、その地域の社会経済活動、市民生活に大きな影響を与える社会資本であるといえる。

　近代都市は、道路、あるいは電気や水道といった都市インフラのネットワークにより接続され、高度かつ複雑に発達してきている。ここでは、人の流れや物流などの物理的な接続を担っている道路に着目し、その中でも長周期構造物である長大橋梁を取り扱うものとする。

　都市における社会経済活動や市民生活は、電気、ガスなどのエネルギー供給に支えられている。また、資源としての石油という観点からは、石油はさまざまな製品に対して加工され、使用されている。つまり、長周期構造物である石油タンクが集積する石油コンビナートは、市民生活や社会経済活動には必要不可欠なエネルギー資源の供給源であり、地震災害などにより被災した場合には大きな社会的影響を与える社会資本であるといえる。

　以上の観点から、ここでは、社会資本として、高層建築物、長大橋梁、石油コンビナートに着目し、東海・東南海・南海地震での長周期強震動による被害について検討する。

(2) 高層建築物に対する被災の特徴

　高層建築物では、やや長周期の強震動との共振によって揺れが増幅することで、柱等の構造部材の損傷、免震・制震装置の機能不全、非構造部材の損傷、屋上、屋外設備等の落下、建物内ライフラインの損傷、エレベーターの損傷、停止、閉じ込め、火災の発生、家具や収容物の移動、居住者や就労者への肉体的、心理的影響が生じることが考えられる。

　構造部材の損傷や免震・制震装置の機能不全により、強度不足など倒壊の可能性が生じることとなる。そして、高層建築物の構造上の安

全確認、又は補修、補強の完了まで高層建築物への立ち入り禁止など高層建築物が本来持つ「機能」全体の喪失、あるいは、建築構造物の層破壊により人的、物的被害が発生し、高層建築物の周辺地域に対しては、倒壊可能性による避難勧告、避難指示の発令や立ち入り規制などによる影響が想定される。

また、窓や扉等の非構造部材が損傷することで、人的被害の発生、地震発生後の避難行動への支障、使用不可能となることで高層建築物の機能全体が喪失し、屋上、屋外設備等の落下により、通行人などへの人的被害、周辺地域への立ち入り規制等による影響が考えられる。

建物内のライフラインが損傷した場合には、電気や上下水道が使用できないことによる機能損失が生じることが考えられ、救援、救出、消火活動や避難への支障が発生することも想定される。また、水道管の被災による水損被害も生じ得る。

共振による建築物の揺れの増幅、あるいは電気設備が被災した場合には、エレベーターの損傷、停止、閉じ込めなどが発生することが考えられる。エレベーターの損傷や閉じ込めに伴う人的被害、エレベーターの停止による避難への支障や高層建築物の機能喪失、あるいは、同時多発的に発生するエレベーターの閉じ込めによる救出への支障等が生じると想定される。

消火用のスプリンクラー配管が被災した場合には、高層建築物における初期消火活動が困難になり、また、高層建築物において火災が発生した場合には人的被害や機能全体の喪失が発生することが考えられる。

高層建築物が共振現象した場合には、家具、収容物が移動したり、散乱したりすることが考えられ、さらに、家具の転倒などにより人的被害が発生する、避難が困難になる、救出活動、消火活動への支障が生じ得る。

さらに、東海・東南海・南海地震による長周期地震動の継続時間、つまり、地震動の揺れの時間が長くなることから、共振による建築物

の揺れも長時間継続することとなり、肉体的、心理的影響が生じることが想定される。

以上のように、共振による高層建築物の揺れが増幅することで、周辺地域への避難や立ち入り規制、直接的な人的被害、建築物の機能全体の損失、避難行動への支障、救出、救援、消火活動への支障が生じることが考えられる。

このほか、高層建築物特有の課題として、被災後の検査、照査や応急危険度判定が困難であること、被災した高層建築物の復旧や補修が容易でないこと、多数の居住者、就労者、企業が関係者であり、高層建築物内における市民生活や業務が継続困難となり、市民活動や社会経済活動に大きな影響を及ぼすこと、などが挙げられる。また、既存高層建築物の耐震設計が、その設計時に必ずしも長周期地震動を視野に入れているとは限らないことも課題の一つであるといえる。

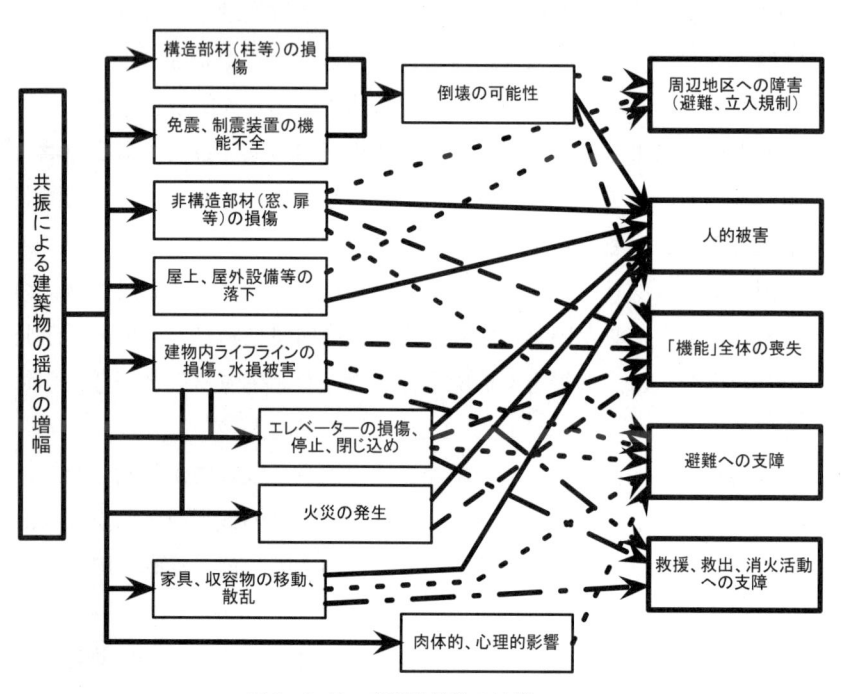

図2-2-7　高層建築物の被災フロー

(3) 長大橋梁に対する被災の特徴

長大橋梁では、やや長周期の強震動での共振により、構造物の揺れの増幅することで、橋脚、橋桁等の各部の損傷、免震、制震装置の機能不全、照明設備等の付帯構造物の損傷や落下、走行車両、列車の事故、上水道の水管橋等の添加ライフラインの損傷が発生することが考えられる。

橋脚、橋桁等の構造部の損傷、あるいは免震、制震装置が想定外の揺れによる機能不全により、落橋や倒壊の可能性が生じることとなり、最悪のケースでは、落橋や倒壊により人的被害が想定される。また、走行車両、走行列車の事故による人的被害も考えられる。

落橋、倒壊の可能性が生じた場合、長大橋梁の構造上の安全確認や補修や復旧完了までは通行不能、交通遮断となる。また、照明設備や案内板などの付帯構造物が損傷したり、落下する、あるいは、東海・東南海・南海地震発生時に長大橋梁を走行している車両や列車の事故が発生することにより、通行不能、交通遮断となる。そして、通行不能、交通遮断が生じた場合、緊急輸送機能や物流機能が低下することが考えられる。

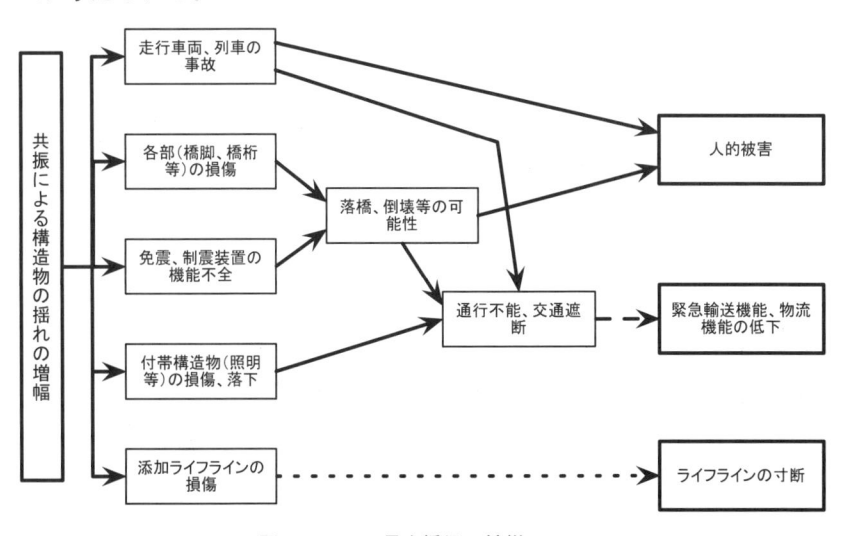

図2-2-8 長大橋梁の被災フロー

また、水管橋など添加ライフラインの損傷により、ライフラインが寸断し、広範囲なライフラインの供給停止が発生する可能性があるといえる。

以上のように、東海・東南海・南海地震による長周期地震動で長大橋梁が共振し、揺れの増幅が生じることで、人的被害、緊急輸送機能、物流機能の低下、ライフラインの寸断が生じることが考えられる。

長大橋梁における被災の特徴として、地震後の検査や復旧、補修が困難であるとともに、埋め立て地や港湾や河川といった地盤や空間などの地理的条件の厳しい箇所に立地していることが多く、代替機能の確保が容易ではないことが挙げられる。

(4) 石油コンビナートに対する被災特徴

石油タンク等の長周期構造物である巨大タンクでは、やや長周期の強震動による共振で、液面の揺れが揺動する、つまりスロッシングが起こり得る。このスロッシング現象により、タンク構造物各部の損傷やタンク内容物の漏れや流出が発生する可能性がある。

タンク構造物各部の損傷により、タンクが使用不可能となり、復旧や補修が完了するまで、工業生産活動、エネルギー供給能力の低下が

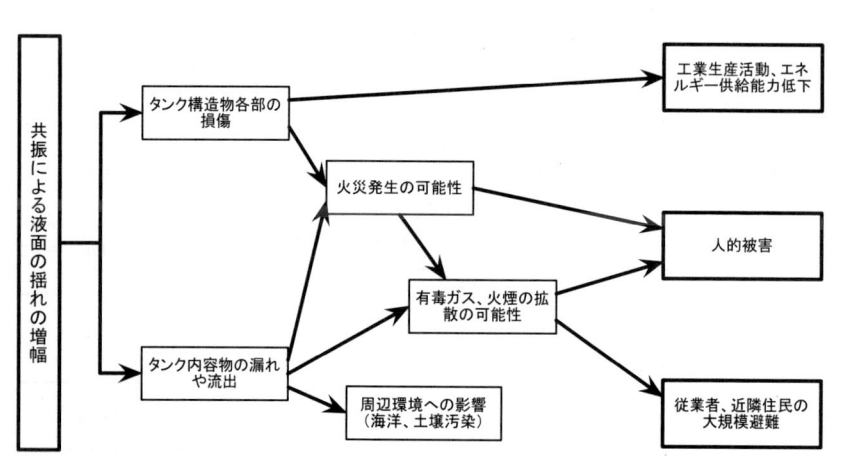

図2-2-9　石油コンビナートの被災フロー

生じることが想定される。

スロッシングや構造物各部の損傷等でタンク内容物の漏れや流出することで、海洋や土壌汚染など周辺環境への影響が生じることが考えられる。

また、タンク構造物各部の損傷、あるいは、タンク内容物の漏れや流出によるタンク火災発生の可能性が考えられ、火災が発生した場合には、火災による人的被害のおそれや、有毒ガス、火煙の拡散の可能性も考えられる。さらに、有毒ガス、火煙が拡散した場合には、中毒などの人的被害の生じるおそれや、石油コンビナートでの従業者や近隣住民の大規模避難が発生することが想定される。

以上のように、石油コンビナートが長周期強震動により被災することで、工業生産活動やエネルギー供給能力の低下、人的被害の発生、従業者、近隣住民の大規模避難、海洋や土壌などの周辺環境への影響が生じることが考えられる。

石油コンビナート等の被害特徴として、消火活動が困難であること、周辺地域への影響が大きいこと、が挙げられ、また、エネルギー生産、工業生産の根幹であり、社会経済活動を支えるエネルギー資源供給源であることから、被災による波及効果が大きく、長期的になることも特徴である。

3　やや長周期の地震動の対策を確立するために

これまでに、やや長周期の地震動とはどのような地震動なのか、そして、長周期強震動により高層建築物、長大橋梁や石油コンビナート等にどんな被害が生じ得るのかを明らかにしてきた。つまり、東海・東南海・南海地震での長周期地震動という敵を知り、社会資本の被災特徴を明らかにすることで長周期強震動に対する社会資本の弱みを把握することができたといえる。また、東海・東南海・南海地震でのやや長周期の強震動による社会資本への被害を軽減するためには、対策につなげてい

くことが必要不可欠である。つまり、長周期地震動に対する対策を知り、実施していくことである。

高層建築物では、設計者、建築主、所有者、居住者、入居企業、利用者などいわゆるステークホルダーは多岐にわたる。長大橋梁、石油コンビナートにおいても同様である。このような多様なステークホルダーが存在する社会資本に対してやや長周期の強震動対策を実施するためには、長周期地震動のメカニズムを知り、長周期強震動による社会資本の弱いところを知り、その対策を知るだけではなく、越えなければならないハードルが存在する。つまり、長周期地震動対策の実施に対する動機づけである。そこでは、やや長周期の強震動による社会資本の被害についての問題意識に気づき、その社会的認知を獲得し、そのうえで、長周期地震動対策の実施に向けたインセンティブを付与していくのかが必要不可欠である。

これまでにも長周期地震動に関してさまざまな研究者により調査研究がなされてきている。

地震工学の視点からは、東海・東南海・南海地震時の強震動予測結果から、巨大地震時の長周期地震動の重要性が指摘されてきている（入倉ら（2004）による[2]）。また、東南海・南海地震に対する強震動予測がなされ、長周期地震動の予測についても実施されている（川辺・釜江（2005）による[3]）。

建築工学分野において、超高層建築物など構造物の地震時挙動について検討されてきている（北村ら（2006）ほかによる[4,5]）。また、土木工

2　入倉孝次郎、釜江克宏、川辺秀憲：巨大地震による長周期地震動予測の重要性について、日本地震学会2004年秋季大会、P 049、2004.
3　川辺秀憲、釜江克宏：想定南海地震による大阪堆積盆地での地震動の予測、日本地震学会2005年秋季大会、2005.
4　北村有希子、五藤友規、吹田啓一郎、岩田知孝、釜江克宏：長周期強震動を受ける高度成長期に建設された超高層建築物の地震応答と耐震補強その1長周期強震動を受ける超高層建築物の地震応答解析、2006年日本建築学会大会（関東）、pp. 679-680、2006.
5　吹田啓一郎、北村有希子、五藤友規、岩田知孝、釜江克宏：高度成長期に建設された超高層建築の長周期地震動に対する応答特性、日本建築学会構造系論文集、Vo. 61、pp. 55-61、2007.

学分野においても、想定東南海・南海地震の強震動予測結果に基づき、長大橋梁や石油タンク等のそれぞれ個々の長周期構造物に対する長周期地震動による構造上の影響、新規構造物の設計時における安全性確認、あるいは既存構造物に対する安全性再確認などについて検討されつつある（土木学会・日本建築学会（2006）による[6]）。しかしながら、長周期地震動に対する問題意識の向上、社会的認知の獲得、さらには、対策実施に向けたインセンティブをいかに付与していくのか、その手法についてはこれまでのところほとんど検討されていない。

これらのことから、本分科会では、東南海・南海地震での長周期地震動による社会資本の被害軽減に向けた戦略計画の策定とともに、対策の実施に向けて、まずはやや長周期の強震動に対する問題意識の向上、社会的認知の獲得が重要であると考え、長周期地震動ハザードマップの構築に向けたコミュニケーションツールの検討を行った。以下にその検討結果を述べる。

(1) 長周期地震動ハザードマップとは

自然災害によるハザードを表現するハザードマップという観点からは、これまでにも、浸水地域を示した洪水ハザードマップ、土石流やがけ崩れの危険地域を示した土砂災害ハザードマップ、震度分布や地震災害などの地震ハザードマップ、富士山火山防災マップなどの火山噴火ハザードマップ、津波災害による浸水地域などを示した津波ハザードマップなど、自然災害による被害を予測し、その被害範囲を地理情報として扱ったものが作成されてきている。しかしながら、海溝型巨大地震時の長周期地震動に関するハザードマップについてはこれまでのところほとんど検討されていない。

そこで、やや長周期の強震動に対する問題意識の向上、社会的認知の獲得に向けた長周期地震動ハザードマップの目的を図2-2-10に示

6　土木学会、日本建築学会：東海地震等巨大地震災害への対応特別調査委員会、2006.

> 1） 長周期地震動で何がどうなるのかを知ることができる
> 2） 長周期地震動の危険性、つまり、自分に危険があるのかどうかを知ることができる
> 3） 長周期地震動の対策をしなければならないと思うことができる
> 4） 対策を実施したい人や主体に基礎的情報を提供することができる

図2-2-10　長周期地震動ハザードマップの目的

すように設定した。

　地域防災力向上のためには、災害イメージを具体的に実感できるハザードマップの必要性が指摘されている（日本地理学会（2004）による[7]）。したがって、ここでは、地図という地理情報で示すという既存のハザードマップの概念にとらわれることなく、上述の目的を達成するためのツールとして、長周期地震動ハザードマップ構築に向けたコミュニケーションツールを検討する。

(2) コミュニケーションツールの要件

　長周期地震動ハザードマップが上述の目的を達成するためのコミュニケーションツールの要件を検討し、以下の5つの要件にまとめられた。

　　1) 長周期地震動を知ることができる
　　2) 構造物の構造体について、設計時の想定を超えるかどうかを知ることができる
　　3) 構造物の機能保持がどの程度確保できるのかがわかる
　　4) 構造物そのものの復旧をどうするのかがわかる
　　5) 構造物の機能復旧がどの程度でできるのかがわかる

(3) コミュニケーションツールで何を表現するのか

　ここでは、具体的に何を表現するのかその要素について検討した。

7　日本地理学会：ハザードマップを活用した地震被害軽減の推進に関する提言、2004.

また、長周期地震動ハザードマップの受け手を、1）一般市民、2）所有者・利用者・居住者、3）設計者という3グループを設定した。また、専門的観点から社会に情報発信する立場として専門家を設定した。そして、コミュニケーションツールで表現する要素について、情報の受け手、情報の発信という観点から整理した。図2-2-11にコミュニケーションツールにおける情報要素を示す。

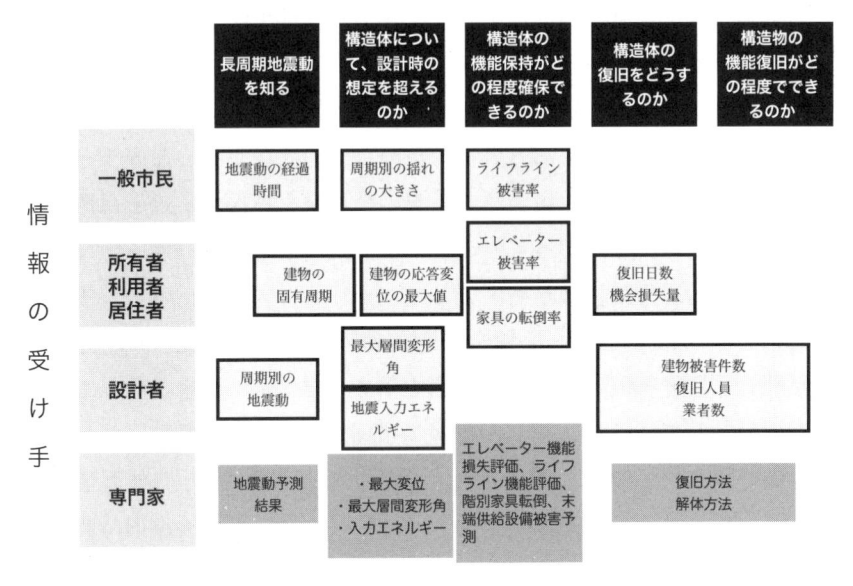

図2-2-11 情報の受け手からみたコミュニケーションツールの要素

(4) 長周期地震動ハザードマップ構築に向けたコミュニケーションツールの検討

本分科会では、超高層建築物を対象として長周期地震動ハザードマップ構築に向けたコミュニケーションツールを一例として作成した。

大阪平野においては、約250の高層建築物が分布しており、必ずしも面的な広がりを持っているわけではないといえる。したがって、既存のハザードマップにあるようなハザードを地図上で表現する、つまり、長周期地震動での共振による揺れの大きさを地理情報システム

(GIS) 上に示すだけでは、図2-2-10に示した目的を達成できるとはいえない。また、高層建築物の場合、低層階、中層階、高層階とそれぞれ揺れ方や被害の程度、機能障害の程度など異なる。これらのことから、高層建築物の垂直方向に着目する。したがって、ここでは、60階の超高層建築物をひとつの対象として長周期地震動ハザードマップを検討する。

　災害イメージを具体的に実感できる情報提供手法として、揺れの大きさや家具の転倒率等の情報別にハザードを示す方法が考えられる。しかしながら、情報別に示した場合、その超高層建築物全体がどのような状況であるのか、あるいは、自分たちの入居している階がどのような状況であるのか、災害イメージの全体像を把握することは困難になるといえる。したがって、ここでは、長周期地震動ハザードマップの要素と高層建築物の階層区分とのマトリックスを考える。つまり、縦軸を階層区分とし、横軸を「地震動」「人命、避難」「機能評価」「復旧」「機能復旧」に関する項目とした。ここに、「地震動」に関する項目として、変位、揺れの継続時間等を、「人命、避難」として、負傷のリスク、避難の困難さ、人命救助の遅れ等を、「機能評価」として、ライフライン確保の困難さ、エレベーターの点検復旧時間、家具の転倒や移動等を、「復旧」として、建物の使用可能性判定の困難さや応急復旧までの時間を、さらに「機能復旧」に関する項目として、機能復旧までの時間、事業継続の難易度、心理的影響度を設定した。また、階層区分として4区分とした。

　そして、それぞれの項目について、十分に機能する、容易である場合には緑色（G）で示し、ある程度機能する、ある程度は困難を伴う場合には、黄色（Y）で示し、まったく機能しない、非常に困難である場合には赤色（R）で示すという表現手法により、それぞれの階層における各項目を評価する手法を採用した。以上の手法を用いて、超高層建築物の一例として作成したコミュニケーションツールを図2-2-12に示す。

第2章　やや長周期の強震動による社会資本への被害予測と対策の確立

	地震動		人命、避難					機能評価							復旧		機能復旧		
	変位	揺れの継続時間	負傷のリスク	負傷者の確認	避難の困難さ	人命救助の遅れ	消火活動への影響	エレベーターの点検復旧時間	家具等の転倒や移動	水の確保	電気の確保	下水道	被害率判定に要する時間	応急復旧までの時間	建築物の使用可能性判定	機能復旧の時間	事業継続の難易度	心理的影響度
60階〜46階	R	R	R	Y	R	R	R	R	R	R	R	R	Y	R	R	R	R	R
45階〜31階	Y	Y	R	R	Y	R	R	R	R	R	R	R	R	R	R	R	R	R/Y
30階〜16階	G	Y	Y	Y/G	Y	Y	Y	R	Y	Y	Y	R	R	Y	Y	Y	R/Y	Y
15階〜1階	G	G	Y	G	G	G	Y/G	Y/G	R	Y/G	R/G	R/G	Y	Y/G	G	Y/G	Y/G	G

図2-2-12　長周期地震動ハザードマップ（超高層建築物の一例）

しかしながら、ここでは、あくまでも長周期地震動ハザードマップ構築に向けたコミュニケーションツールを提案したものである。したがって、今後は、このツールの検証を行い、具体的評価手法について検討していくことが求められる。つまり、項目に関する検証をすること、各項目の評価基準や評価手法を確立することなどを行っていくことが必要となる。また、ここで検討したコミュニケーションツールを基にして長周期地震動ハザードマップを構築し、リスクコミュニケーションとしていかに活用できるのか、実践的かつ具体的な適用手法についても検討していくことが重要であるといえる。

4　どのような戦略で立ち向かうのか

東海・東南海・南海地震におけるやや長周期の強震動による社会資本の被害軽減においては、長周期地震動を知り、社会資本の弱いところを

知り、長周期地震動への対策を知り、実施することが必要である。つまり、やや長周期の地震動のメカニズムを知り、長周期強震動に対して社会資本の脆弱性を把握するなど、東海・東南海・南海地震での長周期地震動による現象を理解し、その対策として、問題意識の向上や社会的認知の獲得とともに、長周期地震動に対する技術的対策に関する情報提供と対策実施に向けたインセンティブの付与、そして、対策の実施、という過程を構築することが重要である。以上のことから、本分科会では、(1)やや長周期の地震動のメカニズムを知る、(2)長周期強震動による社会資本の弱いところを知る、(3)長周期地震動への対策を知り、実施する、により構造化する。

　長周期地震動のメカニズムを知るために、観測データ整備やデータ・マネジメント体制の確立等のやや長周期の地震動そのものを知り、東海・東南海・南海地震での長周期地震動を予測する。

　長周期強震動に対して社会資本の弱いところを知るために、社会資本に関する情報整備をし、長周期地震動予測結果を用いて構造物の被害予測、評価、機能損失を評価する。また、人的被害の予測を行う。

　長周期地震動への対策を知り、実施するために、問題意識の向上や社会的認知の獲得に向けて、対策実施に対するインセンティブを付与した形でのリスクコミュニケーション、情報提供をするとともに、技術的、工学的対策を確立する。また、応急対応、復旧・復興における対応を整備する。

　以上のように、やや長周期の地震動を知り、社会資本の脆弱性を把握し、長周期地震動対策として、問題意識の向上や社会的認知の獲得、対策へのインセンティブの付与、対策への行動や実施という過程を、戦略計画として記述する。以下に戦略マップを示す。

「やや長周期の強震動による社会資本への被害予測と対策の確立」における戦略マップ

やや長周期の地震動のメカニズムを知る
- Ⅰ やや長周期の地震動を知る
  - ① 長周期地震動予測に必要なデータを整備する
  - ② 地下構造モデルを構築する
  - ③ 地震動データのマネジメント体制を確立する
- Ⅱ やや長周期地震動を予測する
  - ① 地下構造特性を考慮した地域メッシュごとの地震動を予測する
  - ② 東海・東南海・南海地震の発生タイミングの違いによる長周期地震動の違いを評価する

長周期強震動による社会資本の弱いところを知る
- Ⅰ 社会資本に関する情報整備を行う
  - ① 被害予測の対象とする社会資本を設定する
  - ② 高層建築物、長大橋梁、石油タンク等の社会資本の基礎データを整備する
  - ③ 高層建築物、長大橋梁、石油タンク等の社会資本の社会データを整備する
  - ④ やや長周期の強震動による社会資本の被害予測に関する情報提供手法を開発する
- Ⅱ 構造物の被害予測、評価を行う
  - ① 社会資本の被害予測、評価を行う
  - ② 構造物の耐用年数を考慮した被害予測手法を開発する
  - ③ 設計と実測との検証を実施する体制を確立する
- Ⅲ 社会資本の機能損失に対する評価を行う
  - ① 社会資本の機能損失を評価する
  - ② 社会資本の復旧期間、コストを評価する
  - ③ 社会資本の機能損失による市民生活、社会経済活動への影響を評価する
- Ⅳ 人的被害を予測する
  - ① 構造物被害にかかる直接的人的被害を予測する

② 構造物被害によらない間接的人的被害を予測する
長周期地震動への対策を知り、実施する
　　Ⅰ　やや長周期の地震動に対する理解を得る
　　　① やや長周期の地震動に関するリスクコミュニケーションツールを開発する
　　　② 長周期地震動に関する情報提供を行う
　　Ⅱ　構造物に対する長周期地震動対策を確立する
　　　① 長周期地震動に対する対策技術の開発を推進する
　　　② 既存の構造物に対する補強手法、技術の開発を実施する
　　Ⅲ　機能損失に対する対策を確立する
　　　① 復旧シナリオを検討する
　　　② 応急復旧対応マニュアルを整備する

(1) やや長周期の地震動のメカニズムを知る
　① やや長周期の地震動を知る
　　(i) 長周期地震動予測に必要なデータを整備する
　　　　地震動は、地震が発生し震源から放射された地震波が地表面に到達することにより生じる。したがって、地震動を予測するためには、地震波が生成される震源のモデル化、地震波の伝播過程となる地下構造のモデル化が必要となる。大阪盆地や濃尾盆地など大規模堆積盆地では、盆地の規模に依存しており、盆地ごとに異なる卓越周期の長周期地震動が観測されている。このことから、堆積盆地内において長周期地震動を精度よく予測するためには、堆積盆地の地下構造モデルの構築が必要不可欠である。この構築した地下構造モデルの精度の検証やチューニングを行うためには、盆地内での強震動観測データが必要となる。さらに、地震時の構造物の被害予測や被害軽減化対策の信頼性を高めるには、構造物内での地震観測データが必要となる。
　　(ii) 地下構造モデルを構築する

地下構造のモデル化は地震災害軽減対策のための強震動予測を行ううえで最も重要な情報の一つである。1995年兵庫県南部地震による大災害を契機として深部堆積地盤構造の調査が南関東、中部、近畿などの主要都市で行われているが、全国的に見ると一部の地域にとどまっている。東南海・南海地震を対象として大阪盆地の長周期地震動を予測し、長周期構造物の被害予測や被害軽減対策の信頼性を高めるには地下構造モデルの高精度化が不可欠となる。

　現存する地下構造に関するデータの収集し地下構造モデルを構築したうえで、地下構造の情報が不足している地域において深層ボーリング調査、反射法地震探査、微動アレイ探査など新たな地下構造調査を実施し、地下構造モデルの高精度化を図る。そして、得られた堆積盆地構造モデルについて、強震動波形のシミュレーションとの比較による検証及びモデルのチューニングを行う。

　地下構造モデルの高精度化により、東南海・南海地震を対象とした大阪盆地の長周期地震動予測の精度が高まり、長周期構造物の被害予測や被害軽減対策の信頼性の向上が期待できる。

(ⅲ)　地震動データのマネジメント体制を確立する

　1995年兵庫県南部地震以後、防災科学技術研究所のK-NET、KiK-netや気象庁などの強震観測網が整備され、地表や地中に設置された強震動観測点の数は5千点を超え、世界でもトップクラスの強震観測網となっている。これら強震観測網による観測記録により、日本各地の地震動の特性が明らかになってきており、強震動シミュレーションにより地盤モデル検証を行うことが可能となってきている。しかしながら、やや長周期の地震動の影響を大きく受ける長周期構造物長周期構造物の地震時の挙動を把握するためには、長周期構造物内で観測される地震記録が必要となる。長周期構造物のうち高層建築物の多くは公的機関の管理する建物ではないため、地震観測が行われていてもその観測記録が活用さ

れることがほとんどないといえる。したがって、長周期構造物の地震時の特性を把握するためには、長周期構造物内で地震動観測を行い、その観測結果データを活用していくことが必要である。

民間所有の構造物であっても、長周期構造物の多くは巨大構造物であり、地震によりその構造物が被害を受けた場合、その社会的影響は大きいことから、法令など拘束力を持つ形で、長周期構造物内で地震動観測及び観測記録の公開を義務付けることにより、長周期構造物内での観測記録を活用できるような仕組みを確立する。

地震時の長周期構造物の特性把握の研究を行うことが可能となる。また、観測記録から地震により被害を受けた構造物の被害状況を把握することも可能となる。さらには、長周期地震動対策とその評価を実施することが可能となる。

② やや長周期地震動を予測する
(i) 地下構造特性を考慮した地域メッシュごとの地震動を予測する

現在よく使われている強震動予測手法には理論的手法、半経験的手法、経験的手法などがある。このうち理論的手法には差分法や有限要素法などがあり、これらの手法は、震源の特性や複雑な地下構造の特性を反映した長周期地震動の予測を行うことができる手法である。

地下構造調査により得られた堆積盆地構造モデルを、強震動記録のシミュレーションにより精度を検証し、高精度化を図る。高精度化された地下構造モデルを用いて東南海・南海地震の長周期地震動予測を行う。ここでの予測には複雑な地下構造の特性を取り入れた長周期地震動予測が可能な三次元差分法を用いる。

この予測結果から、盆地内で複雑に変化する長周期地震動の卓越周期や継続時間などの特性を広域に把握することができる。また、高精度化された地下構造モデルを用いることにより、精度の

高い長周期地震動の予測が可能となり、長周期構造物の被害予測及び被害軽減化対策の信頼性が高まることが期待できる。

(ii) 東海・東南海・南海地震の発生タイミングの違いによる長周期地震動の違いを評価する

「複数の震災が連続して発生する場合での最適な復旧・復興戦略」分科会において検討されているように、過去の地震の被害記録などから、東海地震、東南海地震及び南海地震は、同時に発生する場合と、発生時間のずれる場合があることが明らかにされている。両地震が同時に発生した場合と個別に発生した場合では地震動の大きさや特性も異なることになる。また、巨大地震の場合には地震動の継続時間が長いため、東海・東南海・南海地震がほぼ同時に発生する場合には、その発生時間差が数秒から数分であると、両地震の地震波の重なり具合によって地震動の大きさ、継続時間や卓越周期などの特性が異なってくることが予想される。

これらのことから、東海地震、東南海地震と南海地震が同時に発生した場合と個別に発生した場合について長周期地震動予測を行い、堆積盆地内の地震動の違いを比較検討する。特に、両地震の発生時間差が数秒から数分の場合については、その時間差の変化による堆積盆地内の長周期地震動の特性の変化について詳細に検討する。

これらの検討結果により、長周期構造物の被害予測及び被害軽減化対策の信頼性の向上が期待できる。

(2) 長周期強震動による社会資本の弱いところを知る
① 社会資本に関する情報整備を行う
(i) 被害予測の対象とする社会資本を設定する

長周期地震動によって被害が生じると想定される社会資本を漏れなく、抽出し、明確にすることで、それらの被害を知るうえでの基礎情報を得ることができる。

自治体等の公的主体、ライフライン事業者等の指定公共機関、及びビルオーナー等の民間主体のそれぞれの立場に立ったうえで、これらの主体が所有し、管理する施設や構造物の中から長周期地震動によって被害が生じると想定される対象を網羅的に抽出する。このようなリスクの高い社会資本としては、高層建築物、長大橋梁、石油タンクの3つの構造物が挙げられるため、以下ではこれらの被害を主として扱うこととする。

(ii) 高層建築物、長大橋梁、石油タンク等の社会資本の基礎データを整備する

長周期地震動による被害が最も懸念される上記の社会資本を対象として、構造諸元、固有周期や減衰性等の動特性、非構造部材に関する細目、電力、上下水道、ガス等のユーティリティー系統や配線・配管、付帯設備等の基礎データを一元的に集約し、整備する。これらに基づいて構造物全体の地震応答、及び着目したい部材や設備等の地震応答を明らかにすることで、それらの応答に応じた構造物の損傷状態を把握することができる。

高層建築物であれば、ビルのオーナー、設計事務所、ビル管理会社が上記の基礎データを扱うことができる立場にある。長大橋梁であれば、自治体や道路会社、設計コンサルタントが上記のデータを扱うことができる立場にある。石油タンクであれば、事業会社や設計コンサルタントが上記のデータを扱うことができる立場にある。被害予測という観点からは、これらの主体の中でも特に構造物を所有する主体に対して、基礎データの提供と整備に対する理解を促す施策立案が必要となる。

(iii) 高層建築物、長大橋梁、石油タンク等の社会資本の社会データを整備する

高層建築物であれば、住居、オフィス、レジャー施設等としての機能を有しており、長大橋梁であれば、道路や鉄道等の交通施設の機能とともに、ライフラインの配線・配管の架空設備として

の機能も有している。石油タンクには石油の精製・備蓄としての機能がある。物的被害の予測や評価にあたっては上述の戦略に基づいて整備された基礎データが不可欠となる。一方、人的被害や機能障害の予測や評価においては、それぞれの構造物の使途やそれから派生する機能に付随した社会データが必要となる。一例として、高層建築物であれば、ビルの使途細目や入居人口、就業人口等にかかわるデータであり、長大橋梁であれば、橋梁の使途細目、交通量、ユーティリティー系統の接続性等にかかわるデータ等である。また、石油タンクであれば、精製・備蓄量等に関するデータを考慮する必要があるとともに、火災・爆発等による有毒ガスの放出やオイルの越流による海洋の汚染等の環境リスクを有しているため、これらのリスクにさらされているエクスポージャーに関するデータが必要となる。

　長大橋梁が地方道の場合には管理主体は自治体であるので、交通量等のデータは通常、自治体が保有している。しかし、ユーティリティー系統の接続性に関する情報等は自治体が保有していないため、ライフライン事業者より収集する必要がある。一方、道路会社が管理する長大橋梁や高層建築物、石油タンクに関しては、自治体の立場としては前記の社会データを保有している関連主体に対して長周期地動による被害想定に対して不可欠なデータとして、情報提供を促すとともに、一元的にデータを集約し、整備する必要がある。

(iv) やや長周期の強震動による社会資本の被害予測に関する情報提供手法を開発する

　これまで述べてきたように、長周期地震動による被害予測の際には対象とする構造物の基礎データや構造物にかかわる社会データが必要不可欠である。それらのデータを整備するに際して、自治体が保有していないデータに関してはそれらを保有する主体に対して情報提供を促す必要がある。このような情報提供の枠組み

やそれに付随する制度、及び具体的な手法は現状においてほとんど検討されていないことから、このような新たな情報提供手法の開発が求められている。

情報提供を受ける主体だけでなく、情報提供を行う主体にとっても恩恵があるような双方的、双発的な手法をとることができるのか、あるいは、情報提供を強制するような手法を採用せざるを得ないのか、現状としては枠組みに対する早急な検討と第一義的な制度設計が求められている。

② **構造物の被害予測、評価を行う**
(i) 社会資本の被害予測、評価を行う

長周期地震動による被害が懸念される高層建築物、長大橋梁、石油タンクに対して、これらの被災に伴う物的被害、人的被害及び機能障害を定量的に把握するために、被害予測及び評価を行う。

対象とする構造物が立地する地域の強震動を予測したうえで、これらを入力地震動とする地震応答解析を実施し、これより、構造物の長周期地震動による力学的な応答性状を把握する。この際には、前述の(1)②の施策において整備された構造物の基礎データを活用し、対象構造物の力学モデルを作成する。この作業を通じて、構造物の損傷状況を予測、評価することができることから、構造物の物的被害を大枠把握することが可能となる。

次に、このような構造物の損傷状況を基点として人的被害及び機能障害に対する評価を行う。人的被害及び機能障害には幾とおりものシナリオが想定されることから、イベントツリー解析を実施し、これらのシナリオを明らかにする。

(ii) 構造物の耐用年数を考慮した被害予測手法を開発する

高層建築物、長大橋梁、石油タンクのいずれの構造物も経年劣化は不可避であり、一定の年数、使用され、供用されている構造物の力学的な応答性状を正確に把握するためにはそれらを考慮し

た被害予測手法の開発が必要となる。

50年から100年という想定される耐用年数に対して経年劣化の影響とそれに付随した維持管理の効果を適切にモデル化したうえで、構造物の基礎データを変化させて地震応答解析を実施する。

(iii) 設計と実測との検証を実施する体制を確立する

長周期地震動による構造物の被害予測にあたって、感度の高い力学パラメータは構造物の固有周期と減衰性である。高層建築物、長大橋梁、石油タンクに関して、このような動特性が設計時の想定と実物でどの程度符合するのか、実証的なデータが十分に得られていないことから、明確な知見を導出することができていない。したがって、実物の動特性を把握するための体制の整備が必要である。

まず、力学的にはいずれの構造物に対しても起振機による強制加振や常時微動の観測等の方法が考えられる。これらを実施するためには、構造物のオーナー、管理会社、事業主に対する許諾が必要になるとともに、また、大きな費用負担が発生することになる。したがって、許諾を得る際の権限付与や法的根拠等の制度設計が求められるとともに、費用負担に関する枠組み作りが必要になるといえる。

③ 社会資本の機能損失に対する評価を行う

(i) 社会資本の機能損失を評価する

長周期地震動による構造物の「被害」は、物的被害、人的被害及び機能障害の3つの要素の和集合となる。したがって、被害予測と評価を行うためには機能障害による直接損失及び間接損失を適宜、評価する必要がある。

ここでは、まず、構造物の設置目的や使途細目に付随した機能を網羅的に明らかにする。そのうえで、それらの機能が寸断・低下した場合の影響を定性的に明らかにし、計量可能性について検

討する。また、計量する際の指標としてはコスト等の経済的指標や機能障害が生じ得る日数等の時間スケールによる指標が考えられる。さらに、直接損失は統計データ等に基づき、計量可能であるが、間接損失の計量化に際しては通常、社会経済モデルの適用が必要となり、得られる数値は適用するモデルに強く依存した結果となることから、結果の解釈には注意が必要となるといえよう。

(ii) 社会資本の復旧期間、コストを評価する

構造物の機能障害を評価する際には、構造物の物的被害や人的被害に伴って生じる復旧期間や復旧コストを計量化することが有効となる。

社会資本の被害予測、評価に基づいて得られた高層建築物、長大橋梁、石油タンクの損傷シナリオに応じた復旧工程を明らかにしたうえで、必要となる材料並びに資機材の量やコスト、作業手順と作業員の人数等を分析する必要がある。

(iii) 社会資本の機能損失による市民生活、社会経済活動への影響を評価する

構造物の設置目的や使途細目に応じて、構造物の物的被害や人的被害によって様々な機能障害が生じることとなる。いずれの構造物を対象とした場合においても、死傷者の発生等の人的被害が生じる場合には当該世帯の家計へのインパクト等が生じるといえる。また、物的被害に伴って構造物が全面的に使用停止となったり、使用制限が課せられる場合には、代替手段の確保に伴うコストが発生したり、機会損失に伴うコストが発生する。このような社会資本の機能損失に伴って市民生活や社会経済活動には様々な影響が生じると想定されるため、これらを適切に評価することで、長周期地震動による構造物の「被害」をより俯瞰的に把握することが可能となる。

④ 人的被害を予測する
(i) 構造物被害にかかる直接的人的被害を予測する

　　構造物被害にかかるステークホルダーは、高層建築物の場合には居住者や従業者が対象となり、長大橋梁の場合は交通の利用者が対象となる。石油コンビナートの場合には、点検業務等に従事している従業者等が想定される。いずれの構造物を対象とした場合にも、これらのステークホルダーの死傷者数を少なくすることが、長周期地震動に対する対震対策の根幹となることから、これらにかかる人的被害を予測することが重要である。

　　まず、主構造部材の損傷状況を把握するための構造物全体系を対象とした地震応答解析を行う必要がある。そのうえで、構造物全体系の中で応答が卓越する箇所に対しては、別途、その箇所を抽出して非構造部材、室内什器、付帯設備等を含めた詳細な解析が必要となる。これらの結果に、施策・対策の(2)①(iii)に示した構造物の社会データを照らし合わせて、構造物被害による死傷者数を推定する。

(ii) 構造物被害によらない間接的人的被害を予測する

　　構造物被害によらない人的被害として一次避難者の発生が挙げられる。地震動の減退の後、高層建築物の場合には大量の一次避難者が発生し、長大橋梁の場合には車両の停止に伴って車両内に多数の停留者が発生することになる。また、石油タンクの場合には火災・爆発等による有毒ガスの汚染によって、近隣住民は避難を強いられる場合が想定される。このような一次避難者数の規模の把握と、それに対応した避難誘導方法の検討は防災施策の立案の観点から極めて重要となることから、構造物被害によらない人的被害を予測することが必要となる。

　　施策(2)②(i)の「社会資本の被害予測、評価を行う」で示したイベントツリー解析手法などを用いて、構造物被害によらない人的被害の発生シナリオをシミュレーションし、これらの結果に、施

策(2)①(iii)で構築した構造物の社会データを用いて、一次避難者数を推定することが可能となる。

(3) 長周期地震動への対策を知り、実施する
　① やや長周期の地震動に対する理解を得る
　（i）やや長周期の地震動に関するリスクコミュニケーションツールを開発する

　　東海・東南海・南海地震発生時には、大阪平野においては、周期4秒から周期6秒の長周期地震動が生じることが、強震動予測結果から明らかになってきている。しかしながら、これまでのところ、長周期地震動により高層建築物、長大橋梁、石油コンビナート等の社会資本がどのような被災状況になるのか十分には明らかにされていない。また、今後の調査研究により長周期地震動による被災状況や被害予測が可能となった場合においても、その成果を社会に対してどのように情報提供するべきなのか、という情報提供手法についてはほとんど検討されていない。したがって、長周期地震動に関する科学的知見をいかに社会に情報提供していくのか、実際上のリスクコミュニケーションツールを開発することが喫緊の課題である。

　　長周期地震動による社会資本の被災フローを定性的、定量的に分析を行う。これらの分析結果に基づき、高層建築物、長大橋梁、石油コンビナートに対する長周期地震動ハザードマップを作成する。

　　この長周期地震動ハザードマップを活用することで、東海・東南海・南海地震での長周期地震動に対する社会的認知度、あるいは問題意識の向上に役立つものと考えられる。
　（ii）長周期地震動に関する情報提供を行う

　　これまでのところ、2003年十勝沖地震においてスロッシング現象による石油タンク火災などにより長周期地震動が社会的に認知

されてきているが、東海・東南海・南海地震による長周期地震動に関しては、必ずしも社会的に認知されてきているとはいえない。

(i)で検討した長周期地震動ハザードマップを活用して、長周期地震動により何がどうなるのか、どんな対策があるのか、などを、特に所有者、利用者、居住者に対して、情報提供を行い、長周期地震動に対する社会的認知を広める。

長周期地震動に対する社会的認知が大きくなることで、長周期地震に対する関心が大きくなり、所有者、利用者などのいわゆるステークホルダーが、長周期地震動対策の実施が必要であるとの認識を得ることが可能となるといえよう。

② 構造物に対する長周期地震動対策を確立する
(i) 長周期地震動に対する対策技術の開発を推進する

土木工学、建築工学の観点からは、技術開発が日々行われている。したがって、今後は、研究者だけではなく、実務者との協働により、技術開発を実施していくことができる体制を確立することが重要である。また、官民学の協働という視点からは、対策技術をいかに社会的に浸透させていくのかを検討していくことも求められている。

高層建築物に対しては、設計者、建築関連会社、研究者が、長大橋梁、石油コンビナートに対しては、土木関連会社、研究者が協働して、東海・東南海・南海地震による長周期地震動に対する技術を開発することができる環境を整備する。そのうえで、想定される東海・東南海・南海地震の長周期地震動の想定結果を用いて、数値計算、震動台を活用した実証実験を行う。また、工学的アプローチだけではなく、社会学的観点から、つまり、長周期地震動により構造物は耐えたが、収容物は耐えられなかったなど、利用者の視点からの検討も重要となる。

また、この対策技術をどのように広めるのか、つまり、設計者

や施工者が、文部科学省大都市大震災軽減化特別プロジェクトの研究成果などの対策技術を活用することができる体制上、制度上の環境整備が必要不可欠であるといえる。

　今後、新築される高層建築物、長大橋梁、石油コンビナートに、設計、施工段階から東海・東南海・南海地震におけるやや長周期の強震動対策を実施することが可能となる。このことから、長周期地震動対策済みの社会資本の整備を推進することができる。

(ⅱ) 既存の構造物に対する補強手法、技術の開発を実施する

　東海・東南海・南海地震による長周期地震動の推定が可能となったのがここ数年の研究成果であることから、これまでの既存の構造物においては、長周期地震動が十分考慮されているとはいいがたい。一方、高層建築物、長大橋梁、石油コンビナート等の社会資本は、市民生活活動や社会経済活動を支える必要不可欠なものであり、代替手段を確保することが大変困難であるといえる。また、建て替えなども容易ではないことから、既存の高層建築物等の長周期構造物の社会資本に長周期地震動対策を行うことが大変重要である。

　大都市大震災軽減化特別プロジェクト等の研究プロジェクトを推進することで、既存長周期構造物に対する長周期地震動対策を開発することが必要である。また、対策技術を実施するためのインセンティブ、つまり、コスト面、制度面での体制確立も必要不可欠である。また、長周期地震動対策を実施しなければならないという社会的環境の醸成も必要となる。

　既存の長大構造物に対する長周期地震動対策が進み、東海・東南海・南海地震における長周期地震動による社会資本の被害軽減に資することとなる。

③ 機能損失に対する対策を確立する
(ⅰ) 復旧シナリオを検討する

長周期地震動により社会資本に機能損失が生じるなどの被害が発生した場合、いかに復旧していくのかの検討は十分なされていない。被害軽減という観点から、高層建築物、長大橋梁、石油コンビナート等の社会資本が長周期地震動により被災し、機能損失に陥った場合の、復旧シナリオを検討することが必要である。

　東海・東南海・南海地震での長周期地震動によりどのような被害が生じるのか、どの程度機能損失が生じるのかについて、被害想定を行うことが必要となる。この被害想定結果に基づき、内部環境、外部環境という視点から、人的資源、物的資源、情報リソース等を活用して、どのような復旧が可能となるのかについて、数値計算、想定を実施する。

　これらの検討により、長周期地震動により機能損失が生じた場合に、どのように機能回復をしていくのか、その復旧プロセスを検討することが可能となる。そして、復旧プロセスを検討することで、機能の部分的な回復など、応急対応、復旧・復興対応の目標設定をすることが容易になると考える。社会資本が目標設定できるようになることで、ステークホルダーがその目標に基づいて、それぞれの立場での対応を検討、意思決定することができるようになる。

(ii) 応急復旧対応マニュアルを整備する

　高層建築物においては、長周期地震動により構造体に被害が生じなかったとしても、非構造部材や付帯設備の被害などさまざまな被災により、その高層建築物の機能が喪失する被害が生じる可能性がある。このような機能喪失は、高層建築物だけではなく、長大橋梁や石油コンビナートにおいても同様の被害が発生することがあり得る。

　被害軽減という観点からも、その地域の社会経済活動、市民生活を支える社会資本として、その機能をいつまでにどの程度回復するのか、つまり事業継続計画を検討しておくことが重要である

といえる。

　東海・東南海・南海地震発生後に、長大構造物が被災した場合においても、その応急復旧対応があらかじめ検討されていることから、今後の見通しや対応方針を明確にすることが可能となる。長大構造物の所有者や管理主体が、対応方針を打ち出すことができることから、利用者や居住者といったステークホルダーが今後のどのように対応すべきかの意思決定を行うことが可能になると考えられる。

　そして、ステークホルダーがこのような対応を行うことで、地域全体として復旧への立ち上がりを円滑に行うことができるようになると考えられる。

5　まとめ

　本分科会では、東南海・南海地震時に大阪平野において卓越する長周期地震動に対して、「やや長周期の強震動による社会資本への被害予測と対策」という戦略課題を検討した。

　長周期地震動に関して、現在さまざまな分野において研究が進められてきており、そのメカニズム、現象、問題点や課題が明らかにされてきている。しかしながら、東海・東南海・南海地震でのやや長周期の強震動により高層建築物、長大橋梁、石油タンクなどの社会資本が点在する大阪平野や濃尾平野などの大都市域がどのような被災状況になり得るのかについては明らかにされていない。また、行政の防災担当職員においても、東海・東南海・南海地震でのやや長周期の強震動に関して、その問題意識について十分に理解している担当者は少なく、やや長周期の強震動による社会資本への被害予測と対策という戦略課題が社会的に認知されているとはいいがたい。ここでは、東南海・南海地震でのやや長周期の強震動がどのような物理現象であるのか、この地震動により社会資本がどんな被災状況となるのか、という現象の理解から、問題意識の向

上、社会的認知の獲得、対策へのインセンティブの付与、長周期地震動への対策や対応に関して、問題提起として検討したものである。ここで示した戦略計画は、(1)やや長周期の地震動のメカニズムを知る、(2)長周期強震動による社会資本の弱いところを知る、(3)長周期地震動への対策を知り、実施する、という戦略構造を持ち、現象理解から対策までの過程を示すことができたものと考える。

今後、来るべき巨大地震災害におけるやや長周期の強震動による社会資本の被害を軽減するためには、長周期地震動を知り、社会資本の脆弱性を理解し、それに対する対策を知り、その対策を着実に実施することが必要である。したがって、東海・東南海・南海地震での長周期地震動による現象を理解し、その対策として、問題意識の向上や社会的認知の獲得とともに、長周期地震動に対する技術的対策に関する情報提供と対策実施に向けたインセンティブの付与、さらに、対策や対応の構築や実施、という過程を社会的に構築していくことが重要であり、この過程をいかに構築していくのかが今後の課題である。

【執筆者】
　（京都大学大学院　工学研究科都市社会工学専攻　ライフライン工学講座都市供給システム分野　GCOE特定准教授：平山　修久）

第3章　広域災害を視野に入れた連携体制の構築・効果的な危機対応を可能にする情報システムの開発

1　効果的な災害対応と広域連携が必要とされるのは

(1)　同時被災性

東海・東南海・南海地震は、近年我が国での最大の被害が想定されている。単一の自治体や防災関係機関で災害対応が可能な「通常の災害」とは異なり、東海・東南海・南海地震は西日本全体に、同時に被害をもたらすことになる。この「同時被災性」が東海・東南海・南海地震の大きな特徴の一つといえる。

特に、近畿府県市の自治体においては、三重県と和歌山県は全域が震度6弱以上の揺れに見舞われる。一つの自治体だけが被災する災害

表2-3-1

		東南海地震（先発地震）	
		避難者支援	消火・救出救助・医療救護
南海地震（後発地震）	避難者支援	滋賀県、京都府、大阪府、兵庫県、奈良県（大部分） 京都市、神戸市、大阪市 ○消火・救出救助・医療救護の応援 ○避難者支援の受援	三重県（北中部） 奈良県（山間部） ○消火・救出救助・医療救護の受援 （救援部隊の二次被災の危険）
	消火・救出救助・医療救護	和歌山県（北中部） ○消火・救出救助・医療救護の受援 （事前避難・部隊事前待機）	三重県（南部） 和歌山県（南部） ○消火・救出救助・医療救護の受援 救援部隊の二次被災の危険状況入手困難

注）東海・東南海地震と南海地震は、歴史資料によると同時に発生する場合と時間差をもって発生する場合があることが知られている。ここでは東南海地震を先発、南海地震を後発として設定した想定を行っている。これについては「第2編　第6章　複数の震災が連続して発生する場合での最適な復旧・復興戦略」を参照。

であれば、ほかの自治体からの応援が期待できるが、東海・東南海・南海地震では、四方八方どの方向の自治体も被災しており、応援が期待できない状況にある。近畿圏内の自治体は、それぞれ大きな被害を受けることになるため、圏域を越えた地域からの応援を要請することが求められる。

(2) 広域連携の必要性

　災害対応とは、まず被害状況を把握し、どのような対応を行う必要があるかを検討し、それに基づき意思決定することである。災害の規模・被害状況・どのような資源がどこにどれだけあるのか、どのような手段があるのか、といった情報や各機関の活動状況情報を関係機関でいかに共有し、活用できるかが災害対応における第1のポイントとなる。しかし、東海・東南海・南海地震発生直後に各自治体の災害対策本部が、必要なすべての情報を得たうえで災害対応を行うということは不可能である。なぜなら自治体や防災関係機関自体も被災し、ライフラインやネットワークシステム等も広域的に大きな被害を受けることや、被害情報も膨大となるからである。

　また、現在のところ、各自治体の災害対策本部並びに本部会議では報告される内容は、被害情報や実施済みの対応状況にとどまっている。その災害が自治体にとってどのような脅威をもたらすものであるか、今後どのような状況におかれることが予想されるのか、十分な検討がなされていない。

　阪神・淡路大震災、新潟県中越地震等のような直下型地震では、被害は局地的であるため、集中的に人的・物的資源を投入することが可能であった。しかし、東海から九州までの広い範囲で被害が及ぶ東海・東南海・南海地震においては、限られた資源を選択して投入するという今まで経験のない事態が生じ、その選択基準、投入方法等が課題になると考えられる。それらの課題については、それぞれの自治体だけで対応できるものではなく、事前にその枠組み、情報の集約方法

等を決めておかなければ有効に機能しない。被害の量が極めて大きくなれば、自治体間の広域連携なしでは対応することができず、災害対応の質も異なってくる。かつて経験したことがない広範囲かつ甚大な被害においては、被災地同士が連携することが求められるのではないか。

2　現在の災害対応の問題点は何か？

　災害時に自治体が設置する災害対策本部は、災害対策基本法第23条によると災害予防及び災害応急対策を実施することとされているが、担うべき具体的な業務については、自治体間で必ずしも統一的な基準があるわけではなく、過去の事例からも十分に必要な機能を発揮しているとはいえないのが現状である。ここでは、災害対策本部における災害対策本部事務局と災害対策本部（員）会議に分けてその課題を考察する。

(1)　災害対策本部事務局が災害対応時に抱える課題

　　自治体における災害対策本部事務局は、通常、防災部局が対応することになっており、自治体が作成している条例や要綱では、各組織間の連絡調整、情報の収集と伝達、災害広報、本部員会議に関することを取り扱うこととなっている。

　　そこで、各自治体のこれまでの経験から災害対策本部と事務局における課題の検討を行ったところ、次のような共通の課題が明らかになった。この課題は、単一の自治体を襲う局所的な災害だけではなく、東海・東南海・南海地震といった広域災害になればなるほど、災害対策本部が抱えている問題がより顕在化し、深刻になると考えられる。

　　1つ目は、自治体内の各部局では、災害時にも国土交通省や厚生労働省、消防庁、府県等への被害情報等の報告に追われるなど、平常時の所管業務ごとの対応に終始しており、災害対応全般における重要案件の選別や、災害対応の抜け落ちがないかどうかの確認をするなどの

全体的なマネジメントがなされていないのではないかということである。目の前の課題対応ではなく、将来の状況予測を行い、今後求められる対応は何かということを考えて、戦略的に対応していくことが必要である。この「戦略性」が現在の災害対策本部には欠如している。比較的小さな規模の災害であれば、場当たり的に事案をつぶしていけば対応できるかもしれないが、東海・東南海・南海地震のような敵には太刀打ちできなくなる。

2つ目は、被害情報の収集と整理には多大な時間と人手を要するということである。現場での被害に関する情報があがってこないのに加えて断片的な情報ばかりが大量に集まってくることによって、その集約は困難を極めることになる。3つ目は、多くの報道機関からの過剰なマスコミ取材により、業務が圧迫されることである。

もう一つ大きな課題としては、災害対応時には、消火や救助、医療、被害調査査定、施設の復旧といった行政の通常業務を拡大すれば対応できる業務と、(主に防災部局が中心となる)災害対策本部事務局が担う災害時に特有の業務があるが、後者については、明確な業務モデルがないため、自治体は発災後に試行錯誤しながら対応しており、その場限りの課題解決となってしまう傾向にある。災害対策本部におけ

表2-3-2

業務の種別		業務の例	連携しやすさ
通常業務の増大	平常業務の延長業務	消火、救助、衛生、防疫等	・専門性、技術的 ・業務フローが自治体間で似ており応援容易 ・全国的システムが構築されているものも有
	災害時に生じる業務	医療、道路管理(通行止め、道路啓開)、被害調査・査定、管理施設の復旧等	
災害時特有業務	応急対応業務等	応援部隊派遣及び受援、避難所開設、物資の応援・受援等	・ノウハウが少ない ・状況や地域特性に応じ対応が変わる
	情報提供が求められるもの	報道対応、住民広報、民間団体への情報提供等	・情報公開、プレス対応にあたり、法令解釈が異なる可能性

る運営に関する業務フローやノウハウの蓄積などなく体系化されていないために、外部からの広域支援や自治体の枠を超えた連携を議論する以前に本部運営における業務フローを確立し、既存組織の中に位置づけていくことが必要になる。

　大規模な災害になるほど、優先順位を意識しながら全体的な対応方針を持ち、それに向かって人的・物的資源を結集させていくことが求められると考えられる。これらを機能させるためには、災害対策本部事務局として、明確な業務体系と任務分担を設定することが今後の課題となるといえるのではないか。

(2)　災害対策本部会議が抱える課題

　災害対策本部会議は、「災害予防および災害応急対策の実施に関する基本的事項ならびに処理の方針を協議し、策定する。」（滋賀県災害対策本部要綱より）とあるように、災害対応時には重要な役割を果た

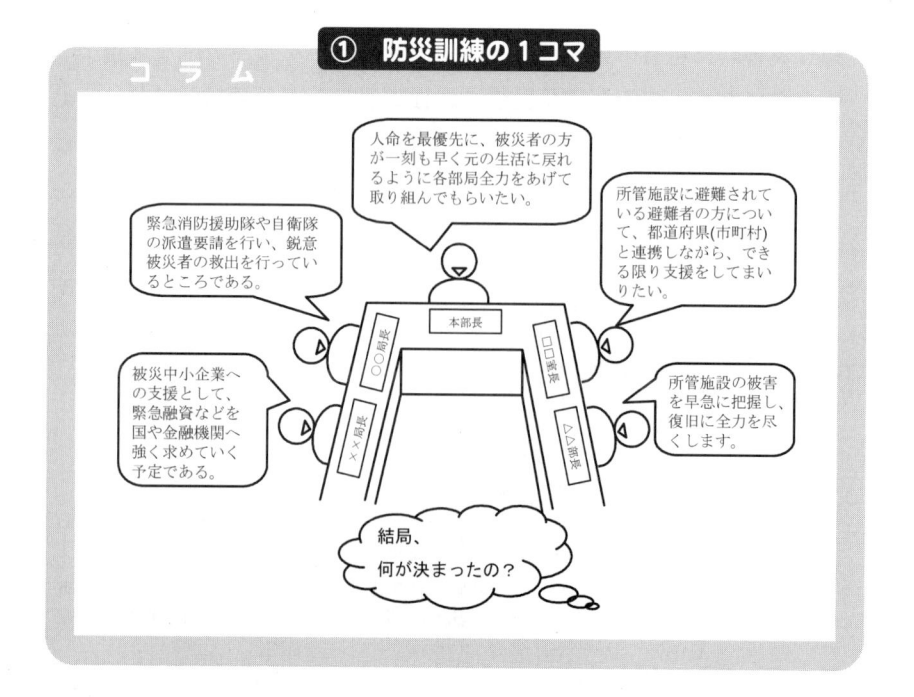

コラム

① 防災訓練の1コマ

緊急消防援助隊や自衛隊の派遣要請を行い、鋭意被災者の救出を行っているところである。

人命を最優先に、被災者の方が一刻も早く元の生活に戻れるように各部局全力をあげて取り組んでもらいたい。

所管施設に避難されている避難者の方について、都道府県(市町村)と連携しながら、できる限り支援をしてまいりたい。

被災中小企業への支援として、緊急融資などを国や金融機関へ強く求めていく予定である。

所管施設の被害を早急に把握し、復旧に全力を尽くします。

本部長
○○局長
□□審議
××局長
△△局長

結局、何が決まったの？

すことが求められている。しかし、その内容を過去の事例を踏まえて検討したところ、求められる機能と現状との間で次のような課題が明らかになった。

これまでの災害時における災害対策本部（員）会議の内容は、被害状況の報告、部局ごとに実施した業務内容の報告、今後の課題の確認というものであった。しかし、大規模な災害を考えた場合、現状では様々な弊害が生じるのではないのか。

被害状況の報告は、死者、負傷者数や全壊家屋、半壊家屋数などの数値情報による状況報告であり、また、本部員からの発言内容はそれぞれの部局で実施した業務内容の報告と今後の予定の確認にとどまっている。これでは被害の全体像を大局的にとらえる視点が欠けており、目の前に出てきた課題への対処のみに終始し、場当たり的な対応しかできない。このことは、各部局の対応が省庁縦割りの体質になっており、部局横断的な状況の分析や対応策の検討ができる体制になっていないことにも原因がある。その結果として、災害対策本部長である知事の最終決定にも支障を来すことになり、問題が目に見える前に将来を見越した対応ができないという問題を引き起こしている。

(3) 災害時の動員体制や市町村における課題

災害対策基本法は『この法律は、国土並びに国民の生命、身体及び財産を災害から保護するため、防災に関し、…（中略）…もつて社会の秩序の維持と公共の福祉の確保に資することを目的とする。』（第1条）と定め、これが災害対応を行うべき根拠となっている。しかし、自治体の内部部局すべてを動員する体制で行う予算編成や人事異動などに比べ、防災担当部局以外の部局の行動動機として弱いことが否めず、内部部局の全動員体制の構築に困難な場面に遭遇し得るといえる。

また、小規模な市町村においては、一つ一つの課が多くの事務を受け持っていることや報告を行う対象省庁が複数になることなどから、被害情報の収集や報告を行い、災害対策本部資料を作成すること自体

が負担となる。他方、大規模自治体である政令指定都市では、行政組織が大規模になるとともに、各部局や区役所等集約対象となる内部組織も多数にわたるほか、被害報告先についても都道府県に対するものと国へ直接報告するものがあるなど、集約業務自体が複雑なものとなっている。

(4) 災害対策本部が行うべき災害対応とは？

そもそも災害対策本部が行うべき災害対応とは一体どのようなものなのか。大規模な災害が発生した際には、例えば、道路の閉塞による通行不能、消防車・救急車等の不足、食料等の不足等多くの解消すべき事案が発生する。これらを解消するためには、「ひと」「もの」「かね」といった人的・物的資源や、これらの資源を適正に配置するための「情報」が必要となると考えられる。行政組織の行う災害対応とは、情報を収集・集約・共有し、その情報に基づいて適正に資源を調達・配置するということをさしている。つまり「最適な資源の調達と再配分」を行うことが求められているのである（図2-3-1）。その中に

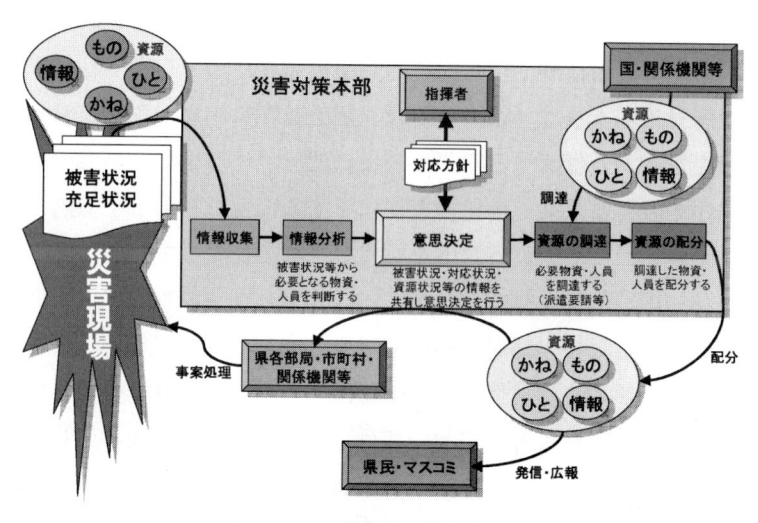

図2-3-1　効果的な災害対応とは

は、被災者に対する情報発信（情報という資源を調達し被災者に対して配置する）も重要な災害対応業務として位置づけられる。災害に関する客観的なイメージを発信し、人心の安定を図るためにも行政の果たす役割は大きいといえる。

前掲図2-3-1でも示しているように、情報を収集・集約を行ったあとに意思決定を行うことになる。ここでいう意思決定とは何か。意思決定とは「状況認識・分析」と「対応判断」から成り立っている。図2-3-2は広域災害における連携を行うために必要な考え方を示している。対応判断を行うためには、まず発生した被害を把握して、それに対応するために必要な資源を割り出し、それらを配分することが求められる。災害対応時には、限られた時間の中で意思決定を連続して行っていくことが要求されることになる。

「状況認識・分析」では、被害予測から必要な資源を割り出し、これから各自治体自身が持っている資源と現在のほかからの応援資源の合計を差し引くことで、不足する資源を割り出し、課題の抽出を行う。そして「対応判断」では、自治体内部で課題の優先度の判断や、優先

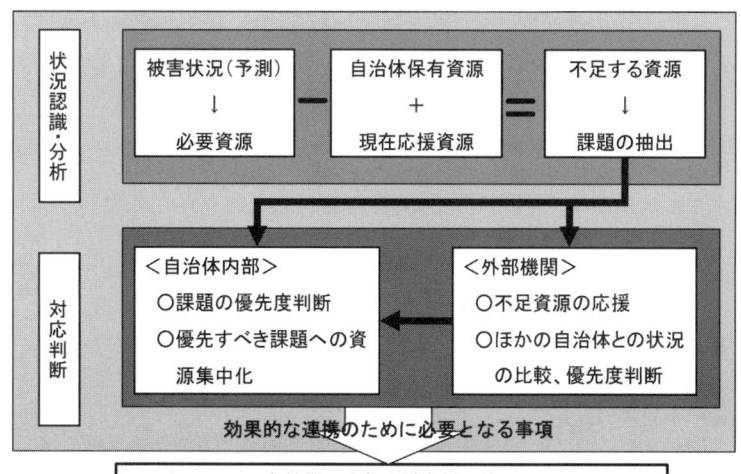

図2-3-2　効果的な連携の考え方

すべき課題への資源の集中を決定し、外部機関では、不足資源の応援やほかの自治体との状況の比較、優先度の判断を行う。これが効果的な広域連携を行ううえで求められる意思決定である。

次に「災害対策本部資料」に着目して、その内容の検討、作成に向けた体制・仕組みを検討し、その検討を通じて東海・東南海・南海地震のような広域災害における連携体制の方向性・在り方について考察した。一般的に災害対策本部資料とは、防災局（本部事務局）がまとめる被害状況などに関する資料、各部局から提出される実施業務に関する報告資料を合わせたものをいう。ここでは本部資料を以下の2点を含むものと定義することとする。第1に発生した災害に対する全体的な状況を把握するもの、第2に対応方針を示しその論拠となる情報、を含むものである。その意味からこのような本部資料の内容や形式について検討することは、災害対応や広域連携のあり方について考えるうえで有効な方法だと考える。

② 米国ニューオリンズ市の災害対策本部資料の内容分析

ここでは2005年8月に米国がハリケーン・カトリーナによる被害を受けたときにニューオリンズ市が作成した災害対策本部資料を紹介する。ハリケーン・カトリーナは2005年8月末にメキシコ湾沿岸部の広域（ルイジアナ州、ミシシッピ州、フロリダ州、ジョージア州、アラバマ州）を襲い、洪水や高潮により、米国の災害史に残る甚大な人的・経済的被害がもたらされた。特に被害の大きかったルイジアナ州ニューオリンズ市は、市の80％が浸水している。カトリーナ災害に対する行政の災害対応には、多くの批判が集まったが、ニューオリンズ市において策定された本部資料は、災害対応に従事するすべての人々が共通して認識すべき情報を取りまとめたもので、先進事例として参考になる。

①資料の目的

ニューオリンズ市の災害対策本部資料の目的は上位機関への被害報告、組織間の情報共有ではない。第1に災害や対応状況などの"全体的な"イメージと被災地ニーズを自治体内部で共有することと、第2に災害対応における自治体としての全体方針や目標などを示すことにある。さらに自治

体内部にとどまらず、外部からの応援機関やマスコミを通じた市民への広報資料としても活用可能であるものであった。
②構成要素
　ニューオリンズ市の災害対策本部資料に含まれる情報は大きく分けて4つあることがわかった。
　　　　第1に地震情報、気象情報や被害状況などの外部環境、
　　　　第2に実施済みの業務や自治体の資源などの内部環境、
　　　　第3に外部環境と内部環境に基づいた今後の状況予測、
　　　　第4に災害対応における24時間単位の達成目標である。
③標記上の工夫
　構成要素を大局的に取りまとめ、視覚的にもわかりやすい表記形式（地図（GIS）、表、図、画像など）を採用していることがわかった。
　ニューオリンズ市の災害対策本部資料が上記のような構成になっているのは、災害対応をするうえで、次の段階に向けた"目標"を設定することで効果的な災害対応を行うことを目指しているためだと考えられる。目標を設定するためには、「現在の災害の全体像」と「今後の状況予測」と「現在・今後の被災地ニーズ」について"状況認識を統一"できる資料が必要となる。被害状況・対応状況を組織間で情報共有を行うだけでは、今後の状況予測、被災地ニーズを見越した目標が設定できないため、災害対応が後手にまわると考えられる。我が国においても「戦略性」をもった災害対応への転換を図っていくためには、このような本部資料を作成していくことが求められている。

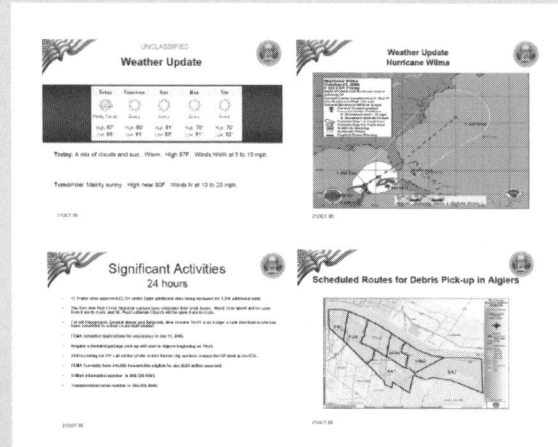

※天候や台風の進路、被害地域等災害対応上の基礎情報が図表を用いてわかりやすく表現されている。
※今後の活動目標が明確に示されている。

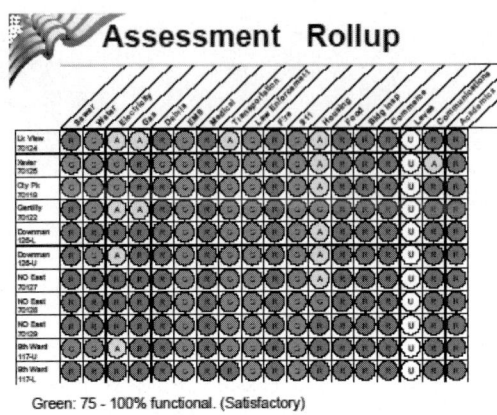

※各地域ごとの各災害対応の進捗が一目見てわかるように工夫されている。
［縦軸：地域
　横軸：災害対応項目］

(5) 情報共有ではなく「状況認識の統一」を

　東海・東南海・南海地震のような複数の自治体が広域被災する場合、限られた資源を奪い合うことのないように配分の調整をする必要がある。ただ、被災地からの応援要請主義の体制で対応できるかを検証したときに私たちは、今の体制で各自治体の災害対応では、資源の最適配分調整を行うことは、困難だと考え、そこで被災自治体が応援要請をしなくても外部から客観的にその地域の状況を認識するための資料を作成したものがあれば要請することなくその地域の環境が認識できるのではないかと考えた。

　現在の災害報告や災害対策本部資料では、被害情報を取りまとめた数値情報の羅列やこれまで実施した業務内容の報告、今後の予定について述べているものになっている。気象条件や被害に対する対応状況、今後の状況予測などに基づいてどのような対応方針で災害に立ち向かおうとしているのか、そして対応は被災自治体のみで災害対応ができるのかどうかなどについて外部から判断ができない。これは外部に対

してだけわかりにくいのではない。単一の自治体内部においてさえ、本部長や部局長、そして現場で実際の対応を行う職員が、今被災地において優先すべきことは何か、今後どのような対応が求められるか、どういう対応方針で臨むべきか、という認識が一致していないことがその原因である。単なる断片的な被害や対応の情報の寄せ集めではなく、発生した災害の全体像を自治体がどのように認識し、それが自治体にとってどのような危機であるのか、といったインテリジェンスに変換された情報こそが重要になってきている。

わたしたちは自治体内部で、そして外部の応援機関も含めた状況認識が統一できる災害対策本部資料を策定し、それを手がかりとして効果的な災害対応の作法を考えようとした。効果的な災害対応とは？という抽象的な課題はすぐには解けない。本部資料とは、「自治体がどのような方針で災害に立ち向かうかという意思決定をするための「現状把握」、将来の見通しを含めた「状況認識の統一」をすることを目的として本部事務局と被災地で実際の対応を行う各部局がまとめた資料」になるはずである。このような本部資料のあり方を考えるところから出発し、本部会議の問題点や災害対策本部に求められる機能などについて考察してきた。

本部資料の作り方や基本的に何を載せるかについてあらかじめ決めておけば、ほかの機関からもどこを見るべきかがよりわかりやすいものになり、それぞれの自治体がおかれている災害対応状況のイメージが認識しやすくなる。この資料作成に向けたハード面・ソフト面の情報処理の方法や体制、仕組みもある程度標準的な「かた」があると国や自治体だけでなくライフライン機関などの民間企業とも連携・調整が行いやすくなる。

以下(6)〜(10)では、同時被災性が特徴である東海・東南海・南海地震に対して、複数の自治体がどのような情報を共有すれば効果的な広域連携が可能になるかについて説明する。

(6) 自治体の被害掌握状況も重要な情報となる

　被害が大きな地域では、行政組織自体も被災することや目の前の災害対応に追われてしまうことなどから、被害情報の提供等の情報発信できないことがこれまで発生した災害の教訓であるといえる。このことを前提に考えると、情報発信がない地域や発信があったとしても応答に時間がかかる箇所を要注意地域として認識することが、情報収集の第一段階であるといえる。

　現在の被害情報の取りまとめ資料では、被害数値の欄が空欄であった場合、被害がないのか、取りまとめが間に合っていないのか、調査自体ができない状況であるのかわからない。このため、被害を掌握する作業の進行状況を提示できる表現の仕方を導入することが必要であると思われる。後述する(8)で示す本部資料案にもこのような情報を盛り込んでいる。また、図2-3-3のような地図でこれらの状況を視覚的に認識しやすい形式で作成することも重要である。

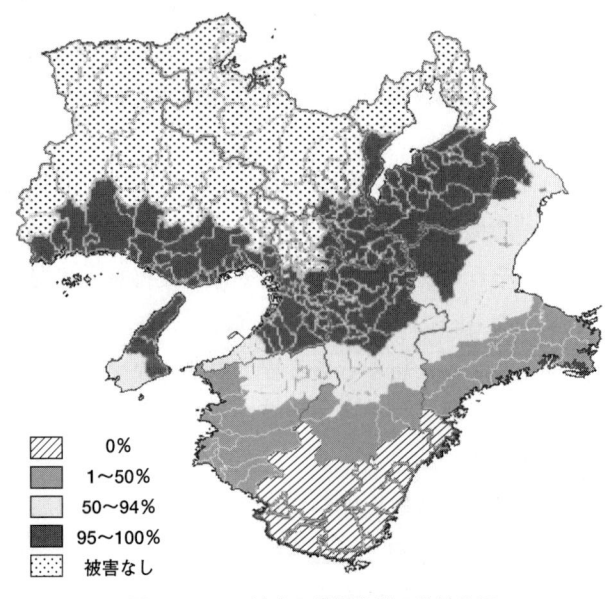

図2-3-3　被害の掌握作業の進捗状況

(7) 災害対応に必要とされる情報
　① 被害が被災自治体に与える影響
　　同じ被害数量であっても、その自治体の規模によって、単独で対応しきれるか、応援が必要である状況なのかは変わってくる。東海・東南海・南海地震のように被災地域が広範囲にわたるような災害では、関係する機関が多数にのぼるうえに、地理的に遠方から応援に向かう必要も生じるため、近隣の自治体の間ではあたり前のように認識されていた被災自治体の規模がわからないおそれが出てくる。このため、行政規模を示す指標（人口や行政職員数等）を併記する等その被害が被災自治体にとってどの程度の影響を与えるのかを表示する工夫が必要になる。

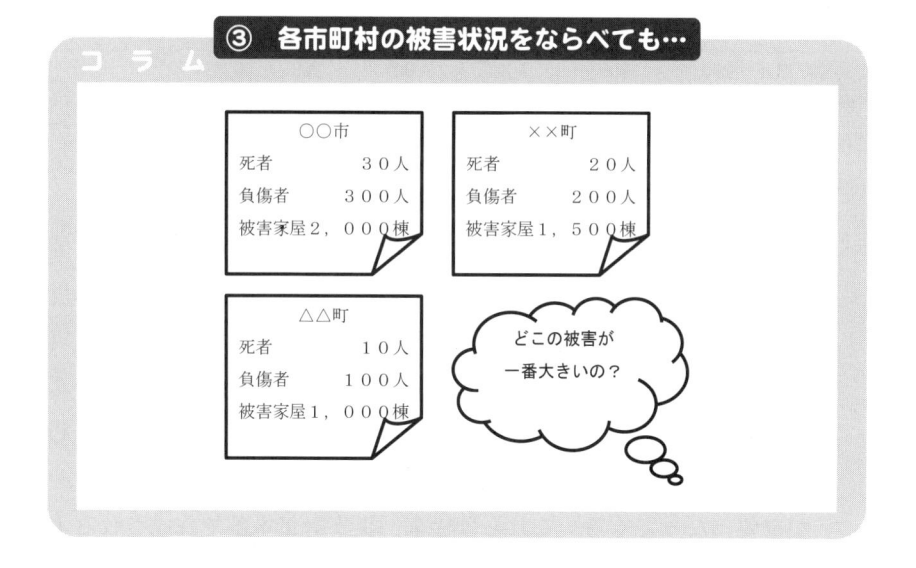

コラム ③ 各市町村の被害状況をならべても…

〇〇市
死者　　　　　30人
負傷者　　　300人
被害家屋2,000棟

××町
死者　　　　　20人
負傷者　　　200人
被害家屋1,500棟

△△町
死者　　　　　10人
負傷者　　　100人
被害家屋1,000棟

どこの被害が一番大きいの？

　② 被災地が求めるニーズの情報
　　被害情報の代表的なものに死者数や負傷者数、全壊家屋数、避難者数等の被害数量の情報がある。被災自治体や応援機関は、これらの被害情報に基づき、被災地域に医師を派遣したり、医薬品やドライアイス、食料、飲料等の支援物資を投入したりするなどの対応を

行う。すなわち、災害対応上必要とされるものは、死者の数や負傷者数、避難者数などの被害の数値そのものではなく、不足している医師の数や医薬品、飲料の量である。日本においては被害数量の把握に厳密さが求められがちで、数字を作る作業にこだわるきらいがあるが、災害対応に本当に必要なものは、被災地が求めるニーズの把握である。

表2-3-3　被災地が求めるニーズの把握

	給水車数			仮設トイレ			…
	需要数	現在数量	充足率	需要数	現在数量	充足率	…
三 重 県	200	100	50%	200	100	50%	…
滋 賀 県	50	50	100%	50	50	100%	…
京 都 府	100	100	100%	100	100	100%	…
大 阪 府	300	290	97%	300	290	97%	…
兵 庫 県	200	200	100%	200	200	100%	…
奈 良 県	50	0	0%	50	0	0%	…
和歌山県	300	160	53%	300	160	53%	…

被災地が求めるニーズを統一的に把握し、充足率等など指標化できないだろうか？

　このように東海・東南海・南海地震においては、広域応援や被災地同士の連携を行うためには、被災自治体の被害把握状況、その災害が自治体に与える影響（自治体にとっての災害の危機度）、被災地が求めるニーズなどに関する情報など、被害情報のような単なるデータから一歩進んだ加工された情報（インテリジェンス）が求められる。実際の行動を決定づける知に値するインテリジェンスこそが重要になってくる。これらは従来、災害対策本部で作成される本部資料には含まれていない。そこでこのような点に留意して、今後求められる災害対策本部資料を作成した。以降でこれらを紹介する。

(8)　具体的な災害対策本部資料案
　ここでは、実際に滋賀県域を題材として災害対策本部資料案を作ってみた。琵琶湖西岸断層をモデルとしたものである。

コラム②でも説明したように、ニューオリンズ市の本部会議資料では①外部環境、②内部環境、③今後の状況予測、④目標という4つの要素が内包されていたことがわかった。これは米国の中でも防災先進州であるフロリダ州がカトリーナ災害において作成したものをみても共通している。

巻頭カラーページ図7は、本部資料の案である。まず冒頭にくるのが、これまでの自治体における対応方針（目標）である。これに続いて、被害状況や対応状況の全体像を一枚にまとめ、災害の全体像を把握することができるようにしている。これらに続いて、以下のような内容で構成してみた。

第1に自治体にとっての外部環境として、地震情報や気象情報及び被害状況を記載する。人的被害、火災延焼状況、倒壊家屋の状況、停電、断水、通信といったライフライン被害に関する状況、道路の寸断状況、避難者の状況を記載している。また、地図を利用することで被害の甚大地域を把握しやすくしている。

第2に内部環境では、実施済みの業務や自治体の資源などを記載する。事例では、消火活動、生き埋め者の捜索・救出活動、負傷者の治療・搬送活動といった実施済みの状況及び消火・救出・医療部隊の不足数、自衛隊の配備状況といった自治体の資源状況を記載している。(7)の②で先述したとおり、求められる対応に対して自治体の資源がどれだけ足りないかということを示している。自治体の資源状況は、縦軸に各市町村、横軸に体制、通信、応援部隊、避難支援、保健・衛生、ボランティアなどといった各種対応力充足状況を項目列挙し、マトリックス形式にて表現されている。応援部隊の状況のように必要によって、地図表示にて視覚的に状況を把握しやすくしている。

第3に外部環境と内部環境に基づいた今後の状況予測を記載する。事例では、死者数、負傷者、倒壊家屋等数の今後の被害拡大想定、避難所運営に関する課題、二次災害に対する課題といった予測内容が記載されている。

第4に災害対応における24時間の達成目標を記載する。ここで記載した目標は、次回災害対策本部会議に提出される資料の目標として位置づけられる。

(9) 東海・東南海・南海地震に向けた資料の活用方策

東海・東南海・南海地震では、多くの市町村域が同時に被災することや、自治体によって災害対策の力点に違いが出てくる。被災地に対する支援部隊や物資等の資源が量的・時間的に限りがある中においては、効率的に配分を行う必要があり、災害対応業務や支援対象地域に優先順位をつける必要が出てくる。

そのためには、被災自治体の被害状況や対応状況を統一的に把握する必要がある。また、被災自治体にとってもほかの自治体の状況と比較することにより自らがおかれているポジション（例えば支援が受けられるのか、自助対応か）を判断することができるようになってくる。このように東海・東南海・南海地震の被害に対しては関係機関や自治体内部において状況認識の統一を図ることが対応の第一歩となるといえる。

(10) 東海・東南海・南海地震に向けた新たな挑戦

効果的な災害対応を行うためには、被害情報だけではなく災害の全体像と被災地ニーズを把握することが必要であり、これを目的に情報を収集し、関係機関が情報共有することが求められる。

① 国の被害報告システムの改善

現在、各自治体は災害状況の報告を、いわゆる「消防庁第4号様式（火災・災害等即報要領）」により市町村から都道府県へ、都道府県から国（消防庁）へ報告をしている。つまり、自治体がほかの独自の様式により情報収集・集約をしていても、国に報告するために「消防庁第4号様式」に転記して報告する必要がある。

今後、「状況認識を統一するための資料」へ効率的に移行するた

めには、「消防庁第4号様式」を「状況認識を統一するための資料」へ改善していくことが有効であると提案する。

つまり、国が被害報告より被災地ニーズの把握状況を優先して報告して欲しいという姿勢を示すことが必要である。そうすれば、自治体は「状況認識を統一するための資料」を必然的に作成することができるとともに、効果的な災害対応を行う基礎ができると考えられる。

② 被害甚大地への自動応援システムの構築

現在、被災地への応援は被災地からの応援要請を受けてから行うことがほとんどである。しかし、東海・東南海・南海地震が発生した場合、被害が甚大な自治体ほど応援要請ができない状態になっていることが予想される。そこで、被害甚大地への自動応援システムを構築することを提案する。(5)〜(10)で説明したような情報を被災自治体が入力して、一元的に管理し、それらを全国すべての自治体が閲覧できるようなシステムを想定している。

これにより、
(i) 被災地の自治体が自ら応援要請を行わなくても応援を得られる可能性があること、
(ii) 被災地への効果的な応援を行うためには被災地からの情報発信、特に「状況認識を統一するための資料」の発信が求められること、
といった効果が期待できるためである。

3 問題解決のための戦略計画

現実の被災地では、行政組織自体も被災することや目の前の対応に追われてしまうことから、満足な対応ができない。その中でも消火や救助、医療、被害認定、施設の復旧といった通常業務を拡大すれば対応できる業務であれば、専門用語や業務手法がどこの自治体でも似通っているの

で、比較的容易にほかの自治体の資源を動員することが可能である。しかし、災害対策本部の事務局において生じるような災害時に特有の業務については、業務モデルがないうえ、各機関がその場で試行錯誤しながら対応しているため連携することは容易ではない。また、資源配分の問題点として「費用負担」と「調整」の問題がある。広域的な大規模災害の場合、一体誰が資源を調整するのかといった仕組みづくりが必要である。人的資源や物的資源の欠乏を補う仕組みを準備しておくことが必要である。ここでは効果的な危機対応を構築していくための、5つの戦略について説明する。

(1)　3つの達成目標

　30年後の東海・東南海・南海地震を念頭に置いて、どのような状態に近畿圏がなっていれば効果的な危機対応を可能な状態といえるか。次の3点があげられる。
　(ⅰ)　組織の枠を超えた資源の連携ができている。
　(ⅱ)　最適な資源配分が可能なシステムができている。
　(ⅲ)　各機関の効果的な災害対応ができている。

(2)　5つの柱

　これらの状態を作り上げるために行わねばならない戦略として5つの柱を提案している。
　(ⅰ)　業務に根ざした組織間連携体制を確立する（組織）
　(ⅱ)　災害対応業務を実行できる人材を確保する（ひと）
　(ⅲ)　状況認識を統一できる情報基盤を共有しておく（情報）
　(ⅳ)　効果的な災害対応が可能になるように資源配置を行っておく（資源）
　(ⅴ)　効果的な災害対応を可能にするツールを開発する（ツール）
　これらの5本の柱の構造は、被害を極小化するための連携体制を構築するうえで基礎となる「組織」「ひと」「情報」「資源」というテー

マを整理し、そのうえで初めてそれらを有効に活用できる「ツール」が見えてくるという流れを示している。まずは、「標準的な災害対応業務を」を明確にし、規定することが大切である。

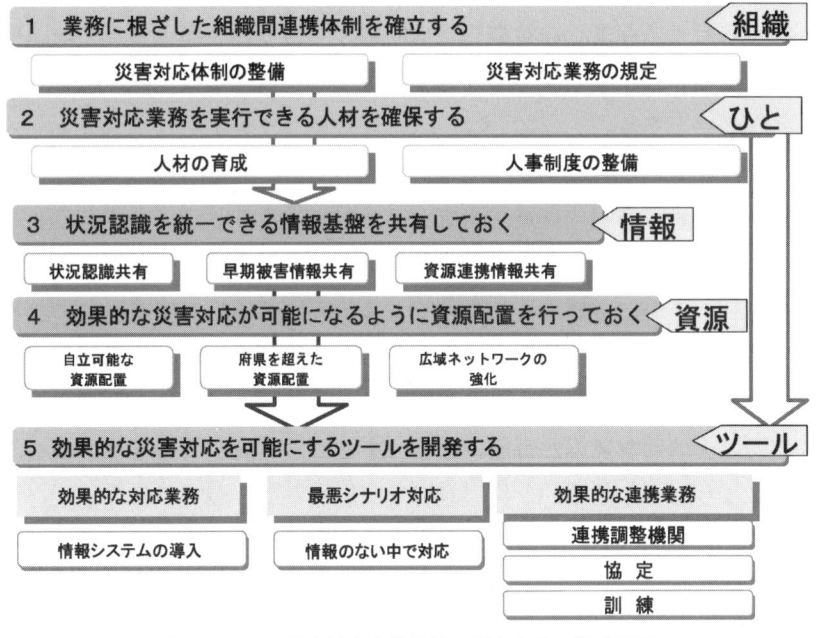

図2-3-4 災害対応を効果的に行うための戦略計画

ふだん、個々の自治体で実施している業務でも、組織が変わると組織形態、指揮命令、用語、様式が異なる。これらは広域連携を行う際に障害となっている。それらを解決するためには、我が国における災害対応業務の標準化が求められる。標準化するためには、1）用語、2）組織形態・体制、3）情報システム、4）指揮命令系統の統一が必要である。場所や組織が異なっていても同一に対応できる災害対応体制を整備していくことが、迅速かつ効果的な災害対応につながる。そしてそれらを実行できる人材を育成していくことが必要とされている。さらに被災地がどのような状況にあり、組織全体がどのような方

向に向かって対応を行っているのかといった全体的なイメージ（状況認識）を組織内外で統一させる必要がある。そのためには、災害対策の検討用の資料を作成する際に、当該自治体の内部だけでなく他市町村や府県や国、防災関係機関といった被災地域に不慣れな職員にも状況が判断できるように意識した構成にしておくことが重要で、地図を用いたわかりやすい表示の仕方や共有すべき情報項目を明確にすることが必要である。

　また、人的・物的資源が不足している組織を支援し、「ひと」「もの」「かね」「情報」に優先度をつけて配分することが必要である。そのためには、そのような情報を共有するための情報基盤が必要になる。これらのテーマを整理することでシステムに求める機能が明確になり、広域連携に必要な情報共有や資源配分を可能とする防災情報システムの開発につながる。これらの環境を整備していくことにより、巨大災害時の広域的な連携が可能になり、またこの環境が整備されていることにより、より効果的な災害対応を実施することができる。

(3) 戦略計画

戦略計画①　災害時に特有な業務を体系化・標準化する

　これまで述べてきたように、応援要請・受援、避難所運営、物資の配分などは平常時にはない災害時にのみ発生する特有の業務である。このような災害時特有業務の体系的なフローを確立し、業務の標準化をすることが必要になる。これに加えてさらに重要なのは、標準的な災害対応をする際の共通原則や規範を持ち、それに基づいて災害対応体制の整備、対応業務の規定を行うことである。共通原則としては、「災害対策本部は実効性のある優先業務を決定する」、「全部署は災害対策本部の指揮命令下に入る」、「災害対応時に全職員が同じ目標を持って業務に従事すべきである」などが考えられる。災害対策本部で決定した対応方針に基づいて各部局が対応を行うといった災害対応の作法を採用するならば、本部事務局が対応方針を決定するための参謀役

を担うこと、そして本部会議がそのような方針を決定する場であるときちんと定義することが求められる。現状では、地域防災計画や災害対策本部要綱などを見ても、それらが明確に定められていない。災害対応業務の全体を方向づけてマネジメントしていくための統制ルールが必要である。

戦略計画②　災害時に対応方針を構築することができる人材の育成

　効果的な災害対応システムが確立されたならば、それを実践できる人材を育成することが必要となる。東海・東南海・南海地震のような大規模な災害では優先順位づけを行って全体的な対応方針の下に各部局がその力を結集していくことが求められる。トップの意思決定能力の向上が必要であることは当然であるが、それを補佐する人材に災害対応の専門的な知識やノウハウを十分に詰め込んでおくことが必要である。このようなトップの意思決定をサポートすることができる人材を育成することが求められている。

　また人材育成は、一つの自治体内部だけでなく、全国的な人材育成システムとして考えていくことが重要である。自治体にとって本格的な災害対応を行う場面はそう多くはない。まして自治体全体が非常事態に陥るような大規模災害は数十年に一度もない場合がほとんどである。大規模な災害になるほど事前計画や準備を超えた出来事が起こり、特に業務をするうえでの人手不足だけでなく、業務をこなすためのノウハウを持っているという意味での人的資源も枯渇しているというのがこれまで災害対応を経験された自治体が示した結果である。それぞれの自治体の人的資源だけで対応することには限界があるわけであるから、経験自治体の知識を共有する仕組みや、他自治体の防災部局と業務を連携する仕組み、つまり外の資源を活用できるような体制を作っていくことが必要だと思われる。

戦略計画③　状況認識を統一するために共有の情報基盤を持つ

これまで被災地の被害状況や対応状況を統一的に把握し、関係者の認識を統一する目的やそのために必要な情報要素について検討してきた。この被害情報の入手や整理を行うための事例として紹介した琵琶湖西岸断層をモデルとした本部会議資料のようなものを、自治体内だけではなく自治体の枠を超えて共有することが広域災害時には必要である。情報システムもある一つの組織内自治体内で閉じられたものにするのではなく、多くの組織や広域の自治体が活用できるようにしておく必要がある。共通のフォーマットを用いることや共通の地図情報を使用すること、被害想定結果を共有すること等が必要となり、災害時に活用可能な公的・民間の資源リストを共有することなど、災害対応を円滑に行い、応援・支援を容易に行うための情報基盤を整備することが求められる。

　ただしここでいう情報基盤とは、通信ネットワークの構築や既存のネットワークを利用して共通のコンピュータシステムを新たに開発・構築することだけではない。ここでいう情報基盤とは、災害時に必要な情報の内容や情報処理の仕組みを共通化することである。局地的に起こる災害や、広域に発生する災害においても共通的に利用できる。これまで強調してきた「状況認識の統一」とは、現状をできるだけ正確に認識することであるが、「災害対策本部資料」で提案しているように今後どのようなことが予測されるか（今後の状況予測）と今後どのような対応を予定しているのか（24時間の達成目標）が重要である。つまり、この情報によって次の対応のためにどのような情報が必要になり、どのように収集・分析をする必要があるのかがわかる。これが次の対応のための「情報要求」である。

　戦略計画④　効果的な災害対応が可能になるような資源配置を行う
　広域連携とは、被害の極小化を図るために自治体の枠を超えた情報の共有や人的・物的資源を最大限に活用した最適配置を行うことである。広域連携で必要となる意思決定とは、被災地が求めるニーズに対

し、自らが持つ資源が不足する場合、応援を求めるとともに、優先的に対処すべき業務がどれであるのかの判断することが必要になる。被災地が求めるニーズを把握する基準づくりと、被災自治体間の状況を比較衡量し、災害対応業務や支援対象地域の優先順位をつける判断基準を作ることが今後の課題である。2(6)～(10)で指摘したような指標を念頭に置きながら、さらにブレイクダウンさせた詳細な基準づくりが求められているといえる。

　このような意思決定に基づく資源配分を可能にしておくためにも、環境を十分に準備していくことが求められる。まずは事前に地域で最低限自立可能な資源を配置しておくことが必要である。次に災害対応時に必要となることは、人口分布や交通基盤、被災予測状況、発生し得る対応業務をかんがみたうえで圏域全体での必要資源の配備を共有化するための情報インフラ、資源をやりとりするためのネットワークインフラ、自治体間の連絡方法・用語の共通化、圏域全体の資源を見渡せるデータベースなどの準備などがある。このような災害対応を可能にするための基盤や仕組みを、地道に整えていくことが有用である。

戦略計画⑤　広域連携を実現するための仕組み・体制を構築する

　組織の枠を超えて優先順位をつけた災害対応を行う場合、指揮命令系統をだれが持つのかが大きな問題となる。消防や警察、自衛隊などの部隊行動をとる組織には法的にもその指揮権が明確である。一方、道路や港湾、ライフラインなどの管理者が特定されているインフラについて優先順位を付けて対処するとは何を意味し、その優先順位を決定できる権限をだれに持たせるべきか、さらには、災害時にのみ発生する業務である避難所運営、物資の配分などはどのように指揮が行われるべきであるのか、などの検討はまだなされていないのが現状である。東南海・南海地震応急対策活動要領（平成18年4月中央防災会議）によると、東海・東南海・南海地震が発生したときに関西では大阪に政府の現地災害対策本部が設置されることが予定されているが、

広域的な調整や優先順位の決定などに関しては、まだ国でも明確にされていない。広域的に状況を分析・判断し、優先事項を定めてそれに基づいて資源を配置していく調整機関のような主体が必要になってくると考えられる。このような広域調整機関を設置するのか、国が主体的な役割を担うのか等に関する議論は進んでおらず、今後この点についても明確に定めていくことが求められている。

また、これまで応援協定は一つの自治体が被災した場合を想定した「1対多」の協定が主であったが、広域災害時には「多対多」の協定が求められる。また、甚大な被害を受けた自治体は応援要請するための情報集約などに時間を費やす余裕がない状況になると考えられるので、本章で提示したような本部資料を公開してそれを外部の応援者が見て能動的に応援に駆けつけるといった、情報が不足する中でも対応可能な仕組みを整えておくことが必要である。

4 効果的な災害対応に向けて

ここまで巨大災害を見据えた行政災害対応のあり方を考え、5つの柱を主とした戦略を提示してきた。最後に、もう少し大きな視点からこの戦略をより実現可能な状況にするために必要な環境について、残された課題を指摘する。

(1) 目標管理型の災害対応を

災害対応においては目の前に発生した事案に終始するのではなく、行政としての明確な対応方針を持って戦略的に対応する必要がある。特に広域連携においては、自治体内部、外部の資源を効果的に配分していくためにはその基準となる対応方針が必要になる。目標管理型の災害対応とは、時間を区切ってある時間までに達成するべき目標を明確にして、それに向かって全部局が行動するというものである（図2-3-5）。利点としては、環境や状況の変化に柔軟に対応できる、

組織全体としての成果を高めることができる、目標に応じた人員配置によって資源の有効活用ができる、測定可能な目標設定による定期的な災害対応業務の進捗管理ができる、現場への権限委譲が進むなどがある。各部局がバラバラの対応をするのではなく、自治体の一貫した目標を軸として、部局間で十分な連携を行い、その時被災地で求められている災害対応を実施していくことが重要である。組織トップが就くことになる本部長にはこのような目標を設定する役割が課せられているといえる。

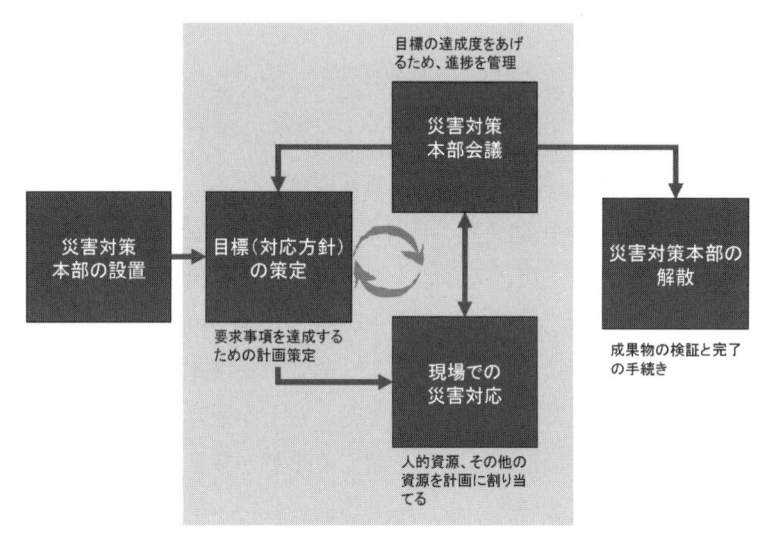

図2-3-5　目標管理型の災害対応のマネジメント

(2) 戦略チームの設置を

　災害対応を行ううえで、また災害対策本部を機能的に行ううえで必要な資料の作成を可能にするためには、災害対応時の組織体制の中に「戦略を考える役割を持つ班」を置くことが必要になる。直後の混乱した状況から刻々と変化する社会の状況を的確にとらえ、組織としてすべきこと、できることを、どのような手順で、いつまでに行うのかといった全体の活動方針を考える部隊、つまりここまで示してきた

「災害対策本部資料」における災害対応の方針伺いの中身を作成する班である。だれか一人に役割を与えるよりもチームを作り、きちんと役割と権限を付した方が組織的に動けると考える。

実際には今でも災害対策本部事務局に「情報分析班」といった名称の班が多くの自治体にあるが、これらの大半は入手できた情報を整理して、その現状を報告する役割を担っている。ここでさらに一歩進んだ情報分析・状況予測とその資料作りを課すことが求められるわけである。従来の情報収集、分析という概念から少し発想を転換させることが必要であると考える。

(3) 多様な主体との効果的な連携を可能にする仕組みを

被災した社会の中では、被災者による個別的な対応から、当該地域の諸団体（自治会、商工業組織、福祉関係団体等）による対応に加え、被災地の外からも民間企業、NPO、専門職集団等が同業者のネットワーク等を通じて支援に入ってくる。その中で自治体は、行政機関のネットワークを通じて、被災地全体の被害状況や復旧に向けた動きを把握しながら、救援・復旧にかかる公的資源を調達・再配置していくという、いわば災害対応の要として動くことが期待される。

しかし、災害時は計画や想定を超える事態が多発し、個別性の高い支援（災害時要援護者等）や、市場機能の維持・早期復旧といった課題は、行政対応には限界があり、民間の方が適切な対応が期待できる。実際、民間団体も、それぞれ自らの復旧や被災地支援に適した対応システムを持っている。

例えば、個別性の高い支援活動を支えるシステムとして、「災害ボランティアセンター」が開設されるが、近年では社会福祉協議会等による広域的な人材派遣の仕組みや、資金・資機材を調達する仕組みなどもできつつあり、大勢の一般市民のボランタリーな意欲を支援につなげる仕組みが作られている。また、民間企業でも事業継続計画（BCP）の作成が推進されており、社会貢献活動として地域防災に参

加する企業も増えている。さらに看護や臨床心理等の学会では、専門家を被災地に派遣するシステムが作られており、弁護士や不動産鑑定士などの専門家が分野を超えて連携し、被災者の生活再建に役立つ相談を行うといった機構も生まれている。

　行政機関としては、利用可能な資源全体を管理下に置くことで対応能力の向上を図るという方法をとりがちであるが、課題に適した対応システムを持っている主体にゆだねてしまうほうが、効果的に対応できることも多いといえる。

　こうした民間のポテンシャルを生かした対応を進めていくためには、日常時から、それぞれの対応主体がどのようなシステムを持っているのかを知り、準備しておくことが必要になる。例えば、自治体は、災害対応に必要な資源調達に備えて民間企業と協定を結ぶが、企業が100%行政支援に資源を投入して、操業再開に支障がでれば、地域経済の建て直しも遅れる。また締結した協定が、非常事態下で、本当に実行可能なのかを防災訓練等を通じて検証していくことも必要である。

　災害対応の要となる行政機関は、平常時の備えの段階から、他の対応主体が動きやすい環境づくりを考え、情報提供、積極的な働きかけが求められるといえる。

(4) 行政組織全体の災害対応に対する意識改革を

　地方自治体は、日常的に社会に対して多種多様なサービスを提供している機関であるといえる。ひとたび大規模災害が発生すると、これらのサービスに多かれ少なかれ障害が出るため、一刻も早く再開しなくてはならないが、それに加えて災害対応活動を通じて社会の被害からの回復を促す仕事も行われる。その意味で、行政機関全体としてその被災地の災害対応を実行していくことが求められる。これに向けた体制や仕組みづくりは、今回の分科会の議論を含め、さまざまな取り組みが行われているが、その根幹に必要となるのは「行政組織全体として被災社会に対応する活動を行う」という地方自治体職員の心構え

である。特に日常業務で防災や災害対応とは関係していない部署の人々に、非常事態業務の心構えを持ってもらうことが、効果的な災害対応の仕組みを構築していく第一歩であると思われる。

(5) **防災担当部局がもっと機能を発揮できる体制を**
　自治体組織の中で防災を担当する部署は、日常時業務と災害時業務の質が大きく異なるという特徴を有している。現状では、日常時には計画関係の事務業務が中心であったところが、災害時にはいきなり指揮・管理を行う災害対策本部の事務局として機能するようになっている自治体が大半である。日常の通常業務を主とした組織の力関係のもとでは、防災担当部局が災害時に大きな指示権限を持つことは困難と思われる。この仕組みを変えていくことは容易ではないが、少なくとも現在の状況を認識し、災害対応時に実質的に総合調整機能を果たす部局に、ある程度の権限が必要ではないのか。

(6) **防災担当部局の全国的な連携方策を**
　自治体にとって本格的な災害対応を行う場面はそう多くはない。まして自治体全体が非常事態に陥るような大規模災害は数十年に一度もない場合がほとんどである。大規模な災害になるほど事前計画や準備を超えた出来事が起こり、特に業務をするうえでの人手不足だけでなく、業務をこなすためのノウハウを持っているという意味での人的資源も枯渇しているというのがこれまで災害対応を経験された自治体が示した結果である。
　全国を見渡せば災害対策本部が立ち上がるような災害事例は年に1、2箇所で必ず発生しており、日本だと10年に一度は大規模災害も発生している。これをそれぞれの自治体の人的資源だけで対応することには限界があるわけで、経験自治体の知識を共有する仕組みや、他自治体の防災部局と業務を連携する仕組み、つまり外の資源を活用できるような体制を作っていくことが必要だと思われる。災害対応時の活動

ミッションが明確な消防や土木、建築などの分野では、阪神・淡路大震災以降急速に連携のシステム化が進んだ。しかし、この体制作りは、具体的な災害対応活動を行うところよりむしろ、組織的な災害対応を企画したり、多くの主体と調整を行ったり、多大な情報処理が求められ、質・量ともに人的資源を大量導入することが求められる防災部局にこそ必要な体制だと思われる。

【執筆者】
　(神戸大学大学院　工学研究科建築学専攻　准教授：近藤　民代、(財)ひょうご震災記念21世紀研究機構　人と防災未来センター　研究主幹：越山　健治)

第4章　要援護者の避難対策も含めた総合的な津波避難対策の提案

1　問題の所在

　第1編の説明にあったように、今後30年以内に東海・東南海・南海地震が発生する可能性が危ぐされており、東海から西日本の広い範囲で大きな被害が生じることが想定されている。この地震は、海溝型の地震であるので、地震による揺れに加えて津波を伴って発生する。過去においても、この地震による津波で太平洋岸から四国にかけて広い範囲で津波による大きな被害が生じたことが記録されている。次の東海・東南海・南海地震に向けて、津波による被害軽減の対策をとることが国、地方自治体に課せられた緊急の課題である。

　日本社会において急激な高齢化が進む中で、東海・東南海・南海地震における津波からの避難、特に災害時要援護者[1]の避難対策は大きな問題である。津波は、台風や集中豪雨に比べて、避難準備の時間が少ないことがその特徴である。また、激しい地震の揺れの直後に、津波からの避難を行わなければならないことが想定されている。

　2004年に発生した、新潟水害、台風23号水害、新潟県中越地震では、

1　災害時要援護者
　　一般的に「災害時に特別な支援が必要な人々」と定義され、想定される人々には、高齢者、障害者、乳幼児、妊産婦、外国人などが挙げられている。しかし、どの範囲の人々を「災害時要援護者」として想定し対策をたてるべきかについては、各市町村の裁量に任されており、統一的な見解に至っていない市町村も多い。最新の内閣府の報告書「災害時要援護者対策の進め方について（平成19年3月）」では、「必要な情報を迅速かつ的確に把握し、災害から自らを守るために安全な場所に避難するなどの災害時の一連の行動をとるのに支援を要する人々（高齢者、障害者、外国人、乳幼児、妊産婦等）」と定義されている。

多くの災害時要援護者が犠牲となった。この事態を受けて、内閣府では対応の指針として「「避難勧告等の判断・伝達マニュアル作成ガイドライン（平成17年3月）」「災害時要援護者の避難支援ガイドライン（平成18年3月）」「災害時要援護者対策の進め方について（平成19年3月）」」を取りまとめた。さらにガイドラインを受ける形で、地方自治体では災害時要援護者の避難支援策の検討が始まっている。

では具体的に避難対策を考える際に課題となるところはどのような点であろうか。

2　避難対策の現状と課題〜現地調査の事例から〜

津波避難対策の現状と課題を整理するため調査を行った。2004年の台風23号水害を経験した兵庫県淡路島にある洲本市を訪問し、災害時要援護者へ対応について聞き取りを行った。また、津波避難対策の取り組みを学ぶために和歌山県那智勝浦町を訪問した。

(1)　被災地における災害対応の実態調査＜洲本市＞

洲本市では、台風23号により、死者5名、負傷者9名、床上・床下浸水3,469棟の被害が発生した。家族や近隣住民などの支援により災害時要援護者の避難が行われたケースが多くあったことがわかった。緊急時には、家族や近隣住民の迅速な支援が効果的であり、そのために近所での災害時要援護者の把握が重要になる。ある地区では、地図を使った災害時要援護者の把握と、近隣の支援者の決定が、民生委員や住民自らの手により進められていた。しかし、高齢独居の要援護者や障害者の把握については、ふだんの近所づきあいからある程度の把握が進んでいたが、特に内臓疾患や透析患者などふだんの近所づきあいからではなかなか把握しづらい人々をどう支援するかという課題がみえた。また、土地の低い川沿いの地域では、安全を確保できる避難場所が遠い場合があり、避難困難な地域を解消する対策が必要である

ことがわかった。さらに、災害時要援護者にとって、安心して避難生活が送れるように、福祉避難所[2]を事前に整備しておく必要がある。現状では、未整備のところが多く、今後、整備をしていく必要があることがわかった。

(2) 津波対策実施地域の実態調査＜那智勝浦町＞

　那智勝浦町は、東海・東南海・南海地震により、震度6強～6弱、津波高5m以上、津波の到達時間10分程度と予測されており、物的被害、人的被害ともに甚大になることが想定されている。過去の東南海地震によっても壊滅的な被害を受けた地域である。2004年9月の紀伊半島沖地震の経験から、自主防災組織が中心となって、要援護者の把握のための「防災対策台帳」の作成が行われている。この取り組みでは、要援護者の把握の際に、耐震診断や家具の転倒防止の実施状況などの家庭内での防災取組の実態もあわせて確認し、家庭内での防災意識の啓発にもつながる工夫がされている。個人情報の取扱いが問題化するなか、防災利用、地域住民の信頼関係の構築を優先課題として取り組んだ本事例は、他地域への模範事例と考えられる。さらに、「那智勝浦町災害時要援護者支援計画（平成20年10月）」についても策定した。那智勝浦町の市街地の多くが、海沿いの低い土地に位置しており、津波からの避難困難地域の解消に向けた取り組みとして、町内の

2　福祉避難所
　　要援護者のために特別の配慮がなされた避難所のことである。災害救助法が適用された場合において、都道府県又はその委任を受けた市町村が福祉避難所を設置した場合、おおむね10人の要援護者に1人の生活相談職員（要援護者に対して生活支援・心のケア・相談等を行ううえで専門的な知識を有する者）等の配置、要援護者に配慮したポータブルトイレ、手すり、仮設スロープ、情報伝達機器等の器物、日常生活上の支援を行うために必要な紙おむつ、ストーマ用装具等の消耗機材の費用について国庫負担を受けることができることとされている。介護保険関係施設における要援護者の受入れには限界があり、緊急入所できない者のために福祉避難所が必要となる（内閣府報告書「災害時要援護者対策の進め方について（平成19年3月）」）。一般的に福祉避難所として想定されるのは、デイケア・デイサービスなどの事業スペース、福祉施設における地域交流スペース、旅館・ホテルなどの宿泊可能な場所である。

高台へ向かう避難路を地域住民の協力のもとに整備を進めている。また、町内の観光ホテルなどの協力を得て、緊急時の一時避難所として、耐震性のより高い建造物を避難所として確保する試みも行われている。以上のように、住民組織の積極的な防災活動や地域の関係者との協力の中で取り組みが行われており、津波避難対策として他地域でも参考にすることができる。

では、これらの対策を東海・東南海・南海地震の被害想定地域で総合的かつ体系的に進めるためにはどうすればよいのか。

3 被害の概要

近畿圏における被害の全体像

中央防災会議の東海・東南海・南海地震等に関する専門調査会の被害想定結果から、近畿圏（三重県、京都府、大阪府、兵庫県、奈良県、

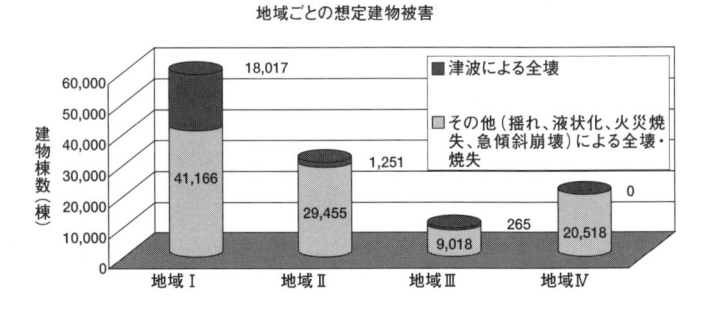

地域ごとの想定建物被害

地域	津波による全壊	その他（揺れ、液状化、火災焼失、急傾斜地崩壊）による全壊・焼失
地域Ⅰ	18,017	41,166
地域Ⅱ	1,251	29,455
地域Ⅲ	265	9,018
地域Ⅳ	0	20,518

地域ごとの想定人的被害

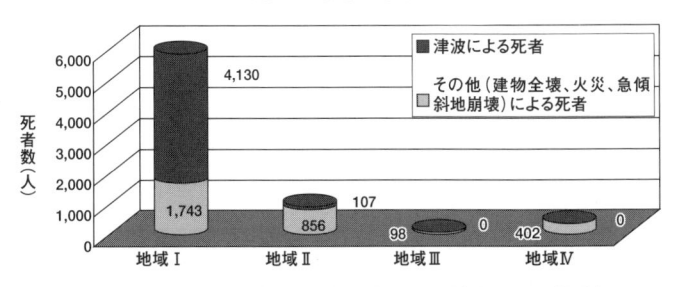

地域	津波による死者	その他（建物全壊、火災、急傾斜地崩壊）による死者
地域Ⅰ	4,130	1,743
地域Ⅱ	107	856
地域Ⅲ	0	98
地域Ⅳ	0	402

図2-4-1　地域ごとの想定被害（建物被害、人的被害）

和歌山県)で想定されている被害は、地震の揺れ、液状化、津波、急傾斜地崩壊、火災による全壊建物被害が約119,700棟、死者約5,400名となる。この中で、津波による被害は、全壊建物約19,500棟、死者4,200名である。想定されている被害の中でも、津波による人的被害はとても深刻なものであると考えられる。しかし、近畿圏において、その被害の発生の程度は地域によって差があることがわかった。

そこで、地震や津波の想定結果(内閣府専門調査会による被害想定結果等)から、どの地域がどういう条件で危険なのかを知り、その地域の災害の特徴を考慮した具体的な対策を考えることが必要となる。

4　津波避難対策のための戦略計画

東海・東南海・南海地震に向けた要援護者の避難支援を含めた津波対策を近畿圏で体系的かつ総合的に行うためには、近畿圏における戦略計画の構築が必要となる。

(1)　戦略計画の基本理念と減災目標

近畿圏において今後30年を通じて行動するための行動指針となる「明確な基本理念を確立する」ことが求められている。この基本理念は近畿圏の防災対策にとって今後の施策決定や仕事の進め方の根幹となる思想であり、意思決定の際の指針となるべきものである。30年後を見据え、防災対策の第一目標である「いのちをまもる」を優先課題ととらえ、津波災害による直接死を減じ、かつ避難後における関連死についても減じることで、最終的に死者0を目標とする。実現にあたっては、自助・共助・公助がバランスよく共働することが必要となる。

＜戦略計画の基本理念＞

「地震津波災害から生き抜くため、ひと・まち・地域づくりを総合的に行い、近畿圏における防災共働社会を実現する」

＜減災目標＞
(i) 30年後には、津波による死者を0にする。
(ii) 30年後には、避難生活による死者を0にする。

(2) 東海・東南海・南海地震対策のための近畿圏における8戦略

予防対策
土地利用計画を推進する	①津波避難を想定したまちづくりを計画する
構造物で津波被害を抑止する	②効果的な減災のための抑止策を検討する
みんなが防災にかかわる	③防災文化を構築する

災害対応資源の確保
情報を共有する	④津波避難に必要な情報共有の仕組みをつくる
支援資源を確保する	⑤援護を必要とする人を想定した支援力を高める

応急・復旧対策
	⑥地震・津波災害下に必要な対応を体系化する
いのちをまもる	⑥.①避難行動支援
安全・安心を確保する	⑥.②避難生活支援
生活基盤を確保する	⑥.③仮住まい生活支援
生活再建をめざす	⑥.④仮住まい解消支援
連携体制を確立する	⑥.⑤近畿圏一丸となって応急・復旧活動に取り組むための仕組みをつくる

復興対策
⑦生活再建を支援する
⑧22世紀の東海・東南海・南海地震災害に備えたまちづくりを計画する

図2-4-2　津波避難対策にかかわる8戦略

<予防対策>
① （土地利用計画を推進する）津波避難を想定したまちづくりを計画する

　土地利用計画とは、まちの規模、性格及び立地などに応じて、区域以内の土地の適正かつ合理的な利用を推進するため、その利用区分を定める計画である。減災目標を達成するためには、30年後を目指し、1）津波避難困難地域[3]（津波の到達時間までに避難対象地域外の安全な場所に避難することが困難な地域）を解消する、2）津波避難必要地域を解消する、3）全域を津波からの避難の必要のない地域とする、の3点を段階的に目指す。

② （構造物で津波被害を抑止する）効果的な減災のための抑止策を検討する

　東海・東南海・南海地震では、大きな地震の揺れのあとに、強大な津波の襲来が予想されている。そのため構造物に期待されることは、地震の揺れに耐え得る耐震性構造物であること、加えて津波の襲来に備えて耐浪性の十分に確保された構造物であることが重要となる。

③ （みんなが防災にかかわる）防災文化を構築する

　各主体の防災対策への理解と協力を仰ぎ、共働で防災対策を推進

---

[3] 津波避難困難地域*
　津波到達時間と津波浸水予測図から、避難目標地点の設定、避難経路の設定を行い、避難可能距離を算出し、避難対象地域のなかで、避難可能距離から外れる地域を避難困難地域として抽出する。避難困難地域の抽出にあたっては、地図上で想定するだけでなく、避難訓練等を実施し、確認をしたうえで設定する。避難困難地域が存在する場合は、避難先の確保が必要である（津波避難ビル等の指定、避難タワーの建設等）。避難可能距離の算出は次のとおりとする。避難可能距離＝歩行速度×（津波到達予想時間－地震発生後、避難開始までにかかる時間－高台や高層階等まで上がるのにかかる時間）。歩行速度は（1.0m／秒）を想定。歩行困難者、身体障害者、乳幼児、重病人等について、（0.5m／秒）に考慮する。（詳細については、津波避難ビル等に係るガイドラインを参照）

*和歌山県、和歌山県津波避難計画策定指針、平成17年6月

するためには、社会における防災文化の構築・醸成が必要不可欠である。防災文化の醸成には、災害対応過程の理解（地震・津波発生のメカニズム、予防対策、避難行動、生活再建）を系統的に学習する仕組みが重要となり、総合的な防災教育のためのプログラム構築が必要不可欠である。また、災害時要援護者の特徴を理解し、支援の必要性を学ぶことが重要となる。

＜災害対応資源の確保＞

④ （情報を共有する）津波避難に必要な情報共有の仕組みをつくる

　災害対応活動に必要な情報を集約、整理、発信、共有するシステムの構築を行う。特に東海・東南海・南海地震のような広域災害への対応には、府県レベルを超えた、近畿圏レベルでの対応の意思決定が必要となると予想される。対応の基礎となる情報システムについても近畿圏レベルでの情報統合を目指したシステムの開発が期待される。

⑤ （支援資源を確保する）援護を必要とする人を想定した支援力を高める

　限りある社会資源を要援護者支援に有効に配分するために、市町村単位で、行政、医療・保健・福祉の専門家からなる災害時要援護者支援班[4]を構築し、地域の資源と有機的に連携しながら、要援護者支援計画を構築し、その実現に向かって活動を行う体制を整える必要がある。そのためには災害時要援護者になることが想定される

4　災害時要援護者支援班
　平時は、防災関係部局や福祉関係部局で横断的な PT（プロジェクト・チーム）からなり、災害時は、災害対策本部中、福祉関係部門内に設置し、平時は、「要援護者情報の共有化、避難支援プランの策定、要援護者参加型の防災訓練の計画・実施、広報等」、災害時は、「避難準備（要援護者避難）情報の伝達業務、避難誘導、安否確認・避難状況の把握等」を行うことが、災害時要援護者の避難支援ガイドライン（平成18年3月）に定められている。さらに支援班には、行政のみでなく医療・保健・福祉における事業所・施設などの関係者についても参画を呼びかける必要がある。

人々の情報を順次データ化していく。また想定被害の程度によって、府県単位、近畿圏単位で有効な資源配分が可能となる総合的な要援護者支援計画の構築を行う。

＜応急・復旧対策＞
⑥ 地震・津波災害下に必要な対応を体系化する

発災後に必要となる災害対応のメニューを体系化し、東海・東南海・南海地震災害を想定した対応資源と仕様を明確化し、近畿圏における災害対応のための仕組みを構築する。30年後の巨大災害に対応するために、それまでに発生する災害への対応を通じて、近畿圏全体の対応体制の整備を迅速に進める必要がある。

6.1 （いのちをまもる）避難行動支援

地震による揺れのあと、津波到達時間までの間に、津波災害の被害から住民全員が安全な場所に避難することを目指す。津波浸水想定地域に居住若しくは滞在するものについては、1）自力避難を原則とし、津波浸水想定地域外の空地や構造物、若しくは津波浸水想定地域内に設けられた堅ろうな構造物まで避難する、2）自力避難が困難なものについては、津波浸水想定地域外の居住を推進するが、もし避難行動支援が必要な場合においては、共助を原則とし、公助を必要とするものについては、避難行動支援に関して公的な資源配分をあらかじめ考慮した関係機関の資源調整計画に基づいて行う。

6.2 （安全・安心を確保する）避難生活支援

災害が甚大で広域にわたると、被災地外からの支援の遅延が予想される。その結果、避難生活を余儀なくされる住民の数は増加し、その避難所滞在日数は長期化し、避難生活を送る中での死者の発生も予測される。その死者の数を0にするためには、1）ラ

イフラインの途絶、物流の孤立化を前提とした、地域における避難生活支援物資の確保、2）避難生活時に特別な配慮が必要な人たちに対する支援のための、設備、物資、人的資源の確保が必要となる。それらの確保については、地域内に平時から存在しており、災害時に利用可能と考えられる、設備、物資、人的資源の量を把握し、発災後不足されると考えられる資源の代替・充足方法について、近畿圏全体を視野に入れた資源提供のための計画を構築する。

6.3 （生活基盤を確保する）仮住まい生活支援

仮住まいについては、想定される被害によって、発災前に居住していた地域の近くに仮住まいのための施設を確保することが困難な場合が予想される。仮住まいについては、1）近畿圏全体を構想に入れた仮設住宅建設場所を確保する、2）特別な配慮が必要な人たちについては、医療・福祉の施設への緊急入所を視野に入れ広域に施設を確保することが必要となる。a）仮設住宅建設場所、b）緊急入所先については、平時において、想定被害と仮住まいが必要となる人数を想定し、これらについての計画策定、受入れ自治体・施設に対して、連携調整を図る必要がある。

6.4 （生活再建をめざす）仮住まい解消支援

仮設住宅や緊急入所先の施設については、あくまでも「仮住まい」であり、状況が整えば速やかに仮住まいを解消するための生活再建支援を開始する必要がある。原則は、発災前に居住していた市町村における生活の再建である。地震・津波被害による構造物被害、地盤被害、地域機能の被害を想定し、被災世帯に必要と想定されるサービスを体系化し、資源の確保に努める。

⑥.5 （連携体制を確立する）近畿圏一丸となって応急・復旧活動に取り組むための仕組みをつくる

　　東海・東南海・南海地震は広域災害であり、限りある資源を投じて、効果的な災害対応を行うためには、府県レベルを超えた対応の仕組みが必要である。今後30年において、共働して災害対応に臨む仕組みを構築する。具体的には、意思決定者レベルの連携、危機管理防災担当者レベルでの連携の場を設け、30年をかけて災害対応のための総合的なシステムを作る。近畿圏での対応を視野に入れた広域訓練を実施する。

＜復興対策＞
⑦　生活再建を支援する

　　津波災害によって住まいや生業を失った人々の生活のあり方を事前に検討する必要がある。具体的には「以前の居住場所に住み続けられるのか」、「生業を再開できるのか」など被災者の意思だけでは決定できない課題が発生すると予測される。新しい環境の中での効果的な生活再建支援策とは何かについて十分に吟味する必要がある（今後の課題）。

⑧　22世紀の東海・東南海・南海地震災害に備えたまちづくりを計画する

　　21世紀後半の東海・東南海・南海地震による被災を大きな機会ととらえ、90～150年周期で再び到来することが歴史的に予想される東海・東南海・南海地震の再来に備えたまちづくりを計画する。災害に強いまちづくりのグランドデザインについては、行政のみならず様々な主体の合意形成が必要となるため、30年後の被災を超えて、将来にわたる視点が必要である。

5 地域性を踏まえた戦略策定

(1) 地域性を検討する必要

　被害想定をみると（巻頭カラーページ図3参照）、津波の襲来状況は地域により大きく異なる。津波襲来状況にもとづいて、近畿圏の沿岸市町村を分類すると4つの地域に分類することができる。表2-4-1は津波襲来の特徴による地域分類と代表的なまちを示している。それぞれの地域の特徴を見てみよう。

　地域Ⅰでは、地震の揺れの直後に大きな津波が沿岸を襲う地域であり、津波により建物が破壊・流失し、避難することができる時間が短く人的被害も甚大になることが予想される。地域Ⅱでは、大きな被害が予想されるほどの津波の高さであるが、地域Ⅰに比べて到達までに若干の時間があり、避難すれば人的な被害を軽減することが可能であると考えられる。地域Ⅲでは、津波の到達までに一定の時間があり、津波の高さもそれほど大きくないため、被害も大きなものにはならないと考えられる。一方で、海岸部を持たない内陸の地域Ⅳは津波の被害はなく、地震の揺れによる被害も小規模であると想定される。

表2-4-1　東海・東南海・南海地震による津波襲来の特徴にもとづく地域分類

地域名	津波の特徴 津波高	津波の特徴 到達時間	代表的なまち
地域Ⅰ	5m以上	10分以内	三重県：尾鷲市、熊野市 和歌山県：串本町、那智勝浦町
地域Ⅱ	5m以上	10～60分	和歌山県：和歌山市、海南市
地域Ⅱ	2～5m	10～60分	三重県：松阪市、伊勢市 兵庫県：南淡町（現南あわじ市）、洲本市
地域Ⅲ	2～5m	60分以上	大阪府：大阪市此花区、住之江区、堺市 兵庫県：尼崎市、神戸市、姫路市
地域Ⅲ	2m以下	10～60分	三重県：桑名市
地域Ⅲ	2m以下	60分以上	大阪府：大阪市大正区、福島区、西区 兵庫県：明石市、加古川市
地域Ⅳ	津波なし		奈良県全域、海岸線を持たない地域

4 地域の違いにより、取るべき戦略や適切な対策も違うべきであると考えられる。ここでは、さらに詳しく、地域ごとの被災シナリオを見ていき、戦略の基本理念に基づいた減災目標達成のための地域ごとの戦略計画の提案を行う。

表 2-4-2　東海・東南海・南海地震による想定被害の概要

	地域Ⅰ (被害甚大)	地域Ⅱ (大規模被害)	地域Ⅲ (小規模被害)	地域Ⅳ (被害無)
主な地域	和歌山県海岸部 三重県海岸部太平洋側	三重県伊勢湾内 兵庫県淡路島南部	大阪府、兵庫県の海岸線	奈良県内陸部
揺れ	震度6強以上の激しい揺れ	震度6強～6弱の激しい揺れ	震度6弱～5強の揺れ	震度5強～5弱の揺れ
揺れによる被害(人的、物的)	全壊棟数：29,482棟 死者数：1,321人	全壊棟数：17,464棟 死者数：736人	全壊棟数：1,307棟 死者数：48人	全壊棟数：5,488棟 死者数：249人
津波の高さ	5mを超える津波	2～5mを超える津波	津波の高さは2m以下(一部2～5m)	海岸線を持たないため津波被害はない
津波による被害(人的、物的)	全壊棟数：18,017棟 死者数：4,130人	全壊棟数：1,251棟 死者数：107人	全壊棟数：265棟 死者数：0人	
津波到達時間	津波到達が10分以内／10～60分と早い	津波到達が10～60分と早い	津波到達が10～60分／60分以上	
避難可能範囲	避難可能範囲が600m以内(高齢者300m以内)	避難可能範囲が1,800m以内(高齢者900m以内)	避難可能範囲が3,600m以内(高齢者1,800m以内)	
津波第一波以降	6時間は継続して津波襲来の危険あり	6時間は継続して津波襲来の危険あり	6時間は継続して津波襲来の危険あり	
津波後の状況	津波が引いたあとも地域が浸水している可能性が高い	津波が引いたあとも地域が浸水している可能性が高い	都市部では地下街、地下施設(電気関係)への浸水対策が不可欠	

(2) 地域別の戦略

表2-4-3

		地域Ⅰ （被害甚大）	地域Ⅱ （大規模被害）	地域Ⅲ （小規模被害）	地域Ⅳ （被害無）
戦略の方針		いのちをまもる	くらしをまもる	都市機能をまもる	支援力を高める
キャッチフレーズ		公助の仕組みで避難困難地域を解消する	共助の仕組みで避難行動支援を確立する	自助の仕組みで混乱を収拾する	他地域を支援する
戦略計画の内容	①まちづくり	土地利用計画の推進によって、避難の必要のない地域をつくる	2階への津波からの避難を考慮して、耐震化を進める	建物倒壊連鎖、延焼防止のため建物密集地の解消を目指す	—
	②抑止策検討	30年後の避難困難地域への居住解消	確実に避難が可能で避難生活のできる避難施設の整備	防潮施設の耐震性能を確保する	—
	⑥.1避難行動支援	津波から逃げる必要のないところ、若しくは堅ろうな建物での居住を推進	地域内（自治会内）で避難支援の仕組みを作る	自助による避難と情報提供による支援	県内の避難者に対応しつつ、県外の甚大被災地域からの避難者受入準備を行う
	⑥.2避難生活支援	県外避難も想定した災害時要援護者避難計画	地域の支援で避難生活を乗り切る	要援護者・避難者の特性に配慮した避難所を運営	要援護者などの緊急受入体制を整備する
	⑥.3仮住まい生活支援	仮設住宅を県内外で確保する計画を立てる	仮住まいでの要援護者サービスの確保	仮住まいでの要援護者サービスの確保	仮住まいでの要援護者支援サービスの確保

地域Ⅰ（地震被害甚大・津波被害甚大）

【戦略目標】　いのちをまもる

【戦略課題】　公助の仕組みで避難困難地域を解消する

【被災シナリオ】　地域Ⅰについては、震度6強以上の激しい揺れのあと、10分以内で5メートルを超える津波の第一波が襲来し、最も甚大な被害が発生すると予測される。津波被害の様相としては、北海道南西沖地震（1993年）の奥尻島青苗地区やインド洋大津波（2004年）のバンダ・アチェのように、建物がすべて津波により押し流される。対象となる地域は、和歌山県海岸部、三重県太平洋側である。

　地域Ⅰにおいて目標とすべきは「いのちをまもる」ことである。地震発災から津波襲来までの時間が非常に短いため、実際には津

波からの避難にはかなりの困難が予想される。そこで30年後までに果たすべき戦略課題としては、公助の仕組みを活用し、津波からの避難が困難と予想される地域そのものの解消を目指す。想定被害地域の土地利用計画の推進がその解消のための対策の中核となる。

写真2-4-1　奥尻島の津波被害

① 「いのちをまもる」戦略
　(i) 土地利用計画を利用した安全なまちづくり：戦略①

　　土地利用計画や建築規制等の運用によって、危険な地域から安全な地域への誘導を進める必要がある。30年後には津波浸水地域の住民を０にすることをめざし、残存世帯については公的な移転も検討する。また、居住可能地域の建物は耐震性・耐浪性が高くなるように基準や制度を整備する。また、幹線道路は津波浸水地域を避けたバイパスを設け、公共施設をバイパス沿いに配置することで、一時避難先として活用できるようにするなどの工夫が必要である。また、30年後の避難困難地域への居住解消に向けて資源を投下し、津波被害の危険性の高い地域には、堤防を含む新たな構造物は建築をしないという方針も検討しておく。

　(ii) 避難行動支援：戦略⑥.1

　　津波避難困難地域の解消により、津波到達時間以内で高齢者でも自力で避難所・避難目標地点までの避難が可能になることを実現する。また、自力移動困難な者（寝たきり、車いすなど）に対

しては、津波から逃げる必要のないところ、若しくは堅ろうな建物での居住を推進することで人的被害の軽減を図る。さらに、要援護者の第一次避難場所からの撤退（次の避難場所への移動のタイミング）については、意思決定者（地域のリーダー）が適切に判断、指示が出せるように育成する。

(iii) 避難生活支援：戦略6.2

紀伊半島沿岸部に集落が点在するため、道路の寸断などにより孤立化する可能性が高く、支援者・必要物資については自前で確保する準備を行う。また、福祉避難所については、「自己完結型要援護者支援隊」（6　今後の検討課題(2)参照）を全国に組織し、落下傘的な支援を行える体制の構築を目指す。災害時要援護者については、県外も想定した大規模な避難計画を事前に想定し、移動手段、移動先、移動させる避難者の決定などの仕組みを事前に構築しておく。

(iv) 仮住まい生活支援：戦略6.3

被害想定を基に、仮設住宅建設用地を県内外に確保する計画を立てる。県内外に民間・公営住宅を確保し、さらに要援護者に配慮した仮設住宅やニーズにあった施設を確保する。また、仮住まいにおける援護が必要な人を支援するこころとからだのケアや福祉サービスを行う。

地域Ⅱ（地震被害甚大・津波被害大規模）

【戦略目標】　くらしをまもる

【戦略課題】　共助の仕組みで避難行動支援を確立する

【被災シナリオ】　地域Ⅱについては、震度6強から6弱の揺れのあと、10～60分以内で2～5mの津波が襲来し、大規模な被害が発生すると予測されている。津波被害の様相としては、昭和東南海地震の尾鷲（1944年：巻頭カラーページ写真）やチリ津波の志津川（宮城県）のように、すべての建物が流されてしまうのではな

く、漂流物となって被害を拡大させていく。対象となる地域は、三重県伊勢湾沿岸部、兵庫県淡路島南部である。

　地域Ⅱにおいて目標とすべきは「くらしをまもる」ことである。地震発災から津波襲来までにある一定の時間が確保できるため、津波被害をさけ安全な地域への避難についての可能性が考えられる。そこで30年後までに果たすべき戦略課題としては、共助の仕組みを構築し、地域住民全員が安全に津波からの避難が可能になるような、避難行動支援を目指す。避難支援計画の構築、計画に基づく地域の避難拠点の確保、避難訓練の実施がその具体策となる。

② 「くらしをまもる」戦略
　(ⅰ) 津波避難を想定したまちづくりを計画する：戦略①
　　現状の場所で津波の被害を考慮にいれつつ、地震の揺れに耐えられるように個々の家についての耐震性の強化を図る。また、自宅の2階に避難することを考えて、自宅の耐震性や備蓄等を検討する。30年後には、住民が確実に津波到達までに安全を確保することができ、ある程度の間避難生活を送ることができる施設を確保し、平時にも利用できる機能を持った施設とする。さらに、経済被害を最小限にするために被害抑止のための構造物（防潮堤、防波堤）の適切な整備の検討を行う。
　(ⅱ) 避難行動支援：戦略6.1
　　津波襲来まで10分から60分の猶予があるので、自力避難が困難な人については自治会内で系統的に支援する仕組みをつくる。公助を利用せざるを得ない場合は、消防や警察（救急車やパトカー）などを使っての避難については、1台何か所までなどの取り決めを行っておく。
　(ⅲ) 避難生活支援：戦略6.2
　　被災直後には、より被害の大きな地域に支援や物資が回ってし

まうことが考えられるため、避難生活に必要な、支援者・必要物資については、県外からの支援があるまで自前で確保する必要がある。

福祉避難所については、地域の状況を熟知している地元のデイケア／デイサービスを中心とした運営が重要である。特に災害時要援護者については、基本的には県内で避難生活をまかなう覚悟で対応するのがよい。さらに、ボランティアの受入れ体制を早期に確立し、不足する人手を補う支援体制の構築も必要である。

(ⅳ) 仮住まい生活支援：戦略⑥.3

早期に災害から立ち上がるために、被災者の住まいを確保し、必要なサービスを実施する。また、要援護者に配慮した仮設住宅や施設の確保を行う。

地域Ⅲ（地震被害大規模・津波被害小規模）
【戦略目標】 都市機能をまもる
【戦略課題】 自助の仕組みで混乱を収拾する
【被災シナリオ】 地域Ⅲについては、震度6弱から5強の揺れのあと、60分以上で2メートル以下の津波が襲来すると予測されている。現在の防潮施設が機能すればかなりの浸水を防げると予測されている。市機能が高度化されている阪神圏の特徴を考慮すると1メートル弱程度の浸水深であっても地下街の浸水、人口稠密地域における大混乱等都市機能に大きな被害が想定される。対象となる地域は、大阪府、兵庫県の海岸線である。

地域Ⅲにおいて目標とすべきは「都市機能をまもる」ことである。地震の発生によって、火災の発生、交通の遮断、ライフラインの途絶が予測され、都市機能が大きく損なわれる可能性が高い。滞留人口の多い都市においては、多くの帰宅困難者が発生し、混乱が予想される。そこで30年後までに果たすべき戦略課題としては、住民自身が混乱を収拾するための自助の力を蓄え、また自助

で対処できるための的確な情報の提供の仕組み、必要な資源の提供を行う仕組みを構築することがその対策の中心となる。

写真2-4-2　福岡水害による被害（福岡県）

③　「都市機能をまもる」戦略
　(i)　経済活動に支障を来さないように津波による地域全域への浸水を0にする

　　ひとたび浸水被害が発生すると地下街等への浸水が懸念され人的被害が発生する可能性があること、また、都市機能が集中し、経済的ダメージも大きいことから、浸水は必ず食い止めなければならない。この地域の多くで、既に整備されている防潮堤において想定されている高潮の方が、東海・東南海・南海地震による津波よりも高く、防潮施設が機能すれば津波にも十分に効果を発揮すると考えられるため、地震動による防潮施設における機能損傷や不全を踏まえた整備が重要である。

　(ii)　近畿圏の経済活動機能の中心である大阪の中枢機能をまもる仕組みをつくる

　　東海・東南海・南海の地震発生後の経済活動を維持させるだけでなく、大阪を中心とした都市部は近畿圏の防災の拠点であり、近畿地域の迅速な復旧・復興のためには不可欠である。

　(iii)　建物倒壊連鎖、延焼防止のため建物密集地の解消を目指す

　　人口集中地域であることから、津波時の避難路確保が重要であ

る。また、災害時の住民の混乱を未然に防止する観点からも重要である。(長周期)
(ⅳ) 帰宅困難になった人については、自力で帰宅できる力をつける
　　浸水被害が比較的軽微であると想定されていることや特に被害が甚大な紀伊半島に救助資源が重点的に投資されるべきであるため、できるだけ自助の仕組みで対策を講じることになる。なお、自力帰宅を支援する仕組みを整備することも含まれる。

地域Ⅳ（地震被害小規模・津波被害無）
【戦略目標】　支援力を高める
【戦略課題】　他地域を支援する
　地域Ⅳでは、震度5強から5弱の揺れによる被害は発生するものの、海岸線を持たないため直接津波被害を受けない地域である。地域Ⅳにおいて目標とすべきは「支援力を高める」ことである。近畿圏における被害が最も甚大な他地域、特に地域Ⅰに対する支援を行うための備えが必要となる。そのためには、自地域内の混乱の早期収拾、他地域の想定被害に応じた支援のための計画を策定し、応急から復旧・復興までの災害過程全般にわたる支援の仕組みを構築することが必要となる。

④　「支援者力を高める」戦略
(ⅰ) 県内外からの要援護者を含めた避難者受入れ準備
　　県内の避難者について対応しながら、県外の被災の甚大な地域の避難者受入れにむけての準備を行う。県外からの緊急避難のための陸路・海路の確保を行う。
　　さらに、避難所では要援護者・避難者の特性（県外避難者を含む）に配慮した運営をする。また、避難所での生活が困難な要援護者には、専門施設の緊急受入体制を病院・施設・事業所等と連携して整備する。

(ii) 要援護者を考慮した生活支援策

仮住まいにおいて、援護が必要な人に対して支援するこころのケアや福祉サービスを実施する。また、県外から受け入れた避難者については、出身県の情報を避難者に提供し早期の生活再建に向けての支援を行う。

6 今後の検討課題

戦略計画を策定する過程で、現状ではまだ十分にわかっていない事柄や今後具体的な対策を検討するうえで必要になると思われる事柄について、検討課題を提言して整理した。ここで挙げた項目は、現状では実現が困難な課題も含まれているが、これらの課題が十分に検討され、実際の減災対策として取り組まれることで、減災目標の達成に大きく寄与するものと考える。

(1) 建物の耐浪性に関する研究

建物の耐震性に関する基準はあるが、津波に対する明確な基準は現状ではない。地震の揺れのあとで津波が襲来することが予想される地域では、どの程度の構造や強度を持った家／施設を建築する必要があるのか、鉄筋コンクリートの建物ならば本当に大丈夫なのかについては、まだ十分に検討がなされていない。今後、津波の危険性がある地域での建物をどのように作ったらよいのか、防火扉のように、家・施設の一部の耐浪性をあげるようなことは有効かなど検討されていないことが多く、今後の検討課題として明らかにされることが期待される。さらに、津波危険地域においては、耐浪性の高い建物しか新築が認められないような建築基準の見直しや規制を整備することで、結果的に避難可能地域への移転を後押しする。

(2) 自己完結型要援護者支援隊の構築

　災害時要援護者を支援できる福祉の専門家を中心とした、自己完結型要援護者支援隊を整備し、被災地がもっとも資源を必要とする1週間から10日目までの支援を中心とした活動を行えるような体制を構築することを提案する。最初に現地入りする際には、自衛隊などのプロと協力し、寝泊まりできる仮設施設、食料などを持ち込み、支援に必要な資源を装備した自己完結型の支援隊とする。

(3) 船舶の海域避難マップの策定

　船舶の安全確保については効果的な解決策が見つかっていない。一般には船舶は、津波の高さにもよるが、水深20メートル以上のところに避難するのが安全であると考えられている。では地震の揺れが起こったあと、どのタイミングで船に到達可能であれば、船を移動させ避難させるのか、あるいは船を残して乗組員が避難するのか、船が避難するにしても、航路の錯綜の問題、どこに船が避難するべきかといった問題については、具体的な検討が始まったばかりである。船舶の避難だけでなく、船舶自体が漂流物となることにより、港湾施設の復旧の妨げになる等、二次災害の誘発を避けることが可能になる。

(4) 海水浴、釣り客に対する情報提供・避難誘導のあり方の検討

　海水浴や釣り客については、レジャー活動であるため、だれかの管理下で行われるものではない。しかし津波による死者0を目指すためには、津波の危険が低い地域にくらす住民に対しても、津波リスクを啓発することが重要となる。また地震の揺れが起こった際に、観光客に対して危険に関する情報提供・避難誘導のあり方について、検討する必要がある。

(5) 平常時から災害時について運用できる法整備

　これまでに掲げられた戦略を円滑に実現し得るように、少なくとも

戦略実現の障壁にならないように、法制度を整備していくことが必要である。ここまで、戦略のメニューが多様である以上、戦略実現に関連する法制度も多岐にわたることになる。以下において、今後の課題を掲げてみることにする（個人情報保護の問題についてはコラム①を参照）。

① 土地利用規制並びに建築規制、ハード施設・設備の整備

　津波災害の基本的な対処法としては、1）安全な場所に移転・避難する、2）施設・設備の耐震性・耐浪性を確保するといった方法が考えられる。

　1）の視点からすれば、津波危険地域における土地利用規制や避難タワーの整備、一時的な民間の避難施設の指定等が考えられる。2）の視点からすれば、建築物の耐浪化を義務づける、海岸部・港湾部における防波施設・設備の拡充を行うといったことが考えられる。

　これらの施策を進めていくためには、助成金や補助金といった金銭的インセンティブを図ることが有効である。また、このような規制・整備を行うにあたっては、既存の法律を見直すか、津波災害対策に特化した「津波災害防止法」の制定を行うかについて検討する必要がある。

② 避難時における円滑な生活支援

　災害時において被災者支援に直接かかわる法律（災害救助法・被災者生活再建支援法等）の過去の災害経験を検証することで効果的な運用方法を考えることが求められる。また、法制度の整備という視点でとらえれば、自治体は災害時における避難場所・物資・サービス等の調達を確保するための防災協定を積極的に締結しておくべきである。

③ 避難時における医療・福祉サービスの継続

　医事法・薬事法並びに社会福祉法の災害時における特例の整備が進められている。例えば、緊急時に認められている、1）医療行為〔医師法第17条、歯科医師法第17条及び保健師助産師看護師法第31条〕を平常時には認められていない場合であっても認める（救急救命士・救急隊員・福祉職員等）、2）避難所において医薬品の備蓄・提供が可能である、3）災害時における高齢者・障害者受入れのために社会福祉施設の定員緩和等を行うことができるといったことに関する運用方法を具体的に検討することが必要である。

　ちなみに、1）は、緊急時に医療行為を行うことは刑法上の緊急避難ということで認められており、2）並びに3）は、それぞれ省令〔指定介護老人福祉施設の人員、設備及び運営に関する基準など〕並びに通知〔処方せん医薬品等の取扱いについて〕によって可能となっている。

(6) 災害時要援護者避難支援が30年後に目指すもの

　30年後の災害時要援護者の支援がめざすものはどんなものか。情報技術化が進む中で、住民にかかわる情報が安全に一元化され、あらゆる社会サービスの窓口登録で、データが更新できる仕組みができているかもしれない。情報が安全に管理される中で、要援護者を中心とした個人の避難支援プランの構築と、本人・家族と支援者間の情報共有ができれば、より効果的な支援策を積極的に活用することができる。情報共有に同意した人については様々な制度を活用した手厚い支援の仕組みを受けられるようになる社会を目指していくことになる。また、情報共有に同意しない人はセーフティネットとして最低限の支援の仕組みが用意されているという仕組みを目指すべきかと考えられる。

(7) 本戦略計画の今後の実施体制の確立

　最後に、ここで検討した戦略計画の今後の実施に向けて体制の確立が必要である。この戦略計画を検討した、大都市大震災軽減化特別プロジェクトの成果普及事業のように、近畿圏行政職員＋研究者が共働し発展的に継続する仕組みの構築が今後の戦略計画の実施に欠かせない。近畿の自治体で東海・東南海・南海地震の対策を現場レベルで考える仕組みの構築が必要とされる。また、このような実践的な研究の試みを近畿圏以外の地域にも普及するためにも、実施体制の確立に向けた取り組みをする必要がある。

① 災害時要援護者と個人情報保護

　個人情報保護については、最近になって法整備が行われたばかりであり、避難支援の担い手にとっては、個人情報保護法制に抵触して法的責任・法的制裁を受けるのではないかという不安がつきまとう。これは、自治体の実施機関だけではなく、地域における避難支援の担い手も抱えている問題であるといえる。

　実際のところ、いかにして個人情報の収集・共有を法的に正当化するのか、それをどのように地域や要援護者に説明するかが自治体や地域における避難支援の担い手の負担になっていると思われる。そこで、いかにして説得力のある理由づけを行うかについて考えていく必要性がある。

　個人情報保護の大原則として、本人の同意があれば個人情報の収集・共有が可能である。したがって、「同意方式」、「手上げ方式」による収集・共有というのは、本人の同意を得ている以上は法的には問題が発生しない。

　収集・共有について問題が起こり得るのは、本人の同意を得ない「目的外利用」、「第三者提供」を行う場合である。それは、「情報共有方式」によって、自治体の実施機関が本人の同意を得ずに「目的外利用」、「第三者提供」を行う場合が該当する。ただし、自治体の個人情報保護条例を見ると、「特別の理由」、「相当の理由」、「公益上の理由」があれば、本人の同意を得ない「目的外利用」、「第三者提供」も可能になっている。これらの理由に相当するか否かであるが、要援護者の避難支援は生命・身体にかかわる事項であり、かつ、自然災害時には生命・身体に重篤な危害が及ぼされる可能性が高いゆえに、災害前においても要援護者の個人情報を共有することにおいては、公共性があるといってよい。少なくとも、地域において要援護者の所在確認が困難である場合は、本人の同意を得ないで、要援

護者の所在に関する情報を収集・共有することが許される。

　避難支援の担い手が抱えているもう一つの不安は、もし、自分が保管している個人情報が漏えいしたらどのような法的責任・法的制裁を受けるだろうかということである。要援護者の情報共有・管理のルールを確立し、それを遵守していれば、法的責任・法的制裁が科せられることはないということを、避難支援の担い手に周知しておくことが必要である。

　このように、個人情報の収集・共有の正当化は、「なぜ」収集・共有するのかという視点に加えて、「どのように」個人情報が共有され、安全性が確保されるかという、いわば「個人情報の管理」のあり方によって左右される。個人情報の管理のあり方であるが、どこまでの範囲でどこまでの情報を共有するのか、どのような形で個人情報を保管していくのかといったことを、地域内で話し合ってルール化していくことが重要である。

　実際に、避難支援の担い手が要援護者の所在を知り、本人とアプローチを取ることができたとしても、個人情報の収集・共有について本人からの同意が得られない場合がある。それには以下のような原因が考えられる。

① なぜ自分の情報が収集されなければならないのかについての無理解
② 勝手に自分の情報が利用・提供されていることに対する不満感
③ 自分の情報が地域に漏れてしまう、悪用されてしまうことへの不安感

　これらの原因は、要援護者の情報を収集・共有することの意義・必要性や、個人情報がきちんと管理されるということを丁寧に説明していくことで、解消されていく。

　本人からの同意というのは、避難支援の担い手と要援護者との信頼関係があって初めて得られるものである。要援護者の無理解・不満・不安を解消する仕組みとしては、想定問答集を作成しておくという方法も考えられる。

② 災害時要援護者対策の現状〜新潟県中越沖地震における試み〜

　2007年7月16日新潟県中越沖地震が発生した。新潟県では、2004年新潟県豪雨水害、新潟県中越地震への対応の経験を踏まえ、災害時要援護者対策に対して、新たな試みが実施された。

(1) 現地保健福祉本部の設置

　新潟県では被災市町村と共働で被災地内の保健所に「新潟県中越沖地震　現地保健福祉本部（以降、保健福祉本部）」を設置した。この保健福祉本部は「新潟県災害対策本部における保健医療教育部の機能の一部を現地に移し、現地での医療・保健・福祉活動の活動拠点とする」ことを目的に設立された。具体的には、①県内外からの医療・保健・福祉の専門職の応援の受け入れ・調整を行う、②被災地における「平時とは異なる環境」下で、限られた資源を用いながら、より安全・安心な避難生活の実現を目指した支援活動を実施する、の2点を実施した。集中的に支援が必要となり、保健福祉本部がその対応の中心とした人々はまさに「災害時要援護者（災害時に特別な配慮が必要な人々）」であり、保健福祉本部は実質的に「現地災害時要援護者対策本部」として機能した。保健福祉本部が実施した大きな活動2つを紹介する。

―福祉避難所の開設―

　新潟県中越沖地震では、福祉避難所を9箇所開設し、具体的な運用事例を全国に示す結果となった。福祉避難所は「高齢者や障害者を中心とする災害時要援護者が、一般避難所では生活に支障をきたすおそれがあるため、福祉避難所を設置し、介護員等を配置するなどして安心して生活ができる体制を整備する」目的で設置された。

―被災者ニーズ調査―

　災害時要援護者を中心とした被災者が、被災地内の自宅での暮らしに困り事があるにもかかわらず、身体的な理由や一般避難所での生活しづらさから、避難所には避難せず、在宅で避難生活を送り、心身共に状況を悪化させるというケースが多く発生することは、過去の災害対応経験から明らかとなっていた。保健福祉本部では、このような在宅避難者に必要な支援を届けるために、県内外の保健師の応援を得て、専門職による被災者宅訪問調査を実施した。具体的には、①被災者宅を訪問し、安否確認（健康状態のチェック、在宅で避難生活が継続できるのかどうかについてのチェックなど）を実施する、②資源が必要と判断されれば関係機関につなぐ、という活動を実施した。

(2) 被災者の個人情報保護にかかわる課題とその対応

　被災者、特に他者からの支援をより多く必要とする災害時要援護者においては、①避難行動支援、②避難生活支援、③仮住まい支援、④生活再建支援の様々な災害過程において、被災者の個人情報の共有が関係機関では不可欠である。しかし、平時の個人情報の取り扱いについては配慮がなされるようになってきたが、被災者の個人情報の取り扱いに対しては、その配慮を仕組みとして整備する試みは今まで顧みられてこなかった。柏崎市では、専門家からのアドバイスを受けながら、被災者への個人情報にかかわる啓発と理解を求める活動を実施し、被災者に対し、支援に必要な個人情報の関係機関共有について承諾を求める「承諾書」を作成、被災者の個人情報の取り扱いについて慎重に対応した。

現地保健福祉本部の設置

158　第2編　6つの課題

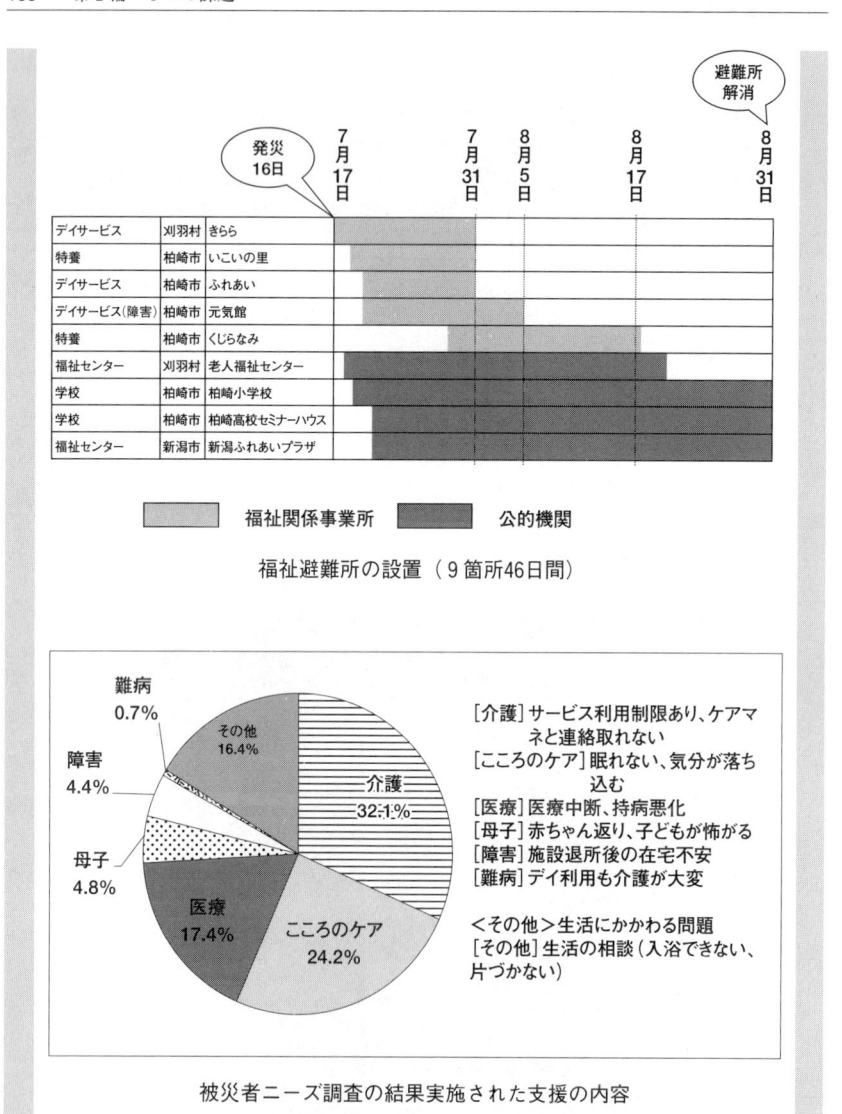

種別	市町村	施設名
デイサービス	刈羽村	きらら
特養	柏崎市	いこいの里
デイサービス	柏崎市	ふれあい
デイサービス(障害)	柏崎市	元気館
特養	柏崎市	くじらなみ
福祉センター	刈羽村	老人福祉センター
学校	柏崎市	柏崎小学校
学校	柏崎市	柏崎高校セミナーハウス
福祉センター	新潟市	新潟ふれあいプラザ

発災 7月16日／7月17日／7月31日／8月5日／8月17日／8月31日 避難所解消

□ 福祉関係事業所　■ 公的機関

福祉避難所の設置（9箇所46日間）

円グラフ：
- 介護 32.1%
- こころのケア 24.2%
- 医療 17.4%
- その他 16.4%
- 母子 4.8%
- 障害 4.4%
- 難病 0.7%

[介護] サービス利用制限あり、ケアマネと連絡取れない
[こころのケア] 眠れない、気分が落ち込む
[医療] 医療中断、持病悪化
[母子] 赤ちゃん返り、子どもが怖がる
[障害] 施設退所後の在宅不安
[難病] デイ利用も介護が大変

＜その他＞生活にかかわる問題
[その他] 生活の相談（入浴できない、片づかない）

被災者ニーズ調査の結果実施された支援の内容

【執筆者】
（新潟大学　危機管理室（災害復興科学センター（兼務））　教授：田村圭子）

第5章　中山間地域・中小都市の再生を視野に入れた防災のあり方の提案

　近年の我が国における防災対策は、1995年の阪神・淡路大震災での経験を教訓とし、主として都市部を念頭に推進されており、地方中小都市や中山間地域における対策は具体的になされてこなかった。しかし、2000年の鳥取県西部地震や2004年の新潟県中越地震ではそれらの地域に甚大な被害が発生し、都市部とは異なる様相がみられることとなった。孤立集落の発生なども新たに認識された問題であり、今後の防災対策で考慮すべき点であることが明らかとなった一方、その孤立の時期を地域住民の相互協力で乗り切るなど、地域コミュニティの力、ライフライン等の自立性が見直される契機でもあった。

　東海・東南海・南海地震の場合、特に紀伊半島南部には類似した中山間集落が存在することに加え、海岸沿いに漁村集落が散在している。その対策は鳥取や新潟での対応に加え、「広域性」の観点からも検討しておく必要がある。発災時には相当の集落が孤立状態となり、またその解消及び応急対応に関しても多くの時間を要する懸念もある。そのことを踏まえると、地域の「自立性」「持続性」を再評価し、それを向上させる方策を講じることがすなわち防災対策にもつながることとなる。しかし過疎化、高齢化が進み、集落での生活を支える基幹施設や商店・病院などが地域内から姿を消していく中、すべての集落の自立度を向上させることは現実的には困難である。

　そこで、地域の状況をきちんと見直し、的確な「選択と集中」によって、限りある資源を有効に機能させるシステム構築が重要となってくる。

1　中山間地域の課題

(1) 中山間地域[1]とは

　我が国の国土は約70％が中山間地と呼ばれる地域である。産業や人口など地域の基盤となるものが都市部に比べて脆弱といわれており、過疎化の進展や第一次産業の衰退によってその傾向は強まっている。ただし、古くから地域の様々な相互扶助活動が現在も行われており、都市部にはみられない地域コミュニティの強さが維持されている。しかし、これらの状況も高齢化が進展する中、徐々に希薄になりつつある。農林業の衰退などもあり、手入れのされていない林地や、休耕田・廃耕田も増加しており、生活環境そのものも悪化している状況にある。その一方、湧き水の利用や保存食の確保など自給自足に近い形が残っていることで、食料や飲料水といった生命維持に必要不可欠なものの自立性はある程度担保されていることが多い地域でもある。

(2) 新潟県中越地震における中山間地域の被害と教訓

　① 地震による被害

　2004年10月23日に発生した新潟県中越地震は、1995年1月17日に発生した阪神・淡路大震災と比較して、中山間地域が大きな被害を受けた地震として位置づけられた。事実、被害の様相は神戸とは大きく異なっている。本震発生後からの断続的な強い余震により、建物だけでなく、地滑りによる道路崩落や震災ダムの形成など被害の拡大がみられ、多くの被災者が避難所の収容能力の問題や揺れへの恐怖感から屋外や自家用車中での避難を継続した。発生した時間帯が土曜日の夕方であり、火災発生及び延焼が懸念される状況ではあったが、ほぼ無風状態であったこと、マイコンメーターによる供給

---

[1] 中山間地域とは、広辞苑によると「農林統計の地域区分の一つ。平野の周辺から山地に至る、平坦な耕地の少ない地域。日本の耕地全体の約40％を占める」と示されている。

遮断が行われたこともあって、発生した火災は 9 件、延焼棟数11棟に抑えられた。さらに、完全に倒壊した住宅が少なく、神戸では死者の 8 割を占めるとされた倒壊建物による圧死者がほとんど発生せず、いわゆる直接死とされる犠牲者は11名であった。

② 被害の特徴と被災者の対応

　中越地震が新たな被害の様相を我々にみせつけたのは、特に「中山間地域」と呼ばれる地域における被害である。震災発生直前には台風23号の影響による相当量の降雨もあり、それらの集落と長岡市や小千谷市中心部などの市街地を結ぶ幹線道路が土砂崩れや地滑りの影響で閉塞、「孤立」状態に陥った。しかし地域内の結びつきが強く残っているこれらの地域では、近所の住民による助け合いによって救出されるまでの期間の対応が行われている。「全村避難」によって広く知られることになった山古志村（2005年 4 月に長岡市と合併、以下「山古志地域」）では、震災発生後、各地で生じた道路閉塞の影響で、ほぼ全域で孤立状態となった。簡易水道施設の壊滅的な被害による断水が発生したことに加え、停電状態で十分な明かりのない中、すぐに日没となったことで救助・救出活動は少なくとも翌朝まで期待できなかった。そのため、発生当日夜の対応はまさに地域一丸となり取り組まれることとなった。ふだんから農作業や、道路・水源の維持管理、さらに除雪など地域の相互扶助が今も続いている地域であったことが幸いし、集落のリーダーである区長（町内会長）が中心となり、安否確認や安全な場所への集団での避難、さらには自宅にある食材を活用した炊き出しなどが自発的に行われ、孤立による影響を最小限に抑えることができたといえる。震災の発生した10月下旬はちょうどその年の稲の収穫が終わり、集落の各世帯に米がストックされていたことや、翌日（日曜日）に錦鯉の品評会を控え、もてなし用の料理を用意していたことも幸運であったといえる。調理に際しては、簡易水道による供給と並行して従来から

利用していた湧き水を用い、プロパンガスのボンベを避難場所に運搬して活用していることも明らかとなっている。また当日夜のかなりの冷え込みには、被害を受けた住宅の壁板などを燃やして暖を取るという対応も行われている。さらに食器の確保に際してはフキの葉を活用するなど、その土地で自給自足に近い形で生活してきたからこそ可能な対応によって翌日以降のヘリコプターによる救出までの期間を乗り越えることができたといえる。これは山古志地域の各集落に限ったことではなく、同様の被害を受けた小千谷市、川口町などの集落においても地域の助け合いによって安全な場所へ避難するまでの期間の対応が行われた。

③ 情報通信手段

しかし、孤立した集落と外部との情報通信は円滑には行われなかった。災害時や緊急時の情報通信手段として衛星電話や防災行政無線が整備されていたものの、結果としては発生直後には活用することができず、地域の状況は、昔からある「歩きみち」を使い徒歩で役場にやってきた集落の人々によって報告され、そこで集約された情報が自衛隊などの支援を受けてようやく新潟県や長岡市の災害対策本部に届けられた。近年整備された道路や水道、通信機器がいざというとき十分に機能しなかった一方で、先人の時代から使い続けてきた歩きみちや湧き水、そして相互扶助の活動が大きな役割を果たしたことは、今後の中山間地域の防災対策を考えるうえで非常に参考になる。また、このような地域の持つ災害対応能力が十分に発揮されたこともあり、孤立の影響による死者の発生がなかったことも注目すべきことである。

④ 過疎化・高齢化

しかし、中山間地域に位置する集落では、そのほとんどで過疎化・高齢化の問題に直面しているのも事実である。山古志地域では、

1980年に3,508人であった人口が、2000年には2,222人まで減少し、高齢化率は1990年の24.0％から2000年には34.6％まで上昇している。地域の次代を担う世代が減少する中、今回はまだ地域の相互扶助が機能し、災害に対峙することができたといえる。しかしこれ以上の過疎化・高齢化が進展し、集落の形態（空間構造）は現状が維持されたままであるならば、将来的には十分な災害対応力を発揮することができなくなる可能性も高まる。この懸念は災害時だけのものではなく、日常生活においてもこれまで維持してきた集落の生活環境が急速に悪化することも懸念される。山古志地域で発揮されたような地域の災害対応力を期待するためには、日常生活における環境整備を的確に行うことが欠かせない要件となるのである。

⑤ 具体的な戦略計画に向けた教訓

地域が孤立状態に陥りながらもコミュニティで協力しながら避難生活を継続させ、被害の拡大を招くことなく救助・救出までの期間を過ごしたことからは、中山間地域の災害対応力の高さを見出すことができる。孤立状態での避難生活を支えたのは、田畑など耕作地からの食糧確保や井戸水・湧き水等の利活用、そして地域扶助の積み重ねによる自発的行動である。今後、中山間地域の防災対策を検討する際には、このような自給自足の生活に支えられた対応力の高さを積極的に評価し、これを地域の災害対応力としながら、その不足分を補完する形で行政による防災対策を検討していくことで、より実践的かつ効率的な防災戦略の構築が可能となる。

2　東海・東南海・南海地震による中山間地域の様相

新潟県中越地震の被災地と同様、東海・東南海・南海地震の想定区域には中山間地域の集落が多く存在する。実際これらの地震災害によって、近畿圏の中山間地域にどのような被害が想定されるのかをみてみること

とする。

(1) 地理的状況

東海・東南海・南海地震は、新潟県中越地震のような直下型地震と異なりプレート境界型地震であることから、広域な被災が想定されるため、中越地震ではどうにか対応できた課題にも太刀打ちできない事態も想定される。孤立状態が長期化する可能性などはその一例であろう。さらに、人口の多くは河川沿いの平野部や臨海部に集中し、内陸山間部では急速な過疎化・高齢化の進展で、限界集落[2]の様相をしめす地域も多数ある。

(2) 東海・東南海・南海地震と紀伊半島への影響
  ① 孤立化の要因
   (i) 津波の影響

紀伊半島は、海岸線近くまで山地が迫っている急峻な地形であるために、生活物資や医療など生活に必要なサービスを提供する施設が立地する都市部が海岸線に点在している。主要な交通インフラも海岸線沿いに整備されており、特に南部地域はその傾向が強い。そのため、津波による海岸線の交通遮断が沿岸集落の孤立を招くだけでなく、海岸線の交通網に接続する中山間地域の連絡交通手段も途絶することとなり、食料や医薬品の確保が困難となる状況が発生する可能性がある。

   (ii) 道路崩壊による交通途絶

紀伊半島の中山間地域の道路網は、大きく分けて一般の公共道路と第一次産業発展用により整備された林道や農道に分けることができる。住民は交通の利便性などから一般的に公共道路を使用している。山間部の公共道路は、防災力向上を兼ねた拡幅工事等

2　65歳以上人口比50％以上であり共同体としての機能維持が限界状態にある。

が進められてはいるが、すべての路線・区間を耐震化することは不可能であり、拡幅工事が完了した部分であっても中越地震の例からも道路の崩壊や閉塞が生じるおそれがある。林道は産業道路であるために、利便性は少なく、平常時における一般の利用頻度は高くない。さらに徒歩交通に利用できる山道は荒廃が進んでおり、地域の状況を知悉する一部の住民のみが利用可能な状況となっている。しかし平常時の利用が少ないこれら林道や山道が災害時の唯一の道路となり得ることも想定されるため、国県道などの幹線道路だけでなく、住民を中心とした地道な維持管理が災害対策の一環として重要となる。

(iii) 土砂災害

東海・東南海・南海地震が同時発生した場合、**巻頭カラーページ図6**のように三重、和歌山両県は県土全域、奈良県は県南部における土砂災害の発生予測件数は非常に大きく、和歌山県の被害想定では約6,000箇所、三重県では土砂災害による家屋被害が約11,000棟以上と想定され、奈良県においても多数の道路法面崩壊が懸念される。前述のように土砂災害の影響は道路閉塞の発生など交通インフラの被害をもたらす事態も十分考えられ、発災時には紀伊半島全域に非常に多くの交通支障が生じ、合わせて津波による沿岸部への被害も甚大となる可能性を十分に考慮しておく必要がある。

紀伊半島において孤立の可能性がある集落数は1,410集落以上であると中央防災会議の報告書は示している。また、そうした孤立集落の多くは、道路網の途絶が各地で発生し、復旧には時間を要することとなり、解消までに月単位に及ぶ長期間の孤立も懸念されるため、その備えも極めて重要な課題となっている。

② 紀伊半島への救助・支援環境
(i) 人員・資機材の不足

東海・東南海・南海地震が同時発生した場合、日本を代表する工業地帯であり沿岸部にはコンビナートなどの多様な工場群が立地している三重県北部から愛知県東部、阪神地域から大阪府南部にかけて広範な被災が懸念される。さらには過去の被災事例から、液状化、津波、長周期地震動などによるこうした施設からの化学薬品流出、タンク火災などが想定される。

　このような人口密度の高い都市部のコンビナート被害に対しては、速やかに二次災害防止のための大規模な安全対策措置をとる必要があり、多数の人員・資機材の投入が不可避である。こうした都市部の救助・救援と二次災害防止措置が実施された場合、人的資源の不足から紀伊半島への支援は後手に回る可能性が高く、他地域からの応援をただ待ち続けるのではなく、地域に根ざした自己解決型の防災対策を考える必要がある。

(ⅱ)　燃料供給の難航

　孤立まで至らなくとも道路等への落石、崩落による通行障害が生じた場合、迅速な移動が妨げられ、緊急対応や応急対策に遅れが出る。発生直後は地元企業による応急復旧への対処、救援物資・資機材の提供・搬送が行われることも想定されるが、当初確保されていた燃料が底をつき、新たな燃料補給の目途がない限り移動・搬送車両の利用ができなくなり、このような対応も短期間で機能不全に陥ることになる。それと同様に建設・運搬車両の運行にもガソリン・軽油の供給が重要となる。供給元である都市部の工業地帯に被害が生じた場合、燃料供給が停止し、その影響で道路被害等の物理的な孤立以外に、運送機械の運行能力低下による疑似孤立が生じる可能性も考慮しておかなくてはならない。

(ⅲ)　救援用航空機の不足

　山間部の孤立者救出は、中越地震でも実施されたように、ヘリコプターによる救出が考えられるが、関東から九州にまで及ぶ被災範囲、都市部の人口密集地や工業地帯など、日本経済の根幹部

の被災を考えた場合、そのような空からの機動的な救助支援が迅速かつ広範に実施されるには多くの困難があり、これらの救助・救出活動や緊急対応支援に多くの期待を持つことは実践的な観点から考えるとあまり望ましいものではない。

(ⅳ) 救援部隊の進出経路の不足

遠隔地からの救援部隊の受け入れにおいても、都市部のような複数の道路網を持つ交通体系が整備されていない状況において、救援部隊の前進は複数箇所からの同時進出が困難となることが想定されるため、空路による救助救出と同様、自衛隊などの組織的な救援隊の被災地への到達に、過度な期待は禁物である。

(ⅴ) 港湾施設の運用能力と港からの搬送能力の低下について

船舶による救援は、昭和南海地震時に救援船が活用された経験がある。救援船は被災地沖に停船し、小型の通船により陸上へ救援物資の運搬が行われることになる。海上は陸上と異なり、道路に依存した移動を行わずに済むため、特に紀伊半島南部においては船を活用した対策は十分に検討されるべきである。救援船が被災地近隣の港湾に直接接岸できる可能性も少なくないと考えられるが、周囲には除去が難しい材木の貯木施設や、地形を生かして設置されている養殖用筏もある。

さらに津波による被害によって港湾内に大量の流木や大型浮遊物が考えられ、こうした浮遊物による繋留小型船舶の被害は甚大と考えられる。あわせて港湾内の浮遊物除去は莫大な作業時間とコストが必要となる。こうした除去作業用機材は被災地内で確保できるとしても、稼働させるための燃料供給ができない場合、そうした作業活動が継続できる環境が整うまでは被災港湾の復旧は不可能である。

(ⅵ) 鉄道復旧の困難性

紀伊半島の鉄道が被災した場合、その復旧については、非常に難しい問題が存在する。海岸沿いの国道などと類似した被災状況

が考えられるが、復旧には多額の費用が必要となり、その後の旅客利用状況、特に紀伊半島南部の過疎化による人口減少と被災による住民の流出、そして観光地の甚大な被害を考慮した場合、復旧を行わないという選択肢が生まれてくる可能性がある。

③ 日常性を考慮した紀伊半島における課題

　三重・奈良・和歌山の3県の人口増減率は、図2-5-1のように減少傾向の著しい秋田県やその対極にある沖縄県ほどではないにせよ、減少傾向にある。また、2004年時点での過疎市町村の割合は表2-5-1のとおりである。今後20年の推計老年（65歳以上）人口割合は図2-5-2のように増加傾向にあり、2030年には3割を超えるものと予想される。これらの値は全国の中にあってはいずれも高いものではないが、紀伊半島には海岸部に続く狭小な平地や急峻な山間部が各地にみられ、中小都市や中山間地域が点在していることを考えると、同一県内にあってもその傾向には差があるものと推察される。事実、2005年（平成17年）国勢調査の結果によれば、3県の市部と郡部の老年人口割合には差があり（表2-5-2）、その差は表2-5-3からわかるように今後さらに拡大していくものと考えられる。

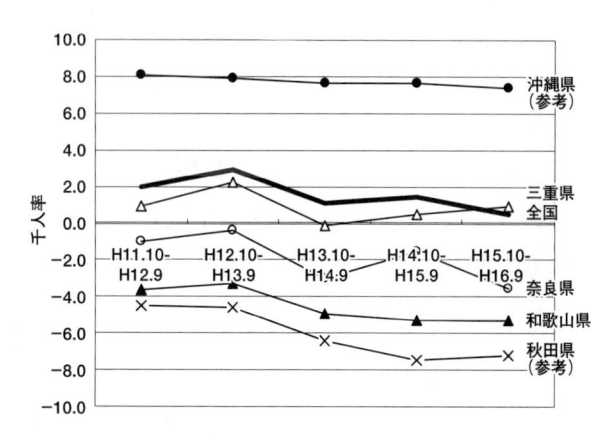

図2-5-1　人口増減率

表2-5-1　過疎市町村の割合

	%
全　国	37.5
神奈川県（参考）	0
三重県	21.3
奈良県	36.4
和歌山県	38.3
愛媛県（参考）	82.6

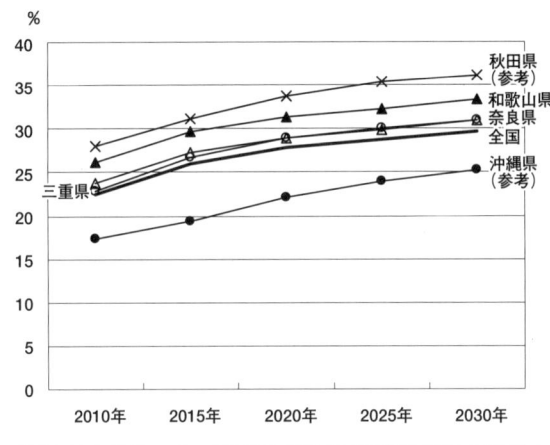

表2-5-2 現在の老年人口割合

	市部(%)	郡部(%)
三重県	14.9	18.8
奈良県	17.9	18.3
和歌山県	23.1	25.8

(国立社会保障・人口問題研究所『都道府県別将来推計人口』(平成14年3月推計)による)

図2-5-2 推計老年人口の割合変化

表2-5-3 紀伊半島の市町村別推計老年人口割合の変化
(日本の市区町村別将来推計人口(平成15年12月推計))

	2015年	2030年
三重県	27.2	31.0
津　市	25.5	29.7
尾鷲市	37.7	42.5
紀勢町	47.7	50.9
奈良県	26.8	31.0
奈良市	26.4	30.6
香芝市	21.9	25.5
天川村	44.6	55.7
和歌山県	29.6	33.4
和歌山市	29.6	33.3
串本町	41.3	46.8
古座川町	50.5	51.3

　少子化・高齢化は全国的な潮流であるが、その傾向が著しい地域にあっては、「まちをどうするか」、「地域をどのように維持していくか」が喫緊の課題となる。そこで3県における、住民生活の現状と課題を検討する。

(i) 産　業

　3県の中山間地域の主な産業であった農林業は表2-5-4のように衰退傾向にあり、若年層の都市部への流出と過疎化、高齢化に一層拍車をかけている状況にある。

表2-5-4　紀伊半島3県の林家・農家数の変化

県　名	林家戸数 平成2年	林家戸数 平成12年	農家戸数 平成2年	農家戸数 平成12年
三重県	49,362	17,102	83,427	66,905
奈良県	20,266	9,185	39,883	32,255
和歌山県	29,321	14,016	47,232	39,863

(ii) 交通・買い物

　過疎化による利用者の減少と採算性の悪さから、路線バスや鉄道が減便又は廃止される路線もあり、住民の交通手段は自家用車が大半を占めるようになってきている。また、これまで田畑を耕作することで自家用の食料の大半を確保し、それに加えて地域の商店で調味料などを入手するという地域完結型の自給自足に近い生活形態が、最寄りの商店の閉店等の影響から近郊のスーパーやショッピングセンターへ、通院等の用事もかねて自家用車ででかけ、まとめ買いをすることでそれらの確保を行い、定期的にやってくる行商車で必要な品を補完的に購入する生活へと変わってきている。

(iii) 教　育

　児童・生徒数の減少により学校の統廃合が行われており、子ども達は集落から離れた地域までバス等により通学している。スクールバスが通行できる道路が災害により遮断された場合、就学時間中であれば児童・生徒は帰宅困難の状況に陥る。就学時間以外であれば通学できない状況になることも予想される。さらには地域の避難拠点として指定されていた学校がなくなることで、避難場所の確保という新たな課題も生じている。

(iv) 医　療

　　高齢化に伴い、日常的に投薬や通院を余儀なくされる住民が増加している。地域内には診療所は設置されているものの、総合病院ともなれば海岸沿いの都市部にまで出て行かなければならず、日常時においても救急医療への対応は困難な状況である。また、地域内の診療所に備蓄されている医薬品には限りがあり、長期間にわたる交通途絶の状態が続くと医薬品不足が発生する。さらに人工透析をはじめとする定期的な通院が必要不可欠な場合には、災害発生によって通院ができない状況が継続することは生命の危険に直結することとなる。

④　間接的な影響

　　東海・東南海・南海地震の発生は、紀伊半島の各地区に直接的な被害を与えることにより、人々の生活に影響を与える。しかしいわゆる直接被害だけでなく、被害の広域性を考慮すると、日常生活の維持に際して密接な関係を有するほかの地区が被害を受けることによる間接的な影響を受けることも考えられる。

(3) 課　題

　　このように過疎化・高齢化の進行する中山間地域では、商店や病院、学校などが地域内から失われ、拠点となる都市へと統合されている。その状況の中で、従来近隣の集落間で事足りていた生活関連行動が、地域の核となる中小都市にかなりの部分を依存することとなり、さらには公共交通機関の統廃合が進み、自家用車で移動せざるを得なくなっている。結果として従来以上に集落と都市を結ぶ道路網に生活が多大な影響を受ける状況が生じている。また、これまで集落単位で当然のように行われてきた集落維持のための相互扶助活動も、参加者の確保ができず、さらには大多数が高齢者となっている状況においては困難になりつつある。災害が発生する前から地域維持そのものが困難な

状況になりつつあるといえる。

　東海・東南海・南海地震による紀伊半島への影響、特に中山間地域に関しては、直接的な被害だけではなく土砂災害に起因した孤立による影響を考えなければならない。この地域の防災対策を考えるためには、孤立してもある程度の期間地区内の資源や人材を有効に活用して対応可能であるという、地域が従来有している特徴と、近年増えつつある災害時の脆弱性を整理して検討していく必要があろう。

3　「選択と集中」

　我が国では今後人口減少が進むと予測されており、それ以前から過疎化・高齢化が進展する中山間地域に対して、地域単独で望まれるすべての防災対策を講じることは費用対効果などの点からも不可能に近い。限りある投資を有効な防災対策として活かすためには、地域の持つ強み、弱みを見極める必要がある。地域の持つ強みを積極的に評価し、その活用を具体化するとともに、弱みについては周辺集落との連携確保や後方支援拠点としての都市の役割を明確化しつつ、相互補完的に総合的な防災力向上の戦略を構築する必要がある。中山間地域のみならず、日常生活の延長線上に防災があり、日常生活の質の向上を図りながら地域の特徴を伸ばし、結果としての防災力向上にもつなげていくという方針で対策に取り組まなくてはならない。

(1)　中山間地域の生活の枠組み

　中山間地域の集落が災害発生後に孤立した場合、解消するまでの期間を、地域にストックされている各種物資の活用やコミュニティの連携によって対応できる可能性があるという地域の強みの部分と、資源が不足した場合、その調達に際しての移動手段確保の懸念など地域の現状から生じる弱みの部分を評価するためには、当該地域の生活がどのような要素から構成され、それぞれの依存関係がどのようなもので

あるかを整理することがきわめて重要である。ここではその要素について整理する。

① 社会基盤系

　社会基盤系は住民の生活の基盤を支える機能である。ライフライン（電気、水道、ガス、通信）はいまや人々の生活に欠かせないもので、特に通信は、孤立した場合に外部との連絡手段として重要となる。道路や鉄道に代表される交通インフラは、住民の他地区への移動だけにとどまらず、物資の流通を支えている。さらに災害時には物資の確保、住民の避難、各種支援の受け入れに際しまさにボトルネックとなり得るものである。ただし中山間地域の場合、道路について検討する際には国県道に代表される自動車通行可能な幹線道路だけでなく、長い歴史の中で地域の人々によって活用されていた林道や未舗装道路、尾根沿いの古道等、徒歩でのみ通行できる道もあわせて考える必要があり、それらを積極的に評価し、維持することもまた重要となる。

② 生活系

　生活系は人がその地区に暮らしていくために最低限必要となるものである。衣（服装）はケガや気温から身をまもるだけではなく、その人のアイデンティティーも明示する。食（食事）は生活に必要な栄養素を摂取する手段で、住（住居）は周囲の環境から住人の快適な生活をまもるものである。これらの確保は人々の精神的安定にも大きく寄与するものである。特に災害時に孤立し、避難所などでの避難が不可能となった場合、よりいっそう平常時と同様の住環境や衣料、食料を確保することがきわめて重要である。孤立した際の自立度はこれら生活系の機能がどれくらい地域内に確保されているかも鍵となる。

③　サービス系

　サービス系は、生活系と同様に地区での暮らしに必要となるものである。生活系は各要素を個人で確保することができる一方で、サービス系は内容に適した技術を持った人や組織によって提供されるものである。医（医療）は、人間の健康の維持、回復、促進などを含めた一連の行為である。これは、病気の治療だけではなく予防やリハビリテーションも含まれることから、高齢者の生活の質を維持・向上させるためのサービスを意味する福祉の要素もある。また、専門的な技術を持った人（医師等）による診療だけではなく、薬の服用と合わせることで効果が得られることとなる。職（職業）は生計を支える手段として賃金などの報酬と引き換えに人が従事している労働である。習（教育）は他人の能力の向上を目的として学習の内容伝達及び学習の促進を提供するものとしてとらえることができる。現在、中山間地域ではこのサービス系の確保が地域内できわめて困難な状況にあり、都市部への依存度がもっとも高い部分である。そのため孤立状態にある時期にこれらの要素に対する需要が発生すると、その対応は困難を極めることとなる。

(2)　孤立による生活への影響

　東海・東南海・南海地震の発生によって、たとえ建物被害が軽微であっても、各地で想定される土砂災害による交通途絶により集落から他の地域へ移動できなくなる、「孤立」が発生する可能性が高い。しかも、地震による被害は広範囲にわたることから、人口の少ない集落が点在する地域の道路復旧は、現実的に考えるならば後手に回る可能性があり、中越地震では可能であったヘリコプターを活用した全住民の避難に対する過度の期待は禁物である。それらも考慮すると、現在の想定以上に孤立状態が長期化する可能性がある。そこで中山間地域の自立性、持続性を考慮した防災対策を考えることを目的として、孤立によって生活がどのような影響を受けるのか、やむを得ず孤立が長

期化する場合にも、いつまでに地域外から地域で発生する需要に対応する必要があるのかを検討しなくてはならない。

　これまで整理してきた中山間地域の状況に加え、東海・東南海・南海地震で想定される被害を考慮し、改めて状況を整理した（図2-5-3）。この作業にあたっては中山間地域の被害を下記のとおり設定している。

・土砂災害による道路閉塞により幹線道路が利用不可能となる
・電話、電力、上水道が利用不可能となる
・人的被害は沿岸部と比較して軽微である
・一部の建物に被害が生じる
・農林業は今後の作業に支障が出る程度の被害が生じる

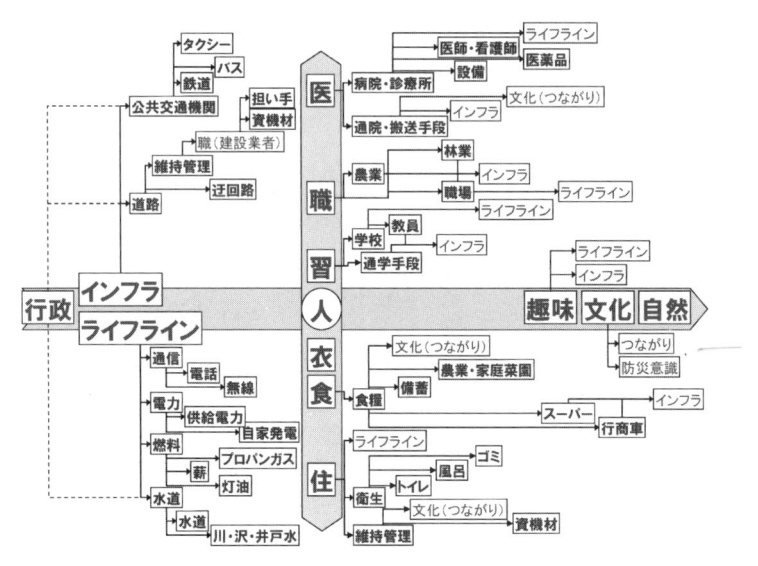

図2-5-3　中山間地域生活の枠組み

　生活系は「食」に関して、スーパー、移動販売車による買い物が不可能となるが、地域が元来持っている「強み」を活かすことを考えてみる。田畑が地域内にあり、収穫した農作物が各家庭や共同の倉庫に

備蓄されていることや、買い物が近隣の都市部に依存していることで、結果として大型冷蔵庫による備蓄が増加していることを考慮すると、1週間前後の期間は個人や地域内の備えで対応することができる可能性がある。また、「住」に関して、被害を受けた住民であっても、地域内のつながりや過疎化による空き家の増加を逆手にとって、協力して住宅の応急修理を行ったり、空き家に一時的に避難場所を求めるといった対応をすることができよう。しかし、サービス系は前述のとおり地域外への依存度が飛躍的に高まっており、孤立時にはそれらの機能はほとんど確保されないと考えざるを得ず、それらの確保は交通手段が復旧した後となる可能性が高い。ただし「医」に関しては、透析の必要性や投薬の継続が不可欠な住民が存在する場合もあり、その際の対応は別途優先して検討しておかなくてはならない。これらのことをまとめると、孤立状態となる可能性のある中山間地域において、確保若しくは検討が必要な項目として下記のものが挙げられる。

　　衣：避難時にも十分に内外の気候に対応できる衣料の確保
　　食：個人や行政による備蓄、農業・家庭菜園など地域にある資源でまかなう
　　住：応急修理に必要な資機材、住居を融通できる地域のつながり
　　医：継続的な診療・治療・投薬が必要な住民の把握、病院・診療所の機能、医師・看護師、通院・搬送手段の確保、医薬品の常備
　　習：学校の機能、教員、通学手段の確保
　　職：林業・農業の再生、その他職場への通勤手段の確保

　上記を踏まえて、孤立生活を続ける際にある時期までに回復すべき機能を2週間、1か月に分けていくつか考えてみる。東海・東南海・南海地震の場合、複数の地震がどれくらいの時間差で発生するかを見極めることが困難であり、場合によっては本格的な復旧に大幅な遅れ

が発生することを考慮しなくてはならない。発生後2週間後までは、特に「医」に関して、ケアが必要な住民への対応を検討する必要がある。医師が地域に来訪することが不可能な場合には、当該住民を必要なサービスを受けることができる地域に移動させる判断もなされるべきである。発生後1か月経過時までに、社会基盤系すべての復旧は必要ないものの、地域の最低限生じる地域外への需要に対応可能とするための、道路の仮復旧や通信の確保等が検討される必要がある。また、この時期にはどうしても「職」や「習」に対するニーズが高まるため、地域外に立地するそれらの施設への移動をある程度円滑にできるような復旧を検討しておく必要がある。このように時間経過に伴って回復すべき機能をあらかじめ検討することで、災害発生後の時間経過を考慮した「自立圏」「持続圏」を設定する際に重要となる情報を整理することができる。

(3) 地域特性を活かした戦略的な防災
① 集落単位の防災対策の重要性

東海・東南海・南海地震への戦略的な防災対策として、孤立の発生も想定される中山間地域の集落では、どれくらいの期間を外部からの支援なくして生活を維持することができるのかといった災害に対する強さ（自立性）や、自立した状態を将来にわたりどれくらい継続していけるのかという地域の潜在力（持続性）をあらかじめ把握しておくことが有効であると考えられる。震災が発生する前にこれらの分析が各地域で行われていれば、おのずと災害時における地域の問題点が見え、課題解消に向けて対策の手を打つことができる。まさに集落単位のオーダーメードの災害対策が孤立による被害の拡大を防ぐ戦略となり得るのである。

② 地域のとらえ方

実際に事前の分析を行おうとする場合、地域規模の設定が必要と

なる。「平成の大合併」などにより行政区域が広域化している現状では、市町村単位で分析しても様々な条件の集落が混在してしまい、適確な地域分析ができない可能性も高い。そこで、当該地区の生活実態を踏まえ、おおむね住民の生活行動範囲が共通するような単位、いい換えれば大字や小学校区程度を基本的な単位として考えることが望ましい。ただし小学校の統合も進む今、よりいっそう地域の実情を反映しやすい範囲を並行して検討しておく必要がある。

③ 具体的な戦略構築に向けて

災害という「非日常」事態への対応は、ふだんの何気ない「日常」生活から突発的に表出した現象へのものとなるため、事前に地域単位で各種資源の種類や量、生活実態などを把握したうえで、防災上の視点からそれらを分析しておくことが有効である。これまでに整理した要素を踏まえ、災害時における自立性や持続性、そして集落そのものの将来を検討するための要件を次に示すものとする。

(i) 集落存続に必要なもの

我が国は少子化の影響で今後人口減少の一途をたどるほか、高齢化のさらなる進展も見込まれている。既にその傾向が顕著である中山間地域、とりわけ過疎地の集落においては、地域の存続が危機的な状況にある場合も多いと想定される。農作物の収量確保や林業の適地として、住むためには不便な場所にも集落が形成、拡充されてきたこれまでの時代と異なり、生産物への需要が減少し、社会基盤の整備に伴うヒト、モノ、情報の流動化が進んでいくとき、それでも中山間地域に人をとどめるだけの魅力として何が残せるのか、住民がいなくなった際には集落はどのようになるべきなのか、これらを十分に検討しておくことも戦略的な防災対策を検討する際には欠かせない視点となる。そしてこの視点は、今後しばらくそのような検討を要しない都市域とはずいぶん異なるものであることを意識しておく必要がある。

(ii) 地域の自立性や持続性の充足

地域の自立度を高め、いわゆる公共事業投資がなくとも持続的な生活環境を維持しつつ、災害時の対応力を維持・向上するためには、地域の特徴を分析し、それぞれの長所と短所を見極めた上で前者を伸ばし、後者を補完する施策を検討する必要がある。そこでここでは各要素に関して自立性や持続性を拡充するための条件を整理する。

(a) 社会基盤系

現在の日常生活において、電気・水道・ガス、そして通信は必要不可欠となっている。これらは、地方公共団体や公益企業によって全国画一的にサービスが提供され、その質も日々向上している。その結果、事業者による供給へ一元的に依存することになっている現状において、災害等でひとたびサービス提供が寸断されれば、その対応を家庭や地域で担うことは困難である。都市部ではライフラインの早期復旧が重要な戦略として位置づけられ具体的な対策も講じられているが、中山間地域で同様の対応が行われるわけではない。それら「地域外」からシステマティックに供給されるものだけでなく、中山間地域では沢水や湧水の利活用及び維持管理を継続したり、燃料として薪を蓄えておくなど、ライフラインが寸断しても地域内の資源による代替で、ある程度生活ができる「災害に打たれ強い」面に着目し、その拡充を本格的に検討することが必要である。

(b) 生活系

風雨をしのげて暮らしの拠点となる家の存在は、生活上欠かせない。また、食料の確保も必須である。中山間地域では、自前で生産や備蓄をしているものもあるが、調味料や加工品などはスーパーなどで購入することになる。ここでも地域外への依存度が高くなる傾向にあり、ひとたび地震による孤立が発生した場合には大きな影響が発生する可能性が高い。しかしいくら

地域に需要が発生しても、それに応じた物資が供給される可能性が高くないことを想定すると、農作物の備蓄倉庫は複数地域間での統合をなるべくさけ、地域単位である程度の備蓄がなされているような状況を維持しておくことも重要である。さらには過疎化の進行によって地域内に空き家が生まれ、学校の統合によって廃校となった校舎も存在する。孤立時の避難場所としてこれらの建物ストックは有効に機能することも想定されるため、たとえ私有財産であったとしても、良質なものに関しては積極的に維持管理を継続しておくことも検討されてよい。

(c) サービス系

　健康であるに越したことはないが、程度の差こそあれ誰しも病気やけがのリスクは存在する。そうした意味で、医者が近くにいるか、あるいは薬が近所で買えるかといった医療環境は、生活上重要な要素である。さらに単身高齢者らに対する生活面でのサポートの必要性などの面からも、訪問介護や通所介護などの居宅サービスを含む福祉機能をどのように確保するかも検討する必要があろう。また、安定した生活のための収入を確保するには近隣に就労先が必要となるほか、次代を担う子どもたちを育てる学校などの教育環境の充実も重要である。特にこれらの要素は地域外への依存度が飛躍的に高くなっているケースが多く、自立圏の設定には大きな影響がある。このようにどうしても欠かせないネットワークや依存関係をきちんと明確にし、さらにはそれが必要とされる時期と合わせて整理しておくことで、例えば道路の防災対策や復旧のプライオリティをきちんと定めるための資料となり得る。

(4) 指標による評価の可能性

① 生活の中に潜む地域特性

　一連の戦略計画を検討する際にケーススタディーを行った和歌山

県古座川町でのヒアリングにおいて、「災害が起こっても水には困らない」という話があった。地区に簡易水道が整備されているものの、裏山には谷水が流れ、いつでも飲用として利用できる状態という。このように昔からの生活様式（ライフスタイル）が災害時に大いに役立つ可能性があるといった事例、しかも都市部にないが中山間地域の集落にはあるといった事例は、「都市部─中山間地域」という全体構造からではなくあくまで集落単位の地域特性として見出すことができる。このような地域特性を積極的に評価することで、地域の実情にあった防災対策を立案していくことができるのである。

② 選択と集中…その具体化に向けて

一方で、中山間地域においては、過疎化・高齢化の現実がある。地域の隅々にまで手厚く防災対策を施すことは現実として不可能であり、地震による被害が広範かつ甚大となった場合、とてもそこまで救助の手が回らないことはこれまでも述べてきたとおりである。限られた資源で有効な防災対策を講じるためにはどこにどのような対策をするべきかを緻密に検討していくことが重要となる。これまでのようにハードに依存した画一的な対策ではなく、詳細な状況把握を地域間ネットワークも念頭に検討することで、本当に必要なハード対策の抽出及び人の知恵や地域の力を十二分に活用することができるような戦略を生み出すことができよう。例えば自立圏や持続圏を最大化するために本当に有効な拠点に対して食料や資機材の備蓄、ヘリポート、通信手段の整備などを実施していくことになる。ただし、この拠点はかならずしも従来の集落の中心部であるわけではなく、これまで述べてきたようなことを念頭にまさに戦略的に見いだされる必要がある。

防災施設を拠点に集中するということは、地域の生活機能をすべて集積し、集落を再編しようとするものではない。加えて、望んでいるすべての防災施設が整備される保証もないのが現状である。過

疎化・高齢化対策、潜在的能力の抽出、地域産業の持続といった視点をもって、地域のネットワーク、地域社会の絆がうまく末端にまで届くようなシステムとセットで、まさに総力を挙げた対応がなされなくてはならない。必要な機能を確保するために機械的に集落を再編するような指標として用いるのではなく、従来の特徴をよりいっそう伸ばしていくことで魅力と体力のある地域づくりの一環として検討されるべき性格のものでなければならない。

③　段階的に繰り返すことの重要性

　こうした考えに基づき、地域の実情を踏まえた防災計画を策定しなければならない。現地調査を綿密に実施し、その結果を踏まえた具体的な検討を重ねる中で、中山間地域というマクロなとらえ方ではなく、集落単位でのミクロなレベルで考えることが必要不可欠である。都市部においては、マクロな課題を解決するための施策を具体化し実行すれば総体的に防災力の向上が見られる一方、中山間地域では隣接する集落との関係、地理的状況、中小都市とのかかわりの中で、同じような状況に見える集落であっても、実情には相当の差がある可能性がある。それぞれ災害に対する強み、弱みが異なるため、マクロな議論をしていても、地域ごとの具体的な対策は浮かび上がってこない。地域の自立性を測定する指標を構築し、地域ごとの強み、弱みを明確化し、そしてその自立性を向上・維持するための最小限の社会的投資を実施することを施策として検討することこそ、投資効果を最大化させる防災対策に直結するのである。

　ただし、ミクロな目で中山間地域の各集落を見たとき、その状況は年々変化していく。また、潜在的能力が自然環境に依存する度合いが高いとすれば、季節変動や気候変動によってもその能力は左右されることとなる。こうしたことから、指標の構築（見直し）、自立性の評価、施策の推進といった段階的な施策を毎年のごとく地域で繰り返して実施する必要がある。また、こうした検討を繰り返す

ことが、地域の防災力を維持していくことにつながっていくはずである。また、中山間地域の防災の問題はすなわち地域社会の問題そのものであり、防災を防災とだけで見るのではなく、地域づくりの一環として取り組んでいくことこそが、中山間地域における戦略的な防災が有すべき性格なのである。

(5) 指標の構築
　① 自立度の評価指標

　現在の人口状況、財政状況等を踏まえると、中山間地域においては、「選択と集中」を念頭に対策を具体化しなければならない。各地域が持つ強みと弱みを相互補完することで地域の防災力について一定水準を確保することも考える必要があろう。その際、自立性や持続性について一定水準を確保できる地域の広がりとなる「自立圏」、「持続圏」の設定が見いだせると、広域に被災しても大量の被災者の長距離避難を減らすことも可能である。支援を行う側もどこに重点的に支援すればよいのか、また、持続性を考慮しいつまでに支援を行えばよいのかを分析することにより、今まで以上に限られた資源を十分活用した効果的な対応策を検討できることにもなる。

　このためには「自立圏」、「持続圏」を設定するために必要とされる項目について指標化することに取り組まなくてはならない。

　孤立状況においても継続的に生活するためには、
・物資等資源の消費量と補充量など、生活を維持するために必要なものの物理的な関係
・物資等の入手やサービスを享受するために要する距離や時間の関係
の2点を考慮することが重要となる。

　このことを明らかにするためには、1）地域にどのくらいの期間生活を維持できる資源が存在するのか、2）地域外から資源を調達するためにはどのくらいの時間がかかるのか、3）行政等から支援

される資源はどのくらいの時間分確保可能であるかということを検討する必要がある。つまり、1）耐久日数量（地域ストック）、2）所要日数量（時間距離）、3）調達日数量（信頼度）の関係を明らかにすることにより定量的な指標とすることができる。

② 地域における日常ストックと消費の関係

これらの指標相互の関係を明らかにするために、地域における日常ストックと消費の関係を示したものが図2-5-4となる。縦軸に日数量、横軸に災害発生からの経過日数を示している。各世帯における備蓄、地域内の商店における在庫、畑における収穫物などは地域における日常ストックとみなせる。災害発生後、一日あたりの平均消費量が少なくなれば、減り方は少なくなり長時間維持できることとなる。逆に平均消費量の多い地域ではストックが底をつくまでの時間が短くなる。防災対策及び災害対応を担う行政等は、確保できる資源の量、時間を考慮しながら、想定される孤立期間に応じた調達日数量（信頼度）を設定する。一方、地域においては、地域外から資源を確保する際に必要な時間量である所要日数量を明確にす

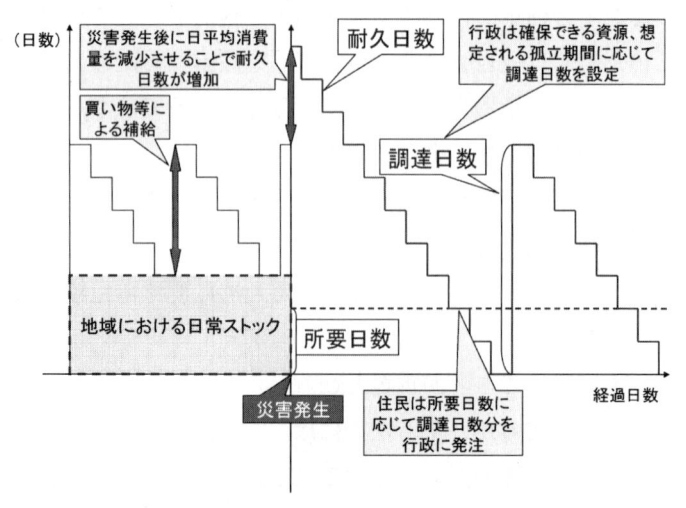

図2-5-4 地域における日常ストックと消費の関係

ることにより、この所要日数量より耐久日数量や調達日数量が下回らないようにすることができれば、その指標である資源については不足することなく、地域外避難を行わずに生活の継続が可能となる。

③ 在庫管理の考え方

このような関係は、物流や在庫管理ときわめて親和性の高い考え方であるといえる。実際の物流関連の理論のうち、在庫管理の考え方の一つとして不定期不定量発注方式というものがある。この方式は在庫管理にあたり、日数を単位とした３つの要素で表現しようとするものである。１つ目が「出荷対応日数」で、一日あたり平均出荷量で見ると、あと何日分の出荷に対応できるのかを示す日数となる。２つ目は「リードタイム日数」で発注してから入庫するまでの日数、３つ目は「在庫日数」で１回の発注で増加する出荷対応日数を表している。この３つの要素を図化して表現したものが図２-５-５である。縦軸に出荷対応日数、リードタイム日数、在庫日数の３つの日数を、横軸に経過日数をとって、在庫の管理が３つの日数で表現できることを表している[3]。

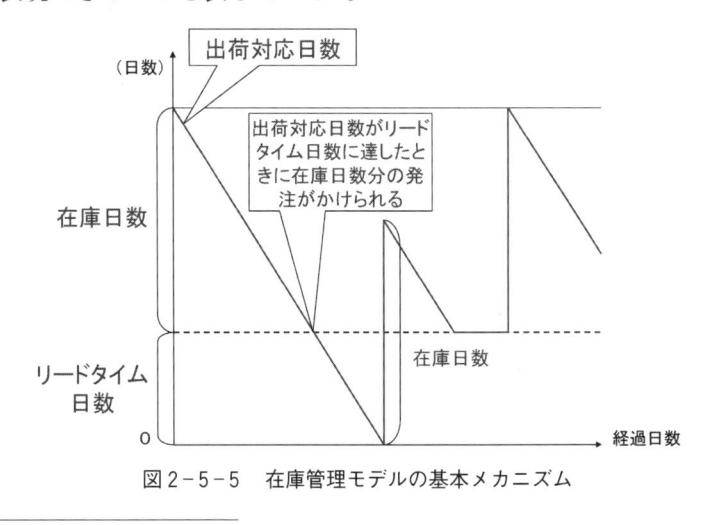

図２-５-５　在庫管理モデルの基本メカニズム

3　湯浅和夫：物流管理ハンドブック、PHP文庫、2003.

このイメージが、図2-5-4で示した「地域における日常ストックと消費の関係」を表した図に非常に類似していることがわかる。被災した一集落を倉庫のように考えたとき、自立度を測る要素である地域ストック、時間距離、信頼度というものがそれぞれ出荷対応日数、リードタイム日数、在庫日数にあてはめることが可能であり、地域ストックを「耐久日数」に、時間距離を「所要日数」に、そして信頼度を「調達日数」に置き換えることで、当初バラバラな指標でしか評価できなかった地域の自立性が、日数を単位として統合的に評価することができることになる。

　在庫管理では一日あたりの平均出荷量の変化に対応することにより出荷変動に応じた管理が可能となるが、これを災害時の中山間地域にあてはめると、地域ストックの変動（耐久日数）を見ながら、道路の被災状況等平常時との時間距離の変化（所要日数）を踏まえ、いつの時期にどこからどれだけの応援を頼まなければいけないかということが明らかとなることで、戦略的な災害対応が可能となる。

④　中山間地域の指標の検討事例

　例えば「食」を例にとってみると、耐久日数としては地域内の食料で住民が孤立しても生活を継続できる日数を表し、地域内の食料を日平均消費量で除すことで算定される。所要日数は外部に発注（救援要請）してから食料が得られるまでの日数で、この日数は配給者（行政やボランティア等）が食料を確保するのに必要な日数と運搬や配給など消費者に渡るまでの日数の和で表現することができる。また、調達日数は行政が一つの地域で必要とする食料を確保するまでの日数を想定している。これまでは地域内の食料事情と道路復旧と行政備蓄はバラバラに対応がなされてきた。しかし、統一的に日数で管理することにより、耐久日数と所要日数・調達日数とのバランスを考え、耐久日数を延長するために一日の消費量を少なくするといった対応策の検討にも活用できるのである。

実際に地域内の食料として想定されるものにはどのようなものがあるのだろうか。中山間地域では近くにスーパーがないことから、個人の家庭では週末に近隣都市のスーパーへ出かけ、1週間分の食料をまとめ買いするといった行動がなされていることから、個人備蓄としてそれらの食料を想定に加えることが可能となる。また、集落内では田畑の耕作によって米や野菜など農作物が確保されている。当然季節変動はあるものの、中越地震など過去の災害においても、住民が被災家屋から食料を持ち寄り炊き出しを行った例が報告されていることから、災害時には十分に活用されると考えられる。また、小さな食料品店が営まれている集落では、店で常に販売されている缶詰などの食料の利用も検討されてよい。

　しかし、このような状況を指標化につなげるのは非常に多くの労力を要し、また困難でもある。特に個人備蓄を見積もることは多くの困難があることが想定される。しかし、米や野菜であれば可耕地面積が統計資料として公表されており、集落の食料品店についても店舗数や売上高が統計資料等で公表されている。これらの公表されているデータを用い備蓄量に換算することで指標化につなげることは可能である。限られた投資を最大限の防災へと活かすためにはこれらの取り組みを積極的に行うべきである。

4　指標の活用

(1) 活用方法

　ここでは実際に指標を用いて、自立度の測定を試みる。図2-5-6は、食料を例に、和歌山県古座川町が被災後の孤立に伴い、どれほど自立できるかについて字単位で評価したものである。ただし、簡便な評価であり現状を正確に示しているものではなく、あくまで指標の活用がもたらす戦略計画策定への可能性を示すものとしてとらえられるべき性格のものである。ここでは黒色（■、▨部分含む）、うすいグ

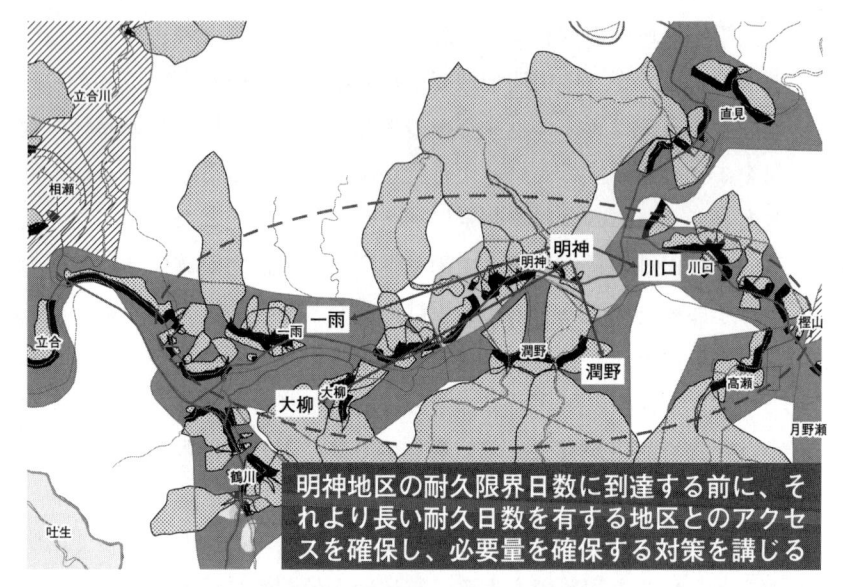

図2-5-6　指標の活用例：自立圏

レー、濃いグレーの3色に分類されており、黒色部分は耐久日数が短く、逆に濃いグレー部分は長いととらえられた地区で、うすいグレーはその中間を示している。濃いグレーの地区では、農作物を栽培し、日ごろから食料を数日分蓄えておくなどの対応をしており、これらの地域一帯が被災した場合、濃いグレーの地区が黒色の地区に食料支援をすれば、地域の弱みを強みで補完することによって、全体としての自立度を向上させることも可能になる。

　他方、図2-5-6の中央部にある明神地区では、ところどころにうすいグレーに塗られている部分がある。この地区は、1956年に合併によって、古座川町が誕生するまで旧村役場が存在し、加えて現在でも郵便局や診療所など生活に欠かせない中心的機能が集まっている。つまり日常生活においては、明神地区を中心とした地域が一つの単位として成り立っていると考えられる。災害時においては、このようにある範囲内で各地区の強みと弱みを補完しながら一体となって復旧活動に取り組むとともに、都市部への交通手段の復旧に優先して、各集落

からこの地区までのアクセスの確保を図る等の具体的な対応につながることになる。ほかの要素で測定すると結果は異なることが考えられるが、それぞれの要素について結果が示す地区相互の補完のあり方を、事前準備や地域づくりに活用することが肝要である。

(2) 活用による効果

　このような指標による地域評価の効果の一つとして、それぞれの集落における各側面の強み、弱みが明らかになることが挙げられる。地域が抱えるさまざまな潜在的能力を、「時間」を指標として客観的に評価することで、災害時にどれほどの期間耐えることができるのか、その自立度を見極めることが可能となるのである。その評価結果を、行政は事業実施の際に優先度を決める判断材料とできる一方で、住民は地域間交流の重要性を再認識する一つのきっかけとすることができる。本当に有効な防災対策へのきっかけとして、どのような主体においても活用可能な統一的な情報提供が可能となるのである。さらに評価対象地域の範囲設定に関しては、評価要素に特殊な指標を持ち込まなければ基本的にはどのような規模にも適用できるなど応用可能性も高い。ただし、客観的にその地域のレベルを把握するためには、今後は何らかの基準値を示していく必要がある。

　第2に、ある地域内で複数の地区を評価することにより、相互の関連性を見ることができる。いい換えれば、地区を越えたより広範な相互依存関係が明らかとなり、評価対象地域の拠点がどこになるのか、また弱みとして示された地区を補完してくれる近隣地区がどこなのかといったことが、一目でわかるようになる。

　第3に、評価結果をよりよい地域づくりに活かせるということが挙げられる。来るべき大災害に備えるために防災面で活用できるのはもちろんのこと、これからの中山間地域をどのようにしていくのか、地域づくり、地域振興という面でも活用可能性は高い。特に中山間地域では過疎化・高齢化の傾向が顕著であり、そのような社会的背景のも

と、地域ネットワークを活用しながらそれぞれの地区の自立度を高められるような強化策を施せるかどうかが、地域力の底上げにつながる。こうした平常時の取り組みが、ひいては被災後における地域の再生力向上や復興まちづくりにも結びついていくと考えられる。

(3) 地域に根ざした自己解決型の防災対策を進めるために

　ここでは中越地震などの教訓をもとに、東海・東南海・南海地震での中山間地域における課題を検討し、実効性の高い防災対策に向けた戦略として、指標化による地域評価を提案した。被災の広域化や長期化を十分に考慮することなく、全国の中山間地域に対して画一的に検討されている防災対策を実施することでは、現実としてこれらの地域が直面する問題の満足な解決策とはなりえない。地域による強み、弱みをつぶさに分析することではじめて地域において取り組むべき課題がみえてくる。

　過疎化・高齢化の進展に伴い、行政による投資も減じていく中でも自立性を確保していくためには、指標の構築（見直し）、自立性の評価、施策の推進などを繰り返し行い、少ない投資でも十分な効果を獲得していくことが重要である。時間の経過とともに集落が変化することに対しても、地域づくりの一環として取り組むことで戦略的な防災につながる。指標によって地域を評価することの効果として、各集落の持つ強み、弱みが明らかとなるとともに、地域相互の関連性も明確になる。この2点が把握できれば、長期的展望のもとで地域に対してより的確な投資がなされる可能性が高まることになる。これらの指標を活用して地域を診断し、その結果から効果的な社会的投資を行い、ある一定の圏域についての自立性を高めていくことが重要である。ただし、自立性、持続性が確保された圏域に含まれることが厳しい集落等については、これからの20年、30年の中で選択と集中によって十分な追加投資が行われないことも念頭におく必要がある。

　今後の課題としては、さまざまな規模に対応できる指標であること

を実証していくとともに、地域のレベル、区分を明確化させるため、指標に対する基準値を示していく必要がある。しかし、これらの課題はこの指標を活用していく過程において見直されるべきであり、指標の活用に基づく戦略的な防災対策そのものには今すぐに取り組むことで東海・東南海・南海地震の発災に際しては、現在より少しでも減災が進んだ社会で臨めると考える。

【執筆者】
（長岡造形大学　建築・環境デザイン学科　准教授：澤田　雅浩）

第6章 複数の震災が連続して発生する場合での最適な復旧・復興戦略

1 東海・東南海・南海地震の時間差発生の問題とは？

　東海・東南海・南海地震は、同時に発生することもあれば、時間差をもって発生することもあることが歴史資料から知られている（第1編7p参照）。東海・東南海地震が先に発生し、南海地震がまだ発生していない状況を想定した場合、東海・東南海地震が発生する以前と比較して、南海地震の発生確率は急激に高まることになる。東海・東南海地震の発生後、南海地震はまさにここ数日でいつ発生してもおかしくないし、少なくとも数年以内に発生することは必然的な状況になる。次に発生する地震が同時発生か時間差発生か、時間差をもって発生する場合にはどれくらいの時間差かを現時点で予知することはできない。しかし時間差をもって発生する場合、その期間には特別な災害軽減対策が必要であるとともに、復旧・復興等の進め方の最適な方法も同時発生の場合とは異なるはずである。時間差発生の場合の対応方法を考えておくことは、地震発生後の対応を円滑にするために重要である。

　東海・東南海地震の発生と南海地震の発生が時間差で生じる場合における課題のイメージを図2-6-1に示す。東海・東南海地震の災害の対応は、余震とともに常に南海地震が発生することを考慮して行わなければならない。そのとき、時間差が生じるメリットとしては、発生する時間差の期間に南海地震の災害対応に向けての準備を行えるということである。逆にデメリットとしては、時間差が長くなれば、南海地震の被災想定地域では常に災害発生の脅威がつきまとう中で社会・経済活動を行わなければならなくなることが挙げられる。地球の活動のスケールから

みれば取るに足らないごくわずかな時間間隔の違いが、人間の社会活動のスケールからみれば大きな意味を持つことになる。

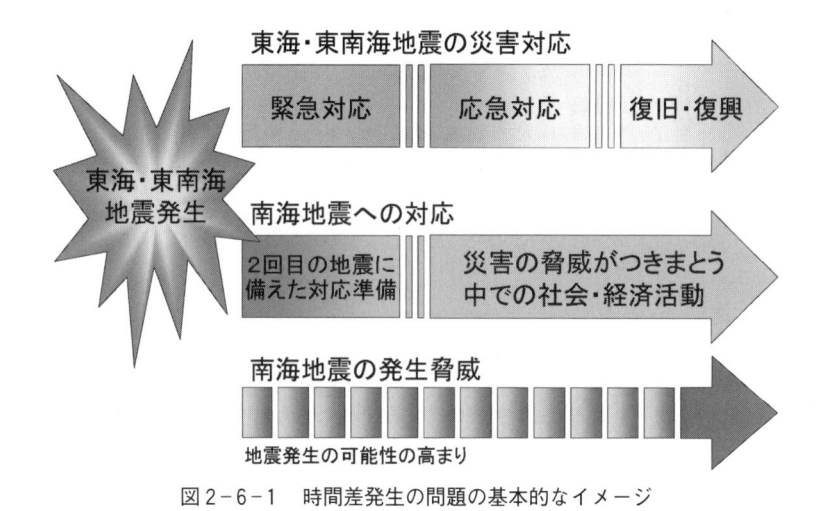

図2-6-1　時間差発生の問題の基本的なイメージ

2　地域ごとの問題の特性

はじめに、東海・東南海地震と南海地震の時間差発生の問題について、第1編図1-4にならい表2-6-1のように地域を4分割し、地域ごとに問題の特性を検討する。またここでは、便宜的に、東海・東南海地震の影響及び南海地震の影響を大、小というように区分し、それぞれの地域を〔大大の地域〕、〔大小の地域〕、〔小大の地域〕、〔小小の地域〕と呼ぶことにする。

時間差発生のために予測される特有の問題として、1）救命・救助活動の問題、2）復旧・復興の進め方の問題、3）生活と社会活動の問題、4）経済活動の支障の問題をあげることができる。分類した地域区分ごとに、それぞれの問題の内容について示していく。各地域とこれらの問題の特性の関係は巻頭カラーページ図8のように整理される。またこれ以降では、基本的に東海・東南海地震を1回目の地震、南海地震を2回目の地震と呼ぶことにする。

表2-6-1 各地域の問題の特性の整理

		東海・東南海地震震度	
		5強以下	6弱以上
南海地震震度	5強以下	〔小小の地域〕 自立した災害対応と他地域への支援が求められる地域 被害は生じるかもしれないが、他地域ではさらに大きな被害を受けていることが予測されるので、基本的に自力で災害対応をしなければならなくなる。	〔大小の地域〕 東海・東南海地震への災害対応を基本とする地域 次に襲う南海地震の危険性に対して考慮する割合は少ないため、1回目の地震災害への対応に集中して取り組むことになる。
	6弱以上	〔小大の地域〕 次に襲う南海地震への災害対応を迫られる地域 東海・東南海地震の被害は比較的軽微ですむが、南海地震がいつ発生してもおかしくない状況において社会・経済活動を行っていかなければならなくなる。	〔大大の地域〕 時間差で襲う複数の地震への対応を要請される地域 両方の地震によって甚大な被害を受けることが予測され、1回目の地震で被害を受けたうえに、さらなる地震被害の脅威のある中での対応が迫られることになる。

(1) 時間差で襲う複数の地震への対応を要請される地域
　　〜〔大大の地域〕における問題の特徴〜
　① 救命・救助活動の問題
　　　1回目の地震後、甚大な被害を受けた中で2回目の地震による追い打ちをうける脅威に対しても対応を迫られることになる。そのため、2回目の地震の発生危険性を考慮して人員や資機材を配置しなければならない。またこの地域は人口減少・少子高齢化が進んでいるため、災害対応にあたる人員不足が予測されるとともに孤立する可能性もある。2回目の地震に備えて危険地域から一時的な避難を希望する住民を地域外の安全な場所に避難させる必要性もある。

　② 復旧・復興の進め方の問題
　　　1回目の地震発生後、2回目の地震発生まで復旧・復興活動を見合わせる選択をした場合、地震発生時間差が長引くほど社会・経済

活動が停滞し、地域社会の活力が低下するおそれがある。一方、復旧・復興活動を進める選択をした場合、2回目の地震により繰り返し被害を受ける可能性がある。具体的には、1回目の地震後、余震とともに2回目の地震の危険性のある中、応急危険度判定や被害調査、復旧工事をどのように行うべきかを考える必要がある。また1回目の地震後に復旧しても、さらに2回目の地震で被害にあう可能性があるので、効果的な資源配分のあり方を検討し、復旧の手順を決める必要がある。

人口減少・少子高齢化の進む地域や集落では、一時的な避難や集団移転から恒常的な転居に移行するケースも想定される。地震発生後に地域の原状復旧を目指すのか、別の方策を選択するのかをあらかじめ検討し、応急対応から復興計画まで総合的に捉える必要がある。

③ 生活と社会活動の問題

1回目の地震後、被災者だけでなく、2回目の地震に対して津波浸水危険地域や土砂災害危険箇所等の危険区域の住民はさらなる危険性にさらされることになる。そのため、避難施設の開設に加え、一時的な移転を検討しておかなければならない。

地域で生活を継続する人々は、被災しているうえにさらなる被害の危険性があるため、社会活動が制限され、教育・福祉などの公共サービスも制限される可能性がある。また、地域活動の基盤となる鉄道・道路など交通網の復旧活動とあわせて、2回目の地震に配慮して通過交通の規制も検討されなければならない。さらに、2回目の地震がいつ起こるかわからない、先のみえない状況で生活再建支援策を検討しなければならないという問題もある。

④ 経済活動の支障の問題

1回目の地震発生後、2回目の地震の危険性も考慮して業務を継

続できないと判断した企業は、地域外へ機能移転することが考えられる。また住民が長期にわたり避難・疎開した場合、商業施設の閉鎖・移転も考えられる。漁業や農林地が危険区域内にある場合は、農林水産業への打撃も大きいと予測される。観光業への影響も大きい。このように、1回目の地震による被害と2回目の地震の脅威のため、各種産業に大きな影響がでると考えられる。

(2) 東海・東南海地震への災害対応を基本とする地域
　　～〔大小の地域〕における問題の特徴～
　① 救命・救助活動の問題
　　　東海・東南海地震で震度6弱以上の揺れになると予測される地域は、近畿圏から東海地域までの広範囲に及ぶ。そのため、被災地に対する近隣府県からの支援は難しく、他地域からの支援が不可欠になる。また沿岸部では津波の発生により孤立地域が多数発生し、陸上からの救助が困難になるとともに、海上からの救助も津波の影響により早期には困難になる。

　② 復旧・復興の進め方の問題
　　　1回目の地震による被害が甚大な地域では、復旧・復興を早期に進めることが最優先課題である。しかし復興においては地域住民の理解を得る必要があり、長時間を要する場合もある。

　③ 生活と社会活動の問題
　　　1回目の地震によって甚大なライフライン被害が発生し、長期間にわたって住民生活に困難が生じると予測される。また孤立地域が多数発生することにより、救援活動の遅延や長期避難による地域コミュニティの維持・再生の問題が生じる。それに伴って、被災者の住宅、生活、生業の再建も難しくなることも予測される。

④ 経済活動の支障の問題

　1回目の地震の被害により、地域経済活動への打撃も大きい。復旧・復興が長期化する場合には、企業活動が地域外へ移転する問題がある。また農林水産業などの地場産業の打撃も大きいと考えられる。〔大大の地域〕、〔小大の地域〕との取引きが敬遠されることも考慮しておく必要がある。

(3) 次に襲う南海地震への災害対応を迫られる地域
　～〔小大の地域〕における問題の特徴～

① 救命・救助活動の問題

　1回目の地震の発生直後から、2回目の地震の発生の可能性は急激に高まる。そのため、1回目の地震直後から2回目の地震に備えて警戒体制をとる必要がある。危険区域の住民には南海地震の危険情報を提供するとともに、安全な区域への迅速な避難を呼びかけなければならない。高齢化が進行する中、災害時要援護者の生命をいかにまもるのかも大きな課題である。

② 復旧・復興の進め方の問題

　1回目の地震発生後、2回目の地震の脅威のある中で、地域住民は継続して生活しなければならなくなり、不安な状況が続くことになる。次に起こる南海地震の発生後に対して希望を持てるようにするためにも、復旧・復興の進め方を事前に検討しておくことが重要である。

③ 生活と社会活動の問題

　1回目の地震発生後から短期間のうちは、住民の生命をまもることが最優先の課題である。そのため、1回目の地震直後はこの地域で何らかの制限を強いることも求められる。しかし2回目の地震の発生までの期間が長引く場合、時間経過とともに住民の生命だけで

なく、社会活動を維持していくことが大きな課題になる。生命をまもる対策と生活をまもる対策の兼ね合いをどのように考えるのかが問題になる。

④ 経済活動の支障の問題

2回目の地震の発生までの時間が長引く場合、時間経過とともに経済被害は増大することが予測される。これは、2回目の地震の発生の脅威があるために、観光客や各企業がこの地域に寄りつかなくなる可能性があるためである。例えば紀伊半島南部では観光が重要な産業であるが、2回目の地震がいつ起こるかわからないという脅威がある中で観光客が激減し、観光産業に大きな打撃を与えることが予測される。

(4) 自立した災害対応と他地域への支援が求められる地域
〜〔小小の地域〕における問題の特徴〜

① 救命・救助活動の問題

この地域は、東海・東南海・南海地震に対して被害は少ないと考えられるので、救命・救助活動を進めやすい地域である。しかし相対的に被災規模の小さいこの地域に対して、外部から災害対応の支援はまわってこないと考えておいたほうがよいため、自らの戦力のみで災害対応を行わなければならなくなる。

② 復旧・復興の進め方の問題

自らの地域のためだけでなく、他地域の復旧・復興を支援するためにも、この地域の早期の復旧が求められる。復旧作業にあたっては、1回目の地震への対応とともに2回目の地震の対応を行いやすくすることを考慮して、復旧箇所の優先順位を決めることも検討しなければならない。

③ 生活と社会活動の問題

〔小小の地域〕においても、地震発生直後はエレベーターの閉じこめ等によって支障がきたされることは予測される。またこの地域に直接的な被害はなくても、他地域の道路、鉄道の被害によって移動の制限がかかるため、生活に影響が生じると予測される。

④ 経済活動の支障の問題

〔大大の地域〕、〔大小の地域〕の被災によって、これらの地域と取引のある企業は継続的な取引を行うことが難しくなる場合も予測される。それとともに、2回目の地震の脅威があるために、〔小大の地域〕との取引きを行うことも困難になると予測される。

① ジレンマの生じる具体的な課題

東海・東南海地震と南海地震が時間差を持って発生する場合には、その期間、様々なジレンマを伴う課題が紛糾すると予測される。これは、南海地震の発生可能性と被害程度の両方が高いことに起因している。いつ南海地震が発生してもおかしくない状況で、生命と暮らしのどちらを選択するか、究極的な判断が求められることになる。これらの問題は、〔大大の地域〕、〔小大の地域〕を中心に生じる問題である。以下では、時間差発生特有の様々な課題の具体例を示した。

対象者と地域区分	東海・東南海地震発生後	問題になることの例
地方自治体の首長〔大大〕	1時間経過	東海・東南海地震の発生によりいつ南海地震が発生してもおかしくない状況であり、津波浸水想定区域では特に甚大な被害が予測される。そこで津波浸水想定区域に警戒区域（立ち入り禁止区域）を設定して住民を強制的に避難させるか？
地方自治体の首長〔小大〕	2日間経過	紀伊半島南部の〔大大の地域〕の自治体では1回目の地震による被害が大きく、地元の職員だけではとても手が回らない。そこで〔大大地域〕の自治体首長から職員の応援要請がきている。しかしこちらとしても南海地震の危険性があるために、いざ地震が発生したとなると派遣職員の身の危険があるとともに、災害対応にあたれる人員が少な

		くなってしまう。それでも要請に応じて職員を派遣するか？
地方自治体の首長〔大大〕、〔小大〕	3日間経過	1回目の地震後、小中校生を一時的に帰宅させていた。東南海地震の自治体全体の被害は軽微であるが耐震補強していない校舎も多く残されている。しかしいつまでも教育を再開しないわけにはいかない。学校を平常の状態に戻して再開するか？
漁業協同組合長〔大大〕、〔小大〕	3日間経過	南海地震津波の危険性のために人命を優先して漁業船舶の運航を控えてほしい。しかし規制をすれば組合員の生活の糧を奪うことになる。それでもしばらくは船舶の運航を中止するように決定するか？
ホテルの経営者〔小大〕	5日間経過	1回目の地震が発生してからしばらくは経営を自粛していたが、売り上げの問題もあり再開したい。しかし経営を再開するとホテルの宿泊客に南海地震の危険が及ぶ可能性もある。それでも経営を再開するか？
中山間地域の集落の長〔大大〕、〔小大〕	10日間経過	1回目の地震後の土砂災害で町につながる唯一の道がふさがってしまったが、南海地震の危険があるためにしばらくは復旧しない、物資の供給も当集落まではなかなか手が回らないといわれている。危険を冒してでも集落全員を町に向かわせるか？
土木部長〔大大〕	15日間経過	1回目の地震によって橋が損壊。通過交通は迂回を強いられている。復旧したいが復旧作業中には南海地震発生の危険が常につきまとうことになるとともに、復旧したとしても再度、被害にあう可能性もある。復旧工事を指示するか？
高層階にある会社経営者〔小大〕、〔小小〕	20日間経過	長周期の地震波に対して高層ビルの危険性は高いといわれている。かといって引っ越しをするにしても多くの費用がかかる。このままここで会社を経営し続けるか？
中小企業の企業主〔小大〕	6か月間経過	南海地震の危険性があり地元の人口が減っているため、商品の買い手も減っている。おまけに地域外からは、南海地震の危険があるためになかなか取引に応じてくれない。この際、会社をたたむか？
地方自治体の首長〔大大〕、〔小大〕	数年後	毎年夏に海岸で花火大会を実施しているが、東海・東南海地震発生後は南海地震の危険性があるために開催を中止していた。花火大会は地域の活性化のためにも地元の経済界からの需要は高い。しかし開催期間中に南海地震が発生すれば混乱によって死傷者の出る可能性は高い。実施に踏み切るか？

3 戦略計画に対する基本的な考え方

ここでは、前節で検討してきた各地域の問題の特性の整理をもとに、対応課題について検討する。

東海・東南海地震と南海地震が時間差発生する場合、同時に発生する場合と比較して特有の問題をもつ地域は、後から発生すると想定している南海地震で被害が大きくなると予測される〔大大の地域〕及び〔小大の地域〕である。またそこから派生して広域的に調整しなければならない問題が生じる。前述した問題に対する対応方針としては、「東海・東南海地震の発生と南海地震の発生の間に生じる問題に対する被害軽減方策を構築する」という内容になる。それぞれの地域の対応課題の概要を表2-6-2に示す。

表2-6-2 地域別の対応課題

〔小小の地域〕 自立した災害対応と他地域への支援を行えるようにする 普通の局所災害なら他地域から支援があるような被害程度でも、他地域から支援はこないことを想定して自立した対応が求められる。また大小の地域と同じく、迅速な災害対応を行うことによりできるだけ早く他地域への支援体制に切りかえられるようにすることも広域的な視点では重要になる。	〔大小の地域〕 災害対応を迅速に進められるようにする 周辺地域からの支援は限られることになるので、限られた支援の中での災害対応を効率的に進められるようにしなければならない。1回目の地震発生後、できるだけ迅速かつ円滑に緊急対応期を脱することができれば、いざ2回目の地震が発生したときには他地域への支援を行えるようになることにもつながる。
〔小大の地域〕 災害の発生がひっ迫した状況に耐えられる社会・経済システムと災害対応体制を構築する 2回目の地震に備えて、例えば南海地震による津波被害危険区域ではあらかじめ避難しておくというような緊急的な対応体制をしくことも必要であり、1回目の地震発生後からしばらく時間が経過すると、体制を切り替えていくことも求められる。災害の脅威のある中でも対応できる社会・経済的なシステムを構築しておかなければならない。	〔大大の地域〕 追い打ちの脅威に対して人的被害を回避・軽減することのできる地域構造と災害対応体制を整備する 2度の大きな揺れに対応しなければならないため、まずは災害に対応できる基盤づくりが特に必要であるとともに、様々な状況に対応できる体制づくりも求められる。状況によっては被災した地域を集落ごと移転するというような状況を想定して、避難計画も含めた対応をとれる準備をしておくことも必要になる。

戦略目標

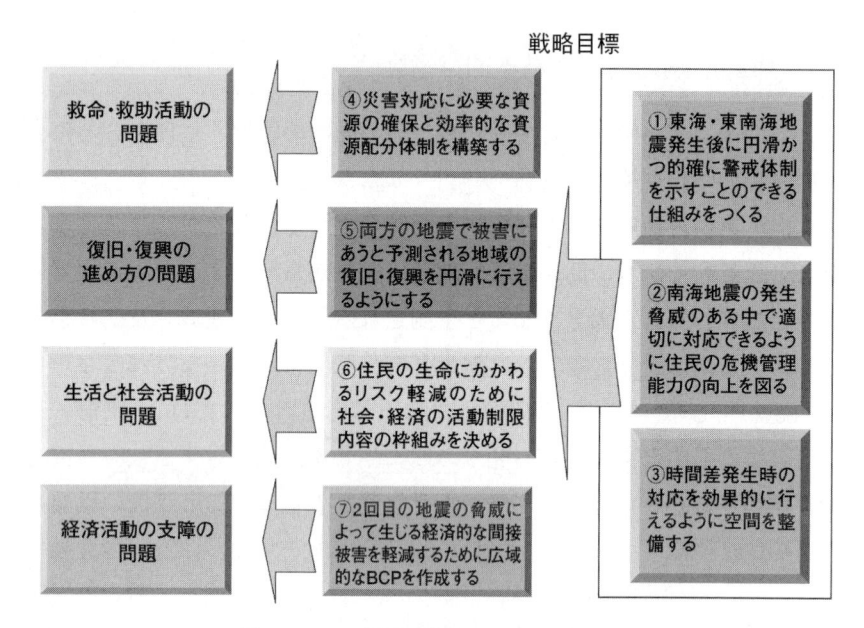

```
┌─────────────┐    ┌──────────────────┐    ┌──────────────────┐
│救命・救助活動の│ ← │④災害対応に必要な資│    │①東海・東南海地  │
│   問題      │    │ 源の確保と効率的な資│    │ 震発生後に円滑か │
└─────────────┘    │ 源配分体制を構築する│    │ つ的確に警戒体制 │
                   └──────────────────┘    │ を示すことのできる│
                                            │ 仕組みをつくる   │
┌─────────────┐    ┌──────────────────┐    │                  │
│復旧・復興の  │ ← │⑤両方の地震で被害に│    ├──────────────────┤
│進め方の問題  │    │ あうと予測される地域│    │②南海地震の発生  │
└─────────────┘    │ の復旧・復興を円滑に│    │ 脅威のある中で適 │
                   │ 行えるようにする   │    │ 切に対応できるよう│
                   └──────────────────┘    │ に住民の危機管理 │
                                            │ 能力の向上を図る │
┌─────────────┐    ┌──────────────────┐    ├──────────────────┤
│生活と社会活動の│ ← │⑥住民の生命にかかわ│    │③時間差発生時の  │
│   問題      │    │ るリスク軽減のために│    │ 対応を効果的に行 │
└─────────────┘    │ 社会・経済の活動制限│    │ えるように空間を整│
                   │ 内容の枠組みを決める│    │ 備する          │
                   └──────────────────┘    │                  │
                                            └──────────────────┘
┌─────────────┐    ┌──────────────────┐
│経済活動の支障の│ ← │⑦2回目の地震の脅威に│
│   問題      │    │ よって生じる経済的な間│
└─────────────┘    │ 接被害を軽減するために│
                   │ 広域的なBCPを作成する│
                   └──────────────────┘
```

図 2-6-2　問題の内容と戦略計画の関係

　地域ごとにはそれぞれに対応戦略を検討する必要があるとともに、地域間には相互に関係しあう問題があるために、地域間の協力や全体調整が必要になる。そのため、ここでは4つの地域区分ごとに対応戦略を詳細に検討するのではなく、地域性と主たる問題、1回目の地震発生からの経過時間を鑑みたうえで、総合的に戦略を考えることにする。巻頭カラーページ図8に示した問題の構造に対する方策として、図2-6-2に示す7つの戦略目標を挙げることができる。

　「2　地域ごとの問題の特性」で挙げた4つの問題への対応を可能にするには、図2-6-2に示した①〜③の戦略が必要不可欠である。そしてこれらをもとに、4つの問題へ対応するための戦略目標として、④〜⑦を挙げることができる。以下では、それぞれの戦略計画の具体的な内容について示していく。

(1) 東海・東南海地震発生後に円滑かつ的確に警戒体制を示すことのできる仕組みをつくる（戦略目標①）

① 発生危険性を予測できる観測体制の整備

　時間差発生時の対応を高度化していくためには、それぞれの地震の発生危険性や異常事態を察知できる観測体制の整備が第1に必要になる。例えば、1回目の地震の発生直後には、まだそれが東海・東南海地震なのか、東海・東南海・南海地震の同時発生なのかは不明である。どのタイプの地震かで対応が異なるため、迅速に判断し、体制を整備することが求められる。その判断をするために、過去に南海地震が発生するたびに隆起を繰り返してきた室戸岬の標高を監視できるようにする等、事前に観測体制を整える必要がある。

　1回目の地震の発生を早期に確認できたとして、2回目の地震に対して警戒しなければならない状況は続くことになる。しかし時間差が長引く場合を考えると長期にわたって厳しい警戒体制をしくことは地域を疲弊させることにつながる。2回目の地震の発生危険性を予測できるようにするためには、東海地震に対する体制と同様に観測網を充実させることも必要である。

② 警戒体制に関する情報を迅速に伝える仕組みづくり

　事前に時間差発生に対する住民の理解を得ておき、非常時に危険性に応じた情報を発信することは、対応の円滑化のために不可欠である。時間差発生に関する知識の少ない地域滞在者に対しても、わかりやすく地震の観測情報と対策に関する情報を提供することが必要である。また警戒体制を緩和させた後に社会・経済活動を再開するための情報の発信方法を確立しておくことも求められる。

② もう一つの「連続して発生する震災」

　歴史をひもとくと、東海・東南海地震と南海地震が連続発生することに加え、もう一つ、異なるタイプの地震が連続して発生する場合がある。それは、活断層で起こる内陸直下地震である。このタイプの地震が海溝型地震の前後数十年間に西南日本で多発する傾向があるとされ、海溝型巨大地震の直後という最悪のタイミングで発生して被害を拡大した例があった。

　昭和19年東南海地震の37日後にあたる、昭和20年1月13日午前3時38分に愛知県三河地方でマグニチュード6.8の地震が発生した。三河地震である。三河地震で被害が出た範囲は20km四方程度の狭い範囲であったが、被害は大きく、東南海地震の2倍近い2,306人もの方が亡くなっている。注目すべきことは、この地震で被害が出た地域は東南海地震で震度6、場所によっては震度7の揺れに見舞われたということである。最初の東南海地震で家屋被害を受け、連続震災を考慮せずに仮復旧したところを三河地震に襲われて甚大な被害が発生した例があった。場所を変えて発生するもう一つの海溝型巨大地震ばかりでなく、1度目の地震で被害を受けた場所がもう1度地震に襲われる可能性がある。

　今できる対策としては、次のようなことが考えられる。現在の地震学の知識では、1度目の海溝型地震の影響で地震が発生しやすくなった活断層をすばやく判定することが可能である。そこで、その断層に近接した被災地から応急危険度判定を済ませ、危険性のある家には立ち入らないよう対策を講ずること。また、診断が終わるまでは、むやみに家屋に入らないようすべての被災地で指導することも必要である。

　内陸直下地震は、いつ、どこで発生するのかを特定することはできない。わかっていることは、西南日本では海溝型地震の発生前後に多発する傾向があることだけである。そして、この地震が多発するという傾向は21世紀だけでなく、22世紀、23世紀と永遠に続いていくと考えられ、それゆえ、目前にせまった地震だけを想定して計画を立てるのではなく、どの場所でも地震に襲われる可能性を考慮した開発を進めるべきである。防災力向上のためには、長い目で地震災害をとらえてインフラの整備などを進めることも重要である。

〔林　能成〕

東南海地震（1944年12月7日）で、自宅は倒壊寸前の被害を受けた。まさか、再度震災に襲われるとは思わず、急いで簡単な修理をして自宅の生活に戻った。だが、三河地震（1945年1月13日）で自宅はあっという間につぶれてしまい、同じ部屋で寝ていた姉たち5人が家の下敷きになって亡くなってしまった。
（愛知県福地村八ヶ尻集落（現：愛知県西尾市）で被災した黒柳岩治さん（当時18歳）の被災体験。画：阪野智啓さん、名古屋大学災害対策室提供）

(2) 南海地震の発生脅威のある中で適切に対応できるように住民の危機管理能力の向上を図る（戦略目標②）

① 時間差発生に関する知識の向上と理解の促進

地域住民に対して時間差発生のために生じる問題の特性を積極的に広報し、防災知識や危機管理能力の向上に努める必要がある。1回目の地震と2回目の地震の発生時間差が長引くために、様々な活動が制限される可能性のあることに対して、事前から理解を得ておくことは重要である。また制限された社会の中で適切に行動をとれるよう、地域状況に応じた指針を示しておくことも重要である。

これらの取り組みは、地域住民と地元自治体が協働して実施することが望まれる。平常時の地域活動との連携を進めるとともに、防

災意識の啓発に関与する消防や警察、教育機関、報道機関と問題意識を共有することも重要である。

② 地域ごとの課題を踏まえた教育・訓練

同じ自治体内でも地区ごとに災害シナリオは異なる。そのため、地区の実状を踏まえた発生時間差別の長期シナリオを作成し、整理した課題をふまえた教育・訓練プログラムを作成・実施することも効果的である。

また特に〔大大の地域〕では、人命優先の観点から危険区域外への避難をする場合もあり得る。避難先での住まい、医療、教育、経済損失の補償や就業支援などを検討することも必要であり、そのために、避難行動計画や生活再建策をあらかじめ協働で検討しておくことは有効である。

③ 集合パニックを避けるために

集合パニックの発生の危険性を下げるためには、1）情報そのものを隠さないことが必要である。また情報を出す時にも、2）出し渋らない（情報を抱え込まない）、3）事実どおり伝える（被害情報等でウソをつかない）、4）適切な行動についての情報もあわせて出すことが重要である。今回のケースに限らず、緊急時においてはこの4点に沿った情報発信の姿勢と実施が求められる。

逆にこれらのことがまもられなければ、人々のあいだで、1）情報がないので、状況がわからないまま2回目の地震を迎えたり、2）遅く情報を受けとったために差し迫った脅威を感じたり、3）情報と事実が食い違っているため、身の安全が保証されないのではないかという強い不安を抱いたり、4）適切な行動がわからないため、2回目の地震を乗り越えられるという確信がまったく持てないまま各人が勝手な行動をしだして、これらが集合パニックを招く誘因（きっかけ）になることが考えられる。

これらのことを踏まえて、情報発信者は、2回目の地震に備えた災害対応を取り決めておく、情報の受信・処理・発信までの情報処理プロセスを整備しておく、情報発信の内容・文言を事前に作成しておく、報道機関・地域コミュニティとともに住民への情報連絡体制を事前に相談・整備しておくなど、適切な情報発信・災害対応策提供のあり方が求められている。

〔木村　玲欧〕

(3) 時間差発生時の対応を効果的に行えるように空間を整備する（戦略目標③）
　① 資源の効率的配分が可能な基盤施設整備
　　　1回目の地震の被害によるロジスティクスの確保という面、さらにいつ2回目の地震が発生するかわからないという危険性の面において、〔大大の地域〕については発生時間差の期間、復旧作業を行う事は困難な状況にある。このような状況を踏まえると、〔大大の地域〕を中心にして人的・物的資源の輸送ルートの耐震性を高めておくとともに、港湾、空港、ヘリポート等の拠点施設の整備が必要になる。

　② 南海地震の激甚被害予測区域からの移転先整備
　　　〔大大の地域〕については1回目の地震後に復旧したとしても、2回目の地震で再び壊滅的な被害を受ける事が予想される。このようなことを考えると、〔大大の地域〕については、南海地震が発生するまでの一時的な期間、1）安全かつある程度の広さの土地・ライフラインが確保可能な遠方の地域に疎開する対策、2）津波や土砂災害の危険性のない地区に仮設市街地を建設し、地域内で仮住まいをするような対策を検討する必要がある。1）の対策については、南海地震が発生するまでの期間、例えば仮設的な市街地をつくれる地域に移転し、仮住まいを行うような対策が考えられる（コラム④東海・東南海地震から南海地震までの地区全体の避難計画（案）参照）。また対策の検討にあたっては、特に中山間地域の過疎化問題ともあいまった問題があるため、仮住まいとともに地震発生後の本格的な移転についても検討しておく必要がある。

> **④ 東海・東南海地震から南海地震までの地区全体の避難計画（案）**
>
> コラム
>
> （地図：和歌山県・三重県南部一帯。泉佐野、下市、橋本、高野山、和歌山、海南、古和、鵜方、紀伊長島、尾鷲、由良、御坊、印南、熊野、新鹿、田辺、阿田和、新宮、日置、周参見、田並、串本などの地名表示。整備済み高速道路、整備予定高速道路、重要港の凡例あり）
>
> 南海地震が来るまでの期間
> 紀ノ川流域で仮居住
>
> 東海・東南海地震で被災した海岸部の住民は
> 南海地震までの期間、内陸部で仮居住
>
> 1）津波の危険性が高い地域では内陸部で仮居住する、2）危険性が低い紀ノ川流域に移転して仮居住する、などの一時避難対策が考えられる。
>
> 〔牧　紀男〕

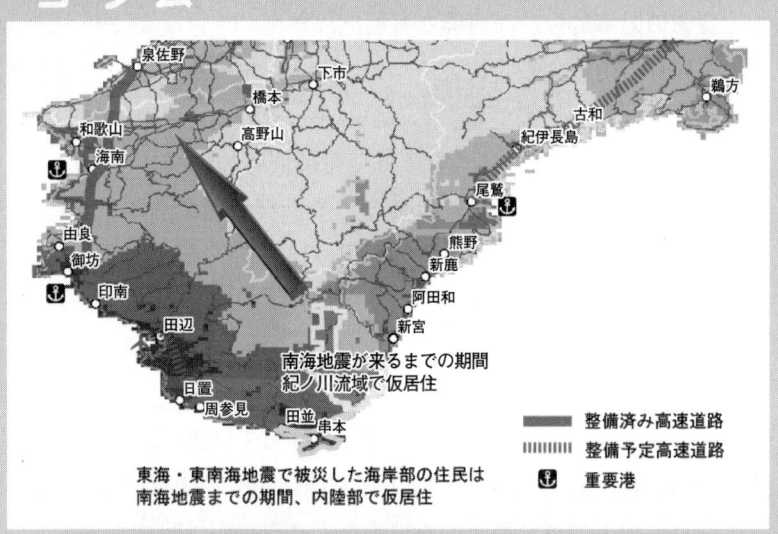

③　東海・東南海・南海地震発生後を見据えた空間整備

　2050年には日本の総人口は9,000万人にまで減少すると予想されており、東海・東南海・南海地震からの復興を考える場合、1）人口減少、2）100－150年後には再度同じような地震・津波災害に見舞われるという点を考慮する必要がある。このようなことを踏まえたうえで、東海・東南海・南海地震発生後の復興ビジョンを描いておくことが必要である。

(4)　災害対応に必要な資源の確保と効率的な資源配分体制を構築する（戦略目標④）

　①　人的資源の配置体制の整備

　　東海・東南海地震の被災地域の支援とともに、南海地震の発生を

見越して被災想定地域である〔小大の地域〕に対して人的資源を待機させておくことは、緊急時において必要である。効率的な支援を達成するためには、あらかじめ時期区分と地域区分を設定し、どの時期までにはどういう地域からどの程度支援に回るかを調整しておかなければならない。そのためには、自衛隊、消防、警察等の機関ごとに配分を決めるのみではなく、災害対応支援にあたる機関を総合的に調整しておくことも必要である。また行政機関においても、個々の自治体間の応援協定ではなく、国レベルでの全体的な調整が必要になる。

② 物的資源の配分体制の整備

　物的資源を供給するシステムも同様に、全体の調整が必要になる。1回目の地震発生後は被災地域に物資を供給することが求められる。地震発生パターンによってどの地域にどの程度配分するかという量と供給元・供給先について、あらかじめ時期区分と地域区分を設定して決めておく必要がある。

　中山間地域等で発生すると予測される孤立地域に対する物資供給とともに、限られた資源を特定地域に過剰投資しないように効率的に配分できるようにしておくことは重要になる。また、いざ2回目の地震が発生したときには対応を切り替えられるようにしておくことも必要である。

(5) 両方の地震で被害にあうと予測される地域の復旧・復興を円滑に行えるようにする（戦略目標⑤）

① 復旧・復興の進め方についての取り決め

　〔大大の地域〕における復旧・復興の進め方は、発生時間差が長期間になる場合、地域住民の安全を考慮しながら検討することになる。特に危険区域における復旧・復興対策は、2回目の地震の被害の大規模性を考慮しなければならない。そのため、仮復旧、本格復

旧、その実施時期と復旧の優先順位などについて、利害関係から生じる問題を少なくするためにも、あらかじめルールづくりをしておくことが求められる。復旧作業を行う場合には、利用者、作業者の十分な安全対策を講じることも必要である。

② 地区住民の避難体制の整備

　〔大大の地域〕では、復旧作業を行えない状況が長期化すれば、2回目の地震の人的被害の回避や危険性の少ない生活の実現のために、地区住民の全員避難の決断が求められることは想定される。他地域への住民の避難を速やかに行うためには、そのときになって利害関係によって混乱しないように避難の判断基準を決めておくことが重要である。また受け入れ場所と搬送手段についても決めておかなければならない。

③ 事前復興計画（案）の策定

　事前復興計画（案）を策定する効果としては、参加者が地域の将来像について協議しながら一つの復興計画（案）にまとめていくことで、復興に対する理解を得ること、防災に対する動機づけにつながること、地震発生後の復興をスムーズに行えるようになることがあげられる。時間差発生の問題に関しては、さらにもう一点、期待される効果を上げることができる。発生時間差が長期化すれば、〔大大の地域〕では被災した中で先がみえない状況が続くことになる。そのような中で、精神的に疲弊している被災地域の住民に対して、2回目の地震発生後への希望を与えられるということである。そのためにも、事前に復興計画（案）を検討しておく必要がある。また事前復興計画（案）の策定において、〔大大の地域〕の中でも2度の地震ともに特に被害が大きいと予測される地区では、従前地区に再建するのか、地震発生後には移転して再建するのかを検討しておくことも重要な要素になる。

(6) 住民の生命にかかわるリスク軽減のために社会・経済の活動制限内容の枠組みを決める（戦略目標⑥）

① 警戒体制の基準づくり

　　1回目の地震発生直後は、余震とともに2回目の地震が発生する可能性が急激に高まる。そのため、〔小大の地域〕ではあまり被害はなくても2回目の地震に備えなくてはならない。このような状況では、例えば大規模地震対策特別措置法に基づく警戒宣言の発令に似たような体制をとれるようにしておくことが求められる。

　　そこで警戒体制をとったとして、次に難しくなるのがその警戒体制をいつ解除するのかという問題である。

　　警戒宣言は3日間の期限つきであるが、東海・東南海地震と南海地震の時間差発生においては、3日を過ぎてもいつ2回目の地震が発生してもおかしくない状況が続くことになる。しかしいつまでも警戒体制をとることは社会活動・経済活動への影響は大きくなる。どこで次の体制に移行させるかのルールづくりもしておかなければならない。例えば1回目の地震の緊急対応（3〜5日程度）が一段落して、自衛隊、消防、警察等の各機関が2回目の地震の緊急対応に十分に資源を投入できるようになった段階で切りかえるというようなことも方法の一つである。

② 公共機関や学校・企業等の活動の制限

　　さて、1回目の地震後に警戒体制をとり、しばらく経過してから警戒体制を解除したとしても災害の脅威は大きくつきまとうわけであり、その中で住民の生命・財産をまもりつつ社会活動を継続していくためには何らかの制限をしなければならなくなる。例えば耐震性能の不十分な学校では、1回目と2回目の地震発生の間においてはそこで授業を行わないというような制限もあり得る。何らかの制限は、地震の発生する可能性と地震が発生したときに生じると予測される被害の程度を考慮して決められるべきである。

そのため、一つは南海地震の危険性に関する観測情報があれば活用できる。またもう一つは、住民の問題に対する理解と十分な危機管理能力があって、はじめて円滑に行えることになる。観測状況に応じてどの地域でどの程度、何の活動を制限するのか、実際の具体的な制限内容はそのときに決めることになるが、それぞれの大枠をあらかじめ取り決めておくことが必要である。

(7) 2回目の地震の脅威によって生じる経済的な間接被害を軽減するために広域的なBCPを作成する（戦略目標⑦）

① 企業ごとのBCPの作成

経済被害においても事前の予防対策が最善の方法となる。企業存続にかかわる重要業務については目標復旧時間内での再開を目指し、自社・取引先等においてBCP（Business Continuity Plan：事業継続計画、災害時でも組織の重要事業を継続又は早期回復するために、事前準備内容や災害対応方法等について定めた計画）を作成し、耐震補強や設備の固定、地震保険への加入、取引先の分散等のリスク管理を行い、受忍可能な範囲に災害や事故のダメージを抑えることで、早期復旧と事業継続を可能にする。特に2回目の地震の被害が大きい〔大大の地域〕、〔小大の地域〕の企業では、被害を受けた後の対処方法だけでなく、2回目に備えた間接被害に対する対処方法について、BCPの中で検討する必要がある。

② 地区単位で経済活動を継続するための対策

被災者の雇用・暮らしを維持していくためには、企業の破綻や域外流出を防ぎ、各地域に根ざした産業を継続するための対策が必要になる。産業を支える担い手を被災地、及び被災が想定される地域に留める必要がある。

2回目による地震動や津波、液状化による被害の可能性が高く、どうしても現在の敷地では対応が困難な場合には、安全な高台や2

回目の地震による被害が小さい地域への一時移転（産業施設の疎開）や操業停止の措置を実施し、経営資源の被災を防ぐ対策も検討しなければならない。この場合、2回目の地震発生までの期間が長引くほど、漁業や小売業、観光産業では営業・生産の機会損失による間接被害が増大することになるため、公的な支援や制度づくりが求められる。

③ 総合的に BCP を調整する機関の設置

　複雑化した現在のサプライチェーンにおいては、被災地の企業の機能停止が被災地域外の産業にも多大な影響を及ぼす。そのため、1回目の地震による災害からの復興や2回目の地震の備えとして、設備の斡旋や備蓄促進、経営資源のバックアップなど同業者組合等のネットワークを活かした共助の仕組みを構築し、地震の影響が産業連関全体に波及しないための対策を行わなければならない。

　2回目の地震の被災想定地域で取引が行われない状況も予測される。そのため、産業連関に関する地域間のバランスが大きく崩れることが想定される。そこでは、地域ごとに BCP を検討しておいても限界があり、広域的に経済活動を調整することも必要になる。また広域災害では、復旧作業に携わる技術者や重機等が不足することから、復興の要となる道路や港湾、電気、水道等のインフラ復旧に資源を重点的に配分する"傾斜復興方式"を採用することも求められる。これらの復興事業の調整や紀伊半島・近畿圏全体に渡る間接被害の対応については、広域での対応・調整が必要であり、各自治体だけでなく、国や広域連合組織が総合的な視点から関与することが求められる。

⑤ 普賢岳噴火災害に学ぶ複数震災対策

　1990年から5年にわたり噴火活動を続けた長崎県島原半島の雲仙普賢岳。時間が経つに連れて状況が改善していく地震災害と異なり、噴火災害では、いつ終わるともしれない火砕流・土石流、降灰等に悩まされ、災害の長期化という点では、今回取り上げた複数震災に貴重な教訓を与えた。

　例えば、噴火活動により観光客が途絶えた旅館・ホテルへの対策である。自治体が避難所や食事提供のため旅館・ホテルを借り上げたり、復興事業や取材スタッフの宿泊があったことが、結果として観光業への支援となった。しかし噴火終了後も観光客は戻らず、特に修学旅行の学生客は著しく減少したままである。東海・東南海・南海地震の時間差発生の問題では、2回目の地震の被災が想定される地域において、観光客が発生時間差間に減少することは、その危険性を考慮するといた仕方ない。そのために、地震発生後の立て直しや発生時間差の期間の損失に対する事前の準備が必要となる。

〔紅谷　昇平〕

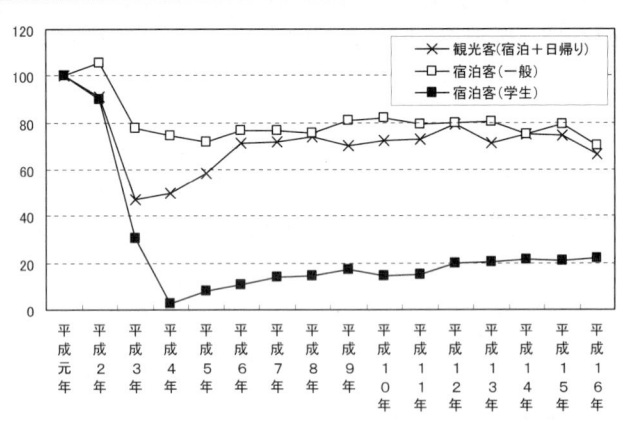

島原市における観光客数の推移（平成元年を100とした場合）：「島原市観光客動態調査」　　　　　　　　　　（島原市商工観光課）

4　来る巨大地震に向けて

　現在の東海・東南海・南海地震対策は、各機関・組織ともに同時発生に対する計画が中心になっている。しかし同時発生とともに時間差をも

って連続して発生する可能性も十分にあり得る。ここでは、東海・東南海地震が先に発生して南海地震が後から発生するパターンを検討したが、南海地震が先に発生して東海・東南海地震が後から発生する場合、東海地震・東南海地震・南海地震がそれぞれに時間差をもって発生する場合など、様々な状況も想定して計画を策定しておくことが求められる。次の海溝型地震がどのようなパターンで襲ってくるかは不明であるが、危機管理の観点からは、様々な可能性を考慮して、総合的に計画を策定しておかなければならない。

　また時間差発生の問題については、国として、広域的にどのように立ち向かっていくか、地震発生直後のみではなく、時間差が長引いた場合も含めて検討することが求められる。それとともに、地域ごと、産業分野ごとにも、いざ時間差が生じた場合にどのように振る舞うのかを検討しておかなければならない。地震発生に時間差が生じた場合には、資源配分体制にはじまり、住民の生命と暮らしをどのように成り立たせていくか、地域産業をどのように維持していくか、コラム①で示したような課題が紛糾する。ある条件のもとで制限をかける具体的な基準づくり、ルールづくりをしておくことも求められる。

　東海・東南海・南海地震は2030年代を中心として発生する可能性が高いと予測されており、社会がその対応能力を身につけるとともに、様々な制度、ルールの準備をする時間は限られてきている。そのときになって生じる混乱や利害関係のために生じる余計ないざこざや争いを回避・軽減するためにも、今から準備を進める必要がある。

【執筆者】
　（人と防災未来センター　主任研究員：照本　清峰）

第3編

現場と研究者の知恵が集う
～チーム33がめざしたもの～

第2編で解説された、東海・東南海・南海地震を迎え撃つための戦略はどのようにして生み出されたのか。ここでは、本書の編者である「チーム33」の経緯とそれがめざしたものについて紹介する。今後予想される巨大災害の想定被災地について、対策の戦略を検討するにあたって参考にしていただければ幸いである。

1 行政によるこれまでの対策について

我が国では、すべての地方自治体ごとに「地域防災計画」を作成することが義務づけられ、地方自治体はそれに従って防災対策を行っている。平成14年に制定された「東南海・南海地震に係る地震防災対策の推進に関する特別措置法」に基づき国は「著しい地震災害が生じるおそれのある地域（通常「推進地域」と呼ぶ）」を指定し、推進地域に指定された自治体は、国の定める項目に従い「推進計画」を作成することが義務づけられた。

しかしながら、これらは各自治体ごとに津波避難の方法や緊急輸送路等を定めたりすることが中心であり、これまで述べてきた広域巨大災害への対応としては必ずしも十分ではない。応急対応の部分については、第1編でみたように「東南海・南海地震応急対策活動要領」が定められ、国の機関による対応の検討が始まっている。だが、これだけの大規模災害の被害をどう軽減していくか、という予防的観点はほとんど考慮されていないのが実情である。

こうした状況を受けて、一部の府県では、東海地震や東南海地震、南海地震対策のアクションプログラムを独自に作成する動きが現れている。アクションプログラムの作成によって、将来の地震被害の軽減を目的とした行政の取り組みを体系化し、計画的に促進していこうとする姿勢は重要なものであり、高く評価すべきであろう。だが、これだけの広域災害に対して、個々の府県で作成する計画に限界があることも事実である。

2 これからの我が国に必要な対策とは？

こういった現状を踏まえ、東海・東南海・南海地震の被害軽減のためには、我々は次のような性質を持つ計画が近畿圏に必要であるという認識に至った。

(1) 目的—手段の体系を持つ「戦略計画」である

これまでの防災計画の多くは、被害軽減に役立つと思われる事業を羅列しただけのものが多く、従来の防災対策は総花的なものになりがちであった。

しかし、極めて小規模な災害であればともかく、東海・東南海・南海地震のような大規模災害については、すべての被害をなくすことは不可能である。したがって、被害軽減に効果のある事業について選択的・集中的に実施するといった戦略性が求められる。そこで、被害軽減に向けた戦略課題を明らかにし、その課題の解決に向けた対策の体系としてまとめることが必要である。

(2) 30年という時間を味方につける

既にみたように、東海・東南海・南海地震の発生確率のピークはおよそ30年後である。もちろん、ここ数年のうちに発生する可能性を否定することはできないが、東海・東南海・南海地震がこれまでとはまったく違うスケールの災害であることを踏まえると、30年という時間を有効に使った抜本的対策に取り組むことが重要であるといえる。これによって、ハード対策はもちろんのこと、土地利用規制なども組み合わせた総合的な対策を議論することが可能になる。

(3) 自治体の枠を超え、広域的視点で考える

繰り返し述べてきたように、これだけ大規模な災害になると、個別の自治体での対策の検討には限界がある。例えば、被災した自治体に

はいつごろどこからどの程度の応援が来ると期待してよいのか、県外への避難を検討したとしても、どこがどの程度受け入れてくれるのか、個別の自治体で計画を検討している限りは、こうした問いにはいつまでたっても解答が与えられない。そこで、自治体の枠を超えて、災害の全体像を把握しつつ、広域的な視点で議論することが重要である。

(4) 地域主導で考える

　府県をまたがる広域的な災害対応を調整するのは、一般的に国の役割であると考えられている。しかしながら、いざというときに国によって行われる調整が、被災自治体にとって望ましいものになる保証はまったくない。今後、国も東海地震や東南海・南海地震の対応についての検討をさらに進めていくことになっているが、その検討結果を想定被災自治体が指をくわえて待つのではなく、自らにとってあるべき対策を積極的に国に対して提言していく必要がある。

　また、30年後を見据えたとき、災害時の広域調整を担う組織はひょっとしたら国ではないかもしれない。例えばそのころには我が国は道州制に移行している可能性もある。現在全国の都道府県は、ブロックごとに災害時の相互応援の枠組みを持っているが、その一つである近畿府県災害対策協議会がより強化され、緩やかな連携のもとに広域調整を担うことになるかもしれない。いずれにせよ、地域が抱えるであろう問題を地域主導で考えていく必要性は今後高まるばかりである。

(5) 最新の科学的知見を活用する

　効果的な対策を行うにあたっては、東海・東南海・南海地震という敵を正しく知る必要がある。同時にその地震がもたらすであろう被害を予測し、加えてある対策の効果や副作用についても予測する必要がある。このためには、科学技術の力が必要であることはいうまでもないが、一般的に地方自治体の政策現場まで最新の科学技術の成果は伝わりにくい。東海・東南海・南海地震については、これまでも既に

様々な研究が行われており、こうした成果を積極的に活用して対策が検討されるべきである。そのための枠組みを設計する必要がある。

(6) 既存の制度や仕組みに必ずしもとらわれない

30年という長期的視野に立ったときには、現在の我が国の制度や仕組みがそのまま維持されているという保証もない。したがって計画策定においては既存の制度や仕組みにとらわれるのではなく、純粋に必要な対策を議論し、それを実現するための制度を考えるという思考プロセスが必要である。

3 チーム33の結成

平成14年度から、文部科学省は、将来大都市を襲う巨大地震被害の軽減化を目指し、「大都市大震災軽減化特別プロジェクト（通称「大大特」）」を5か年計画で開始した。京都大学防災研究所はこの中で「Ⅲ—3 巨大地震・津波による太平洋沿岸巨大連担都市圏の総合的対応シミュレーションとその活用手法の開発」の研究代表機関として、同プロジェクトの推進を担ってきた。

プロジェクト3年目にあたる平成16年度から、大大特の研究成果を防災行政などの現場に普及させることを目的とした「成果普及事業」が実施されることになった。いくつかの研究枠でこの成果普及事業が行われたが、京都大学防災研究所が担当するⅢ—3の枠では、自治体職員向けの災害対策専門研修などを手掛けるとともに、若手の研究者が多数在籍している「人と防災未来センター」に委託した。同センターを事務局とし、前述のような近畿圏としての戦略計画作成に賛同した7つの府県（滋賀県・京都府・三重県・和歌山県・奈良県・大阪府・兵庫県）と3つの政令市（京都市・大阪市・神戸市）の職員、そして途中から呼びかけに応じていただいた20名の若手研究者らによって、戦略計画作成の体制が構築された。本書の内容はこの事業への参加者全体の成果にほかな

らず、これらすべての人々を指して監修者の一人の林によって名付けられたのが「大大特成果普及事業チーム33」という名前である。

しかしながら、事業開始当初から、このような明確な意図と多数の強力なメンバーを得ていたわけではない。最終的な戦略計画の策定にたどり着いた経緯を、試行錯誤の経過も含めて紹介することにしたい。

(1) 戦略課題の設定

　プロジェクトが開始した当初は、自治体職員のメンバーが中心であった。研究者も何名か参加したが、計画策定の内容に深くコミットすることは避けていた。それは、戦略計画を専門家ではなく、自治体職員らが自らで作り上げていくということに重きを置いたからであり、研究者の位置づけは専門的知見の提供ではなく、自治体職員の考えを引き出すファシリテーターとしての役割が中心であった。

　最初の会合では、東海・東南海・南海地震の被害軽減のために必要な課題（戦略課題）を設定した。参加者は20人。まず研究代表者の河田惠昭から、東海・東南海・南海地震の全体像について講義があった後、参加者らでワークショップを行い、東海・東南海・南海地震からの被害の極小化と創造的な復旧・復興を行うために近畿府県の行政職員として取り組む課題をSWOT分析の手法で明らかにした。

　まず、30年後に防災の観点から地域社会に対する「脅威」あるいは「機会」となる外部環境を議論した。その中で、「高齢者等災害弱者の増加」、「多数の脆弱な住宅の存在」、「IT技術の進歩」、「ボランティア・企業などの自発的な防災活動への参加」、「財政難による国の防災対策の遅れ」などが挙げられた。他方、施策を実施する立場として地方自治体が持つ行政としての「強み」と「弱み」を構成する内部環境を議論したところ、「トップの意識が低い」「施策の総合調整力が弱い」「長期的な計画がない」などが挙げられた。これらを総合した結果、今後近畿圏として取り組むべき課題を以下の6つに設定した。

　（i）やや長周期の強振動による社会資本への被害予測の確立

(ⅱ) 住宅の耐震化戦略の構築
(ⅲ) 広域災害を視野に入れた連携体制の構築
(ⅳ) 要援護者の避難対策も含めた総合的な津波避難対策の提案
(ⅴ) 役に立つ情報システムの開発
(ⅵ) 長期的視野にたった戦略計画の策定と防災事業の推進

このワークショップを行ったあと、2004年9月5日に紀伊半島沖を震源とする地震（M7.1）と東海道沖を震源とする地震（M7.4）が夕方から深夜にかけて連続して発生した。近畿圏の広い範囲にわたって大きくゆっくりとした揺れを体感し、本プロジェクトの参加メンバーの多くも、それぞれの自治体で災害対応に従事した。幸いにして被害はほとんどなかったが、東海・東南海・南海地震をイメージするうえで極めて有益な体験であった。このとき、複数の大きな地震が連続して発生したことから、「東海・東南海・南海地震が時間差を持って発生する」ことについて現実味が増し、メンバーの間で問題意識が高まってきた。

SWOT分析

SWOTとは、マーケティングや企業戦略の分析手法の一つで、強み（Strength）と弱み（Weakness）、機会（Opportunity）、脅威（Threat）のそれぞれの頭文字を取ったものである。内部環境、すなわち組織の強みと弱みを明らかにし、同時に組織をめぐる外的環境において組織にとって機会となるものや脅威となるものを明らかにする。これにより組織が置かれている環境を総合的に判断することができる。分析結果は通常以下のようなマトリクスにまとめられ、それぞれの軸の交点にあてはまる対策を検討することで、今後の組織の取るべき戦略を明らかにしようとするものである。

		外部環境	
		(3)機会(Opportunity)	(4)脅威(Threat)
内部要因	(1)強み(Strength)	積極的施策	差別化戦略
	(2)弱み(Weakness)	段階的施策	撤退

もう一つ、戦略課題を考えるうえで重要な事件が2004年に発生した新潟県中越地震であった。メンバーで現地調査に赴き、実際の災害被害のすさまじさを見るとともに、中山間地域の孤立の問題と、過疎化が進行する中山間地域での復興の問題については、紀伊半島でも同様に問題になりそうだと関心が集まった。

　これらの災害を経て、戦略計画で扱うべき課題として新たに「中山間地域・中小都市の再生を視野に入れた防災のあり方の提案」と「複数の震災が連続して発生する場合での最適な復旧・復興戦略」の2つが追加された。また、いくつかの修正と、親和性などを考慮し課題を統合する中で、最終的には、以下の6つの戦略課題が設定されることになった。

(ⅰ)　やや長周期の強震動による社会資本への被害予測と対策の確立
(ⅱ)　住宅の耐震化戦略の構築
(ⅲ)　広域災害を視野に入れた連携体制の構築・効果的な危機対応を可能にする情報システムの開発
(ⅳ)　要援護者の避難対策も含めた総合的な津波避難対策の提案
(ⅴ)　中山間地域・中小都市の再生を視野に入れた防災のあり方の提案
(ⅵ)　複数の震災が連続して発生する場合での最適な復旧・復興戦略

(2)　「知恵が足りない」～若手防災研究者の参入～

　事業2年目には、それぞれの戦略課題を解決するための戦略計画を、どのようなステップで検討すべきかについて、引き続き自治体職員によるワークショップで検討しようとした。

　しかし、この試みはあえなく失敗した。具体的なアイディアが現れず、作成する予定だった行程表もほとんど埋まらないまま時間だけが過ぎていった。そもそも、掲げられた戦略課題の多くがいまだ真剣に議論されたことのない新しい課題であった。したがって、何をどうやって検討すれば解が見えるのか、皆目見当がつかないというのが失敗

の主な原因だとわかった。

　この失敗を通じ、計画策定には自治体職員だけでなく、専門家の力が必要だという認識に至った。そこで、それぞれの戦略課題に関係する若手の防災研究者24人に集まっていただき、それぞれの専門的知見を10分ずつ発表してもらう「専門家ワークショップ」を開催した[1]。このワークショップを通じて、ようやくそれぞれの課題について議論の足がかりが得られたのである。

(3)　「現場知」と「専門知」の交錯による価値観の転倒

　これ以降は、戦略課題ごとに分科会を構成し、自治体職員に加え、専門家も同じテーブルにつき、講師を招いた勉強会や現地調査、ワークショップなど独自の方法で、それぞれの戦略計画の内容について深めていった。

　このプロセスにおいて、当初は思いもよらなかった効果が得られた。それは、参加者らの「価値観の転倒」である。以下具体的に述べる。

　まず自治体職員の側の転倒である。一般論としていえば、行政職員は、法や制度に基づいて業務を執行することがまずもって重要だと考える。そのため例えば地域防災計画の作成一つをとってみても、それは災害対策基本法で定められているから行わなければならない業務なのであり、それによって地域の防災力が向上しているかどうかは必ずしも考慮されない。これは極端な事例だが、本事業に参加した自治体職員らについても、どこか似たような思考回路が存在したことは事実である。

　しかし、若手の防災研究者側にとってみれば、そのような法や制度はお構いなしである。研究者はそれぞれの「専門知」に基づいて、災害被害を軽減するためには何が必要かを論理的に突き詰めようとする研究者が対等な立場で議論に加わることによって、行政職員にとって

1　このワークショップの内容については人と防災未来センター『2005年6月専門家ワークショップ報告集』DRI調査研究レポート vol. 6に収蔵されている。

は、彼らが閉じこもりがちな「形式」や「建前」という殻を突き破り、明晰な論理に基づいて防災対策を議論し始める重要な契機であった。

他方、研究者側にも価値観の転倒が生じた。ほとんどの研究者は、研究課題を分野ごとに細分化していき、専門性を高めることによって問題解決を図ろうとする。したがってほとんどの場合、特定の専門分野には詳しいが、それ以外の分野についてはほとんど知識がない。しかも、その狭い専門性の中で問題意識を醸成していくために、そこでの問題意識が必ずしも世の中の問題解決のために役立たない、あるいはその関係性がほとんど意識されないまま、研究だけが先走ってしまうということも少なくない。

例えば災害被害のシミュレーションの精度を高めるための研究を考えてみよう。災害直後の混乱期には具体的な被害情報は伝わらないか、あっても極めて断片的なため、こうしたシミュレーションの利用価値は高く、精度も高いに越したことはない。しかし、精度を高めようとした結果、シミュレーション結果を出すための計算に例えば一日かかったとすると、それはまったく意味のないものになってしまう。これも極端な事例であるが、自分の研究が社会のどこでどのように役に立つのかをわかりやすく説明することは、ほとんどの研究者にとって大変難しい作業なのである。

ところが自治体職員は、日ごろから地域で直面する具体的な問題解決のために心血を注いでいる。現場の政策課題はいろいろな課題が複雑に絡み合ってできていることがほとんどであり、単独の専門的知識で解決するということはむしろまれである。そこには制度の問題もあれば、地域の歴史的経緯もあるかもしれない。こういった「現場知」とも呼ぶべきものは実務家である自治体職員は豊富に有しているのである。

同時に、実務家が持つ問題意識は極めてシンプルで、かつ、奥深く深刻なものが少なくない。例えば「紀伊半島の過疎の問題をどうすればよいのか」「10メートルの津波からどう人々を守ればよいのか」と

いった極めて単純で切実なものであり、先に挙げた6つの戦略課題もこうした現場の素朴な問題意識に基づいている。これらはいずれも、それぞれの専門家単独では答えは出せないものである。このプロジェクトを通じて、専門家の側も自らの専門性だけに固執せず、現場も問題意識を共有しながら、幅広い視野をもって議論ができるようになっていったのである。

(4) 本計画策定手法の意義と限界

　以上に述べた計画策定手法、特に、専門家と実務家の協働による計画策定手法については、東海・東南海・南海地震対策だけでなく、ほかの地域でも十分適用可能なものだと思われる。そこで、「現場知」と「専門知」の協働が計画策定手法としてどのような意味があるのかをここでまとめておきたい。

　ここで紹介した手法は、既にある程度議論が熟したテーマを検討するのではなく、まったく未知の課題、ないしは議論の蓄積が乏しい課題に対して有効性が高いと思われる。いい換えれば「論点整理型」よりも「課題発掘型」の計画策定手法であるといえよう。

　本計画策定には3年の年月を有した。ワークショップや現地調査などを行うためには多忙な研究者らを長時間拘束せざるを得ず、そういった意味でも計画策定のコストは決して低くない。したがって、ある程度の議論の蓄積がある課題であれば、従来型の委員会による計画策定、すなわち実務家がこれまでの議論を整理して計画案を作成し、それを専門家が指摘して修正するという方法がむしろ効率的かもしれない。

　しかし、本計画が対象とした戦略課題の多くは、ほとんど議論の蓄積がなく、専門家すらも直接の回答を持っているわけではなかった。ここで紹介した手法はその試行錯誤の結果生まれたものである。それは言い換えれば、議論の蓄積が乏しい未開拓の課題において特に優位性を発揮するということを示唆するものであるといえよう。

我が国の防災において、このように検討が深められていない課題は少なくないと思われる。特に首都直下地震については十分な検討すらなされておらず、ひょっとしたら見過ごしている問題が山ほどあるのかもしれない。その意味で本計画策定手法の適用可能性は少なくないであろう。

　ただし、いくつか本計画策定手法の限界についても述べなければならない。第1に、この計画策定に参加したのは専門家と自治体職員のみであり、防災のステークホルダー（利害関係者）という意味ではまだ一部に過ぎないという点である。例えば、民間企業、地域住民、NPOら市民団体などは主要なステークホルダーであるし、自治体職員についても関係する部局の職員がすべて参加しているわけではない。

　とはいえ、すべてのステークホルダーによる参加型戦略計画策定を本プロジェクトと同じ密度で行うことは多くの場合現実的ではないであろう。計画の主体や目標に応じてステークホルダーを適切に選択する必要があると思われる。

　第2に、作成された計画は、具体的に各自治体の施策として実施されることを当初から予定していなかったという点である。もし、参加者が自らの組織で実施することを義務づけられた計画策定だったとすると、ここまで自由闊達な議論はできなかったであろう。本プロジェクトは、政治的・官僚的な配慮に満ちた計画ではなく、科学的にみて被害軽減効果の高い計画策定を目指して活動してきた。そうでなければ、未曾有の大災害となる東海・東南海・南海に対して有効な計画の姿には近づけないと考えたからである。

　したがって、今回我々が行った計画策定手法は、直接の利害関係が絡む計画策定においては容易に適用できない可能性がある。地域住民など参加者が直接の利害関係者であれば、同じテーブルにつくことでむしろ利害関係の調整が促進されることが期待されるが、参加者が所属自治体を代表しているような場合では、利害対立を含んだ交渉の場となり、生産的な議論はほとんど期待できないであろう。

しかし、そのことは本計画策定手法が現実の政策に影響力を持たないという意味ではない。将来の災害に対して真に被害軽減効果の高い計画であることが示されるならば、世間の多くの支持が得られ、現実の政策もそこを目指して変化していくのではないかと期待するからである。

　また、既に述べたように、この計画策定に参加した人々は、大なり小なり自分の考えを発展させてきた。そのことが現実の政策に及ぼす影響も無視できないと思われる。本計画手法は、計画を即何らかの主体によって実施させ世の中を動かすことを期待するのではなく、社会への問題提起を通じて間接的に政策に反映させることを意図したものであるといえるだろう。

【執筆者】
（人と防災未来センター　研究副主幹：永松　伸吾）

資料編

○住宅の耐震化戦略の構築

【基本戦略】
1 耐震性能に関する情報提供を促進する
　1.1 要改修対象建物を絞り込むために住宅の耐震性を把握する
　　1.1.1 耐震診断を優先して進める
　　1.1.2 ローラー作戦で勝手に耐震診断を行う
　　1.1.3 固定資産台帳に関する情報を開示して自治体内で活用する
　1.2 住宅の質に関する情報を提供する
　　1.2.1 住宅性能表示制度を積極的に活用する
　　1.2.2 耐震診断・改修にかかる情報提供内容（耐震改修事例集、工事費用、事業者情報、標準契約書、助成制度の一覧等）の一層の充実を図る
　　　1.2.2.1 パンフレットを作成する
　　1.2.3 住宅の質を把握するために地震危険度や居住環境などの情報を一元的に集約する
　　1.2.4 良質な住宅の選別を促すために質に関する情報を公開・表示する
　　1.2.5 耐震診断結果を住民に説明する
　1.3 ハザード情報として地盤や地震危険度などの情報を充実させる
　　1.3.1 大被害事例をビジュアル化して提示する
　1.4 住宅の維持管理に必要な情報を整備する
　　1.4.1 10年に一度、住宅検査を行い劣化状況のモニタリングサービスを行う

2 耐震化にかかわる新しい技術を積極的に導入する
　2.1 わかりやすい耐震性能評価手法や新しい耐震化技術の開発を行政として支援する

2.1.1　適切な技術の評価や、耐震技術コンクール等の実施を行う
　2.1.2　コストパフォーマンスに優れた改修技術の開発・普及に協力する
　2.1.3　だれでも利用可能となるように技術の共有化を図る
　2.1.4　精度の高いハザードマップを提供する
　　2.1.4.1　地盤情報や建物情報等のハザードマップ作成に必要な情報を整備する
2.2　耐震改修の手法と価格の関係をわかりやすく示すツールを開発する
2.3　耐震化にかかわる事例集・データベースを開発する
2.4　耐震化にかかわる事務手続きを簡略化するツールを開発する
　2.4.1　耐震改修計画策定用のテンプレートを開発する

3　住民が安心して耐震化に取り組める体制を整える
　3.1　耐震化担当部署を設置する
　3.2　耐震化に関する相談窓口を設置する
　　3.2.1　悪徳業者に関する情報を充実する
　　3.2.2　良質な耐震改修業者を斡旋する
　　3.2.3　良質な耐震改修業者リストを作成する
　3.3　耐震改修工事の監理体制を整備する
　3.4　耐震化支援センターを設置する

4　住教育を主体として耐震化への意識啓発を行う
　4.1　耐震化にかかわる職員の意識啓発を行う
　　4.1.1　地震被災リスク情報を正しく住民に伝達するために自治体職員の知識を高める
　4.2　一般市民の意識啓発を行う
　　4.2.1　安全で快適な住まいを入手するためには、相当のコストが必要であるという住民の理解を深める

4.2.2　住宅月間、建築防災週間、防災週間等の期間に集中的な広報を行う
　　　4.2.3　良質な住宅ストックとは何か、そのイメージ作りを行う
　　　4.2.4　テレビCMの放映や地震チャンネルの設置など、マスメディアを利用した啓発を行う
　4.3　次世代に住まいの問題を自ら解決できる力を備えてもらう
　　　4.3.1　住まい学を義務教育項目にする
　　　4.3.2　地震危険度に関する理解を深める
　4.4　建設業界への耐震化の浸透を進める
　　　4.4.1　建築士への耐震化意識の増進を図る
　　　4.4.2　耐震改修技術者の養成体制を整備する
　　　4.4.3　大学専門教育での木構造を必須化する
　　　4.4.4　建築生産体制におけるコンプライアンス意識を高める

5　地域コミュニティーに働きかける
　5.1　町内会へ働きかける
　　　5.1.1　町内会等と連携を図り、「だれでもできるわが家の耐震診断」パンフレットを新耐震基準以前の住宅全戸に配布しながら耐震診断の実施を促すなどのローラー作戦を展開する
　　　5.1.2　建築協定などを活用し、町内会等を単位として地震防災対策に取り組む
　　　　5.1.2.1　町、地区単位で耐震診断を実施する
　　　　5.1.2.2　町内会が耐震改修を強制的に進める
　5.2　地域での会話を増進し、口コミの力で隣がやれば周りもやるような環境をつくる
　5.3　耐震化の協力者を育成する
　　　5.3.1　耐震診断の協力者の育成を支援する
　5.4　地域の工務店と協力体制を築く
　　　5.4.1　耐震改修業者の登録制度を設ける

5.5 リタイアした元気な高齢者を耐震ボランティアとして活用し、財政負担を抑える

5.6 町医者のようなコミュニティ・アーキテクトを各地域へ配置する

 5.6.1 コミュニティ・アーキテクトの育成を支援する

【短期戦略】

6 耐震改修への補助制度を改善する

 6.1 建築物耐震化のための特定財源を確保する

 6.1.1 統合補助金制度や地域住宅交付金制度を活用する（国交省）

 6.2 地方独自のインセンティブ制度を設ける

 6.2.1 無料の耐震診断制度を設ける

 6.2.2 地方税として耐震性の低い住宅の税率を上げるような地震税を導入する

 6.2.3 住宅金融公庫融資の活用を促すため利子補給制度を設ける

 6.2.4 リフォームに合わせた耐震化の補助制度を拡充する

 6.2.5 改修時用の一時住宅を提供する

 6.3 耐震化の対象を考慮した補助制度を設ける

 6.3.1 耐震改修費用を負担できない低所得の所有者にかわって地方自治体が自ら耐震改修を実施する事業を検討する

 6.3.2 自発的な耐震化が可能な人に対するインセンティブとして、耐震補強後に被害を受けたら支援してもらえるような保証制度を確立する

 6.4 目標や取組方針を掲げ、目標の達成に向け、進捗状況を一定期間ごとに検証する

7 住宅の新築更新への誘導を行う

 7.1 新築優遇策を拡充する

 7.1.1 仮住宅の公的供給を行う

7.1.2 危険な住宅の居住者を優先的に公営住宅に入居できるようにする。
7.1.3 民間の賃貸住宅への住み替えを誘導するために、高齢者や低所得者の家賃を優遇する
7.1.4 耐震化を目的とした適正な建替に対する補助制度を設ける
7.2 賃貸住宅の新築更新を促進する
7.2.1 賃貸住宅建替え時の貸家人権限を拡大する
7.3 新築建物の耐震性を確保する
7.3.1 民間金融機関が行う住宅ローン融資等について完了検査を要件化する
7.3.2 優良耐震物件について公的機関は積極的に Reit の購入を支援する
7.3.3 新築住宅の質を確保するために住宅の品質確保の促進等に関する法律を活用した性能表示の普及啓発を行う
7.4 将来の構造基準の改正による既存不適格建物の新たな発生に備える

8 耐震化セーフティネットを構築する
8.1 小規模型（簡易）耐震補強を推進する
8.2 応急的な取組み対策として、長時間過ごす部屋のみ耐震改修を推進する
8.3 防災ベッドを活用する
8.4 シェルター型の掘りごたつユニットを活用する
8.5 4.5畳用や6畳用などパターン化した寝室シェルターキッドを普及する
8.6 家具の固定を進めるなど身近な地震対策を推進する

【長期戦略】
9 民間の耐震化市場を活性化する

9.1 民間との協力体制を築く

9.1.1 専門家・事業者に対して、耐震診断・改修の方法、税制・融資制度・助成制度等に関する講習会や研修会を実施し、必要な知識の理解と技術向上を図る

9.1.2 専門家・事業者が連携して耐震診断・改修に取り組むことができるよう、地域ごとに関係団体による推進協議会の設置等を推進する

9.1.3 耐震業者以外のリフォーム事業者に働きかけを行う

9.2 市場原理に基づいた対策を推進する

9.2.1 リバースモーゲージを利用した高齢者向けの耐震補強ルートを確立する

9.2.2 民間機関による住宅再建支援共済制度の創設を支援し、プール資金を使った耐震化の推進を支援する

9.2.3 耐震補強業者による耐震補強保証制度の創設を支援する

10 中古住宅の質的改善を図る

10.1 住宅の維持管理環境を整備する

10.1.1 現行の特定建築物の定期報告制度を活用した体制を確立する

10.1.2 建物維持管理のアドバイザーとしてのハウスドクター、防災指導員を育成する

10.1.3 床下や天井裏点検が手軽にできる住宅を普及する

10.1.4 住宅カルテ制度を確立し、その運用を支援する

10.1.5 維持管理の考え方を示したパンフレットの配布や、どのような状況が劣化状態なのかがわかるデータベースを構築する

10.2 不良ストックを流通させない

10.2.1 耐震性の低い物件の賃貸契約を規制する

10.2.2 質の低い中古住宅に対して税やサービスの制限などのデメリットを付与する

- 10.2.3　耐震性の低い物件には抵当権仮設定を認めない
- 10.2.4　耐震性の低い住宅の取得に隠しローン設定を認めない
- 10.2.5　中古住宅購入時に非耐震住宅の地震保険料率を高くする
- 10.2.6　売買時の重要項目として耐震性能を告知する
- 10.3　住宅所有者が変わるときに建替えや改修による耐震化を促進する
  - 10.3.1　耐震化した建物の相続税を安くする
- 10.4　優良ストックの流通を促進する
  - 10.4.1　中古住宅の購入時に住宅の耐震レベルに応じて減税を行う
  - 10.4.2　中古住宅の改修のための経済的インセンティブを付与する
  - 10.4.3　リフォームに合わせて耐震化を進めて魅力的な住宅をつくる
  - 10.4.4　バリアフリー化・省エネ化と抱き合わせて中古市場を活性化する
    - 10.4.4.1　バリアフリー化・省エネ化すると耐震化ももれなくついてくるキャンペーンの国民的展開を行う
    - 10.4.4.2　太陽光パネルや手すりと抱き合わせた新技術の開発を支援する
- 10.5　中古マンションの改修を促進する
  - 10.5.1　マンションの耐震化を強制的に進める
  - 10.5.2　管理組合の意見をまとまりやすくするために、耐震化を目的としたマンション修繕を促進する優遇策を設ける
  - 10.5.3　賃貸と分譲にかかわらず共同住宅の耐震性能表示を義務化する
  - 10.5.4　分譲共同住宅の建て替え時に手続きの簡略化を進める
  - 10.5.5　地域ごとに改修時用の代替住宅として空いている公営住宅などの活用を検討する

11 防災を考慮した土地利用計画を策定する
 11.1 地震ハザードマップ等を活用して規制強化を図る
 11.2 防災対策を行わない地域を指定し、その地域への居住を制限する
  11.2.1 地盤の悪いところなどの居住に適さない危険な土地への新規移転を制限する
 11.3 耐震対策を行う地域を制限し、予算をしぼる
  11.3.1 建替促進地域と改修促進地域を指定する
  11.3.2 がけくずれ、高潮、軟弱地盤地区内の建築制限を行い、市街化区域を縮小する
  11.3.3 津波危険地域において建築制限又は構造制限を行う
 11.4 木造密集市街地の改善のために土地収用を含めて特別施策などを推進する
  11.4.1 町並みを保全する地区等では、景観に配慮した改修を推奨する
  11.4.2 住宅や住環境の質を高めることを目的とした建替えを行う
   11.4.2.1 敷地100㎡以下の戸建を認めない
   11.4.2.2 共同建て替えによる耐震化を進める
  11.4.3 敷地拡張や道路拡幅などの基盤整備を進める
  11.4.4 密集市街地等の住宅等について、耐震診断等の指示や勧告を推進する
  11.4.5 借地人が住宅を建て替える時に、借地借り入れに対する何らかの優遇措置を行う

○やや長周期の強震動による社会資本への被害予測と対策の確立

やや長周期の地震動のメカニズムを知る
1）やや長周期の地震動を知る
　1-1　長周期地震動予測に必要なデータを整備する
　1-2　地下構造モデルを構築する
　1-3　地震動データのマネジメント体制を確立する
2）やや長周期地震動を予測する
　2-1　地下構造特性を考慮した地域メッシュごとの地震動を予測する
　2-2　東海・東南海・南海地震の発生タイミングの違いによる長周期地震動の違いを評価する

長周期強震動による社会資本の弱いところを知る
1）社会資本に関する情報整備を行う
　1-1　被害予測の対象とする社会資本を設定する
　1-2　高層建築物、長大橋梁、石油タンク等の社会資本の基礎データを整備する
　1-3　高層建築物、長大橋梁、石油タンク等の社会資本の社会データを整備する
　1-4　やや長周期の強震動による社会資本の被害予測に関する情報提供手法を開発する
2）構造物の被害予測、評価を行う
　2-1　社会資本の被害予測、評価を行う
　2-2　構造物の耐用年数を考慮した被害予測手法を開発する
　2-3　設計と実測との検証を実施する体制を確立する
3）社会資本の機能損失に対する評価を行う

3-1　社会資本の機能損失を評価する

3-2　社会資本の復旧期間、コストを評価する

3-3　社会資本の機能損失による市民生活、社会経済活動への影響を評価する

4）人的被害の予測を行う

4-1　構造物被害にかかる直接的人的被害を予測する

4-2　構造物被害によらない間接的人的被害を予測する

長周期地震動への対策を知り、実施する

1）やや長周期の地震動に対する理解を得る

1-1　やや長周期地震動に関するリスクコミュニケーションツールを開発する

1-2　長周期地震動に関する情報提供を行う

2）構造物に対する長周期地震動対策を確立する

2-1　長周期地震動に対する対策技術の開発を推進する

2-2　既存の構造物に対する補強手法、技術の開発を実施する

3）機能損失に対する対策を確立する

3-1　復旧シナリオを検討する

3-2　応急復旧対応マニュアルを整備する

○広域災害を視野に入れた連携体制の構築・効果的な危機対応を可能にする情報システムの開発

1　組織間連携体制を確立する
　1.1　災害対応する際の共通原則（規範）を持つ
　　　（ex）全部署は、災害対策本部の指揮命令下に入る
　　　（ex）災害対策本部で実行性のある優先業務を決定する
　　　（ex）災害対応時に全職員が同じ目標を持って業務に従事すべきである
　　　（ex）災害対策本部に権限を持たせる

　1.2　標準的な災害対応体制を整備する
　　1.2.1　災害対策本部組織図のお手本をつくる
　　　（ex）平時の体制を超えた機能別組織体制をつくる（住民支援班、ライフライン班、等）
　　　（ex）目標管理型の業務運営を行うために「戦略班」を設置する
　　　（ex）災害対応業務の統制ルール（決裁方法）を明確にする
　　　（ex）継続的な業務を行うための人員体制（ローテーションルール）を整備する
　　1.2.2　災害対策本部組織図の共通化を図る

　1.3　標準的な災害対応業務を規定する
　　1.3.1　災害対応業務内容・手順を明確に記述する
　　1.3.2　災害対応業務に必要な情報項目を標準化する（統一的な様式をつくる）
　　1.3.3　災害対応業務に必要な情報処理結果を標準化する（見える化：ホワイトボードの活用）

2 災害対応業務を実行できる人材を確保する
　2.1　人材の育成
　　2.1.1　他部局職員や OB を育成できるカリキュラムの作成
　　2.1.2　OB や有識者の事前登録を行う
　　2.1.3　災害対応訓練を実施する
　2.2　人事に関する制度整備を行う
　　2.2.1　災害対応時に効率的な人員配置が可能な人事制度を組む
　　2.2.2　防災専門職員を採用する
　　2.2.3　人事交流を行う（県―市町村―府県間）
　　2.2.4　防災に関する知識・能力を評価する人事システムの構築を行う

3　状況認識を統一できる情報基盤を共有しておく
　3.1　事前に想定できる状況認識を共有するための情報を保有する
　　3.1.1　共通の地図情報を使う
　　3.1.2　共通の被害想定結果を持つ
　　3.1.3　各機関の災害対応計画・マニュアルの周知をはかる
　　3.1.4　被害想定手法やリスク認知手法の共通化をはかり、各データの共通性を高める
　3.2　できる限り早期に被害を共有するための情報を保有する
　　3.2.1　共通の被害情報伝達書式を使う
　　3.2.2　災害対応時に使用する言語を共通化する
　　3.2.3　災害時の民間情報を活用する基盤をつくる
　3.3　資源連携を可能にするための情報を保有する
　　3.3.1　災害時に活用可能な公的資源リストを共有する
　　3.3.2　災害時に必要となる資源リストを共通で準備する
　　3.3.3　災害時に活用可能な民間資源リストを共有する

4 効果的な災害対応が可能になるように資源配置を行っておく
　4.1 地域で最低限自立可能な資源を配置する
　　4.1.1 推計量に基づき、最低限地域に必要な物資を配備する
　　4.1.2 住民に3日分の備蓄を促す
　　4.1.3 地域で調達できる資源を増やす
　4.2 災害対応時に必要な資源を府県を越えて配置する
　　4.2.1 近畿圏を視野に入れた一大災害広域防災拠点の整備
　　4.2.2 災害時に必要となる特殊技能部隊を配備する
　　4.2.3 備蓄する公的資源の様式・規格の共通化を行う
　　4.2.4 災害対応業務に準じた役割ごとの人的資源の相互活用を可能にする
　4.3 広域的なネットワークを可能にする環境を整備する
　　4.3.1 道路を強化・整備する
　　4.3.2 空路を強化・整理する
　　4.3.3 海路を強化・整備する
　　4.3.4 ライフラインを強化・整備する
　　4.3.5 情報インフラを強化・整備する

5 効果的な災害対応を可能にするツールを開発する
　5.1 広域連携を可能にする防災情報システムを整備する（IT技術を活用）
　　5.1.1 標準的な災害対応業務をシステム化する
　　5.1.2 共通のプラットフォームを整備する
　　5.1.3 システム整備の共通ルールをつくる
　　5.1.4 連携業務に関する共通ルールをつくる
　5.2 広域災害調整機関を設置する
　　5.2.1 不足する人的資源を補完する仕組みをつくる
　　5.2.2 広域に配置された資源を配分する仕組みをつくる
　　5.2.3 集中的に配置された資源を配分する仕組みをつくる

5.2.4　組織の調整・決定権限を明確にする
5.3　広域災害時に連携を可能にさせる協定の形を考える
5.3.1　自治体と民間業者との協定の一元化
5.3.2　圏域全体が参加する協定枠組みをつくる
5.4　広域連携演習体制の整備
5.4.1　広域連携演習手法の確立
5.4.2　広域連携演習実施機関の設置
5.5　情報が不足している中でも対応可能な仕組みをつくる
5.5.1　情報のない中でも進める業務を整理し共有する
5.5.2　情報のない中でも意思決定可能な仕組みを整備する
5.5.3　システム不全時の対応マニュアルを整備する

○要援護者の避難対策も含めた総合的な津波避難対策の提案

1 津波避難を想定したまちづくりを計画する
　<u>土地の危険性を評価し、減災まちづくりをする</u>
　1.1　地域のハザードマップを作成する
　1.2　ハザードマップにより地域の危険性を評価する
　1.3　危険地域からの移転も視野に入れた土地利用を検討する
　1.4　ハザードマップを活用した、事前の復興計画を作成する
　1.5　ハザードマップ、復興計画を利用した、住民・行政間でのリスクコミュニケーションにより、地域の安全性を高める

2 効果的な減災のための抑止策を検討する
　<u>費用対効果に配慮したハード対策を考える</u>
　2.1　防潮施設の維持・管理を行う
　2.2　防潮施設（浸水量を抑えて被害を小さくする）をつくる
　2.3　津波防護施設、避難施設をつくる・設定する
　2.4　避難経路を設定する
　2.5　個人住宅の耐浪性についての研究を促進する
　<u>ハード対策の副作用（環境への影響）を考える</u>
　2.6　環境問題と防災対策の関係を明らかにする研究を促進する

3 防災文化を構築する
　<u>自分でリスクを評価し行動に移せる人をつくる</u>
　3.1　外力知識、リスク認知、災害体験学習を含めた津波総合教育プログラムをつくる
　3.2　災害スキーマ（災害に対する理解の枠組み）を持つ人を増やす
　<u>地域における災害に対する規範をつくる</u>
　3.3　津波避難計画に住民が参画する仕組みをつくる

3.4　自分で逃げられない人を支援する仕組みをつくる
3.5　地域ニーズを反映した避難所の設立、運営マニュアルをつくる
　　<u>住民のより良い意思決定のために行政が行うべき情報提供を考える</u>
3.6　津波情報の住民への到達のメカニズムを明らかにする
3.7　津波情報の精度を向上させる
3.8　「津波警報が出ると避難する」という行動パターンを確立する

4　津波避難に必要な情報共有の仕組みをつくる
　　<u>災害時要援護者としてどの範囲までを想定するか事前に決定する</u>
　　<u>要援護者の把握・情報収集・共有の方法を確立する</u>
4.1　情報共有の範囲を決定する
4.2　情報の収集・作成・管理・保管のルールづくりをする
　　<u>情報を活用した訓練を実施する</u>

5　援護を必要とする人を想定した支援力を高める
　　<u>行政の災害時要援護者の支援力を高める</u>
5.1　要援護者の支援体制（行政、事業者）をつくる
5.2　社会福祉制度などの既存の組織・制度を活用する
5.3　避難のための資源を確保する
　　<u>要援護者支援の意識づくりをする</u>
5.4　様々な主体に意識啓発と周知を図る
5.5　要援護者対策を含めた防災訓練を実施する

6　地震・津波災害下に必要な対応を体系化する
6.0　医療救護活動
　　<u>病院、福祉施設などが被災した場合の対応体制を確立する</u>
6.0.1　代替機能を確保する
6.0.2　患者・利用者の移送手段を確保する
　　<u>被災に伴うケガ・病気に対する医療提供体制の円滑化を図る</u>

6.0.3 医療救護体制を確保する

6.0.4 医薬品等を確保する

6.1 避難行動支援

<u>避難できる環境を確保する</u>

6.1.1 個人住宅並びに施設等の安全を確保する

（1）耐震診断を実施する

（2）耐震改修を実施する

（3）家具や備品転倒防止等居住空間の安全を確保する

<u>避難支援計画を整備する</u>

6.1.2 津波からの避難場所を確保する

（1）避難経路を確認する

（2）避難支援体制を確保する

（3）第一次避難場所からの撤退計画を立てる

<u>避難誘導訓練を実施する</u>

6.2 避難生活支援

<u>支援者・支援物資を確保する</u>

6.2.1 支援者を確保する

6.2.2 必要物資を確保する

6.2.3 生活必需品を確保する

<u>避難所等を開設・運営する</u>

6.2.4 要援護者の特性に配慮した避難所を運営する

6.2.5 福祉避難所等を設置する

6.2.6 福祉避難所等を円滑に運営する

<u>避難所までの移動計画を立てる（県外も想定する）</u>

<u>緊急受入体制を整備する</u>

6.2.7 社会福祉施設、事業所等と連携を図る

6.2.8 緊急受入基準を設定する

6.3 仮住まい生活支援

<u>住まいを確保する</u>

6.3.1　仮設住宅を建設する土地を確保する
   6.3.2　仮設住宅を建設する
   6.3.3　民間・公営住宅を確保する
   6.3.4　要援護者に配慮した仮設住宅を確保する
   6.3.5　要援護者のニーズにあった施設を確保する
   <u>仮住まいにおける援護が必要な人を支援するサービスを確保する</u>
   6.3.6　こころのケアを実施する
   6.3.7　福祉サービスを確保する
 6.4　仮住まい解消支援
　<u>仮住まい（仮設住宅、緊急入院・入所）が恒常的に定着しないようにする</u>
   6.4.1　本人・家族の生活再建の意志が継続するよう、専門家の支援を行う
 6.5　近畿圏一丸となって応急・復旧活動に取り組むための仕組みをつくる
　<u>近畿府県災害対策協議会（福井・徳島を含む2府7県）を基盤とした災害対応体制を構築する</u>
   6.5.1　国の現地本部体制を整備する

7　生活再建を支援する
　<u>復興計画による根本的解決策の事前策定</u>
　仮住まい解消支援
 7.1　生活再建支援計画を策定する
　<u>復興住宅を確保する</u>

8　次の災害に備えたまちづくりを計画する
　津波、土砂、地盤被害が発生した場所については、根本的な防災対策が見つからないかぎり、基本的にまちの再建を考えない

○中山間地域・中小都市の再生を視野に入れた防災のあり方の提案

　中山間地域・中小都市の防災力を高めるには、急速に進む過疎、高齢化の問題を視野に、地域の自立性、持続性への配慮が欠かせない。

　地域の自立性を高めるためには、その地域の持つ強み、弱みを見極め、その地域の長所を伸ばしつつ、短所を補完することが求められる。

　また、自立性を継続させるという観点から持続性を高めるためには、安全で安心な生活を確保できるための最低限の条件を整理する必要があり、その不足分に対し最小限の社会的投資による効果的な施策を検討すべきである。

　これらの地域が自立性と持続性を得るには、選択と集中による地域再生を長期的に考える必要がある。産業、医療・福祉、教育など日常生活における課題の背景にある防災課題を意識した地域独自の再生計画の策定と、これに基づいた地域づくりが重要である。

　これらの実現には、以下の戦略を段階的に繰り返し進めてゆく必要がある。

1 　中山間地域、中小都市の特長、地域自立性を測定する指標の構築
　1.1　過去の災害事例からの要素の抽出
　1.2　原単位の提案
　　1.2.1　集落維持に必要な項目の検討
　　1.2.2　人口確保とその人口構成
　　1.2.3　ライフラインの確保（電気、水道、瓦斯、通信）
　　1.2.4　衣、食、住
　　1.2.5　医療・福祉、産業、教育（医、職、習）
　　1.2.6　自然、文化、つながり

2 地域自立性の強み、弱みの明確化（評価実施）
 2.1 原単位を用いた事例の検証と相互比較
 2.2 各原単位に基づく指標から、総合的評価が行える基準設定
  2.2.1 総合評価の意義と定義
  2.2.2 過去の災害事例にあてはめた検討
  2.2.3 評価向上に資する対策の整理
 2.3 モデル地区を対象とした評価
  2.3.1 孤立集落自立可能性の検討
  2.3.2 集落復興とその自立可能性の検討
 2.4 評価結果に基づいた各対象地域の位置づけ

3 地域持続性を高める投資効用に基づいた施策の推進
 3.1 施策の概念設計
  3.1.1 持続可能な中山間地域における生活の定義
  3.1.2 必要な施策展開に関する考え方
 3.2 自立性評価を向上するための施策展開
  3.2.1 交通路や情報収集伝達体制の整備
  3.2.2 医療、福祉、教育等の生活を支える仕組みの構築
  3.2.3 コミュニティ活動の活性化と安全な地域づくり
  3.2.4 地場産業・人材育成を通じた地域の持続性強化
 3.3 施策の効果を自立性の指標、評価へフィードバック
 3.4 防災力向上を前面に打ち出した中山間地域の魅力発信

○複数の震災が連続して発生する場合での最適な復旧・復興戦略

戦略目標：時間差発生間に生じる問題に対する被害軽減方策を構築する

■中目標①：東海・東南海地震発生後に円滑かつ的確に警戒体制を示すことのできる仕組みをつくる
- 小目標1：東海・東南海・南海地震の発生危険性を予測できる観測体制を整備する
- 小目標2：観測情報をもとに活動の制限の程度と区域と期間を定める警戒体制の基準をつくる
- 小目標3：観測情報をもとに危険性の程度に応じた警戒体制に関する情報を迅速に伝えることのできる仕組みをつくる

■中目標②：南海地震の発生脅威のある中で適切に対応できるように住民の危機管理能力の向上を図る
- 小目標1：時間差発生に関する知識の向上と理解を促進する
- 小目標2：危険区域における社会・経済活動の制限への理解を得る
- 小目標3：地域ごとの課題を踏まえた教育・訓練を実施する

■中目標③：時間差発生時の対応を効果的に行えるように空間を整備する
- 小目標1：人的・物的資源を効率的に配分できるようにするための基盤施設を整備する
- 小目標2：南海地震の激甚被害予測区域からの移転先を整備する
- 小目標3：東南海・南海地震発生後の復旧・復興を見据えた空間整備方針を策定する

■中目標④：災害対応に必要な資源の確保と効率的な資源配分体制を構築する
　小目標1：災害対応にかかわる機関の人員の配置体制を整備する
　小目標2：災害対応にかかわる物的資源の配分体制を整える

■中目標⑤：両方の地震で被害にあうと予測される地域の復旧・復興を円滑に行えるようにする
　小目標1：南海地震の被害危険区域において生じた被害の復旧の進め方のルールを取り決める
　小目標2：2回目の地震をうける危険性のある地域の人的被害の軽減のために地区単位で住民と行政機能を一時的に移転させることのできる体制を整える
　小目標3：事前に住民が希望をもてるような復興計画（案）を策定する

■中目標⑥：住民の生命にかかわるリスク軽減のために社会・経済の活動制限内容の枠組みを決める
　小目標1：公共機関や学校・企業等の活動の制限を時間経過、危険情報、地域状況に応じて対応できる仕組みをつくる
　小目標2：災害危険区域への立ち入りや活動を時間経過、危険情報、地区状況に応じて柔軟に対応できる仕組みをつくる

■中目標⑦：2回目の地震の脅威によって生じる経済的な間接被害を軽減するために広域的なBCPを作成する
　小目標1：企業ごとのBCPの作成を促進する
　小目標2：地域ごとに経済活動を継続できるようにするBCPを策定する
　小目標3：産業ごとに地震の発生パターンを考慮したBCPを策定する

小目標4：産業連関の打撃を軽減するために全体的なBCPの調整をする機関を設置する

大大特Ⅲ-3　成果普及事業　参加者一覧
（平成16年度）

団体名	所　　　　属	職　　名	氏　　名
三重県	地震対策室	主幹	田中　貞朗
	地震対策室	主査	山口　弘之
	防災対策室	技師	杉山　幸嗣
和歌山県	総合防災課	班長	中林　憲一
	総合防災課	主査	茂田　紀宏
	総合防災課	主事	山中　誠
	総合防災課	主事	蔵光　良
	総合防災課	副主査	久保田　歩
	総合防災課	主査	小西　秀文
	障害福祉課	副主査	大井　崇弘
	県土整備総務課	主査	太田　和良
	福祉保健総務課	副主査	平田　慶行
大阪府	危機管理室	総括主査	梅田　一也
	危機管理室	主査	原田　雄造
	危機管理室	主査	浜本　昇一郎
	危機管理室	主査	轟　修蔵
	危機管理室	主査	鍋割　治
	危機管理室	主事	吉岡　明
	危機管理室	主査	中谷　浩
兵庫県	防災企画課	課長補佐兼計画係長	石田　勝則
	港湾課	技術吏員	廣田　宗朗
奈良県	消防防災課	副主幹	今西　洋一
	消防防災課	主査	倉田　貴史
	消防防災課	主査	中川　智巨
	消防防災課	技師	阪本　智彦
	消防防災課	主事	梅野　正和
	福祉政策課	主事	常盤　佳宏
大阪市	危機管理課	課長代理	吉原　一裕
	危機管理課	係長	奥本　秀樹
	危機管理課	係員	西村　俊昭
	危機管理課	係長	小出　広和
神戸市	危機管理室	主幹	岡田　勇
	危機管理室	主査	大山　慎一
	危機管理室	係員	松田　圭太
	危機管理室	主査	中村　文郎
	危機管理室	係員	関戸　裕二
京都市	消防局防災危機管理室	担当課長	中村　文俊
	消防局防災危機管理室	主任	竹内　真一
	都市計画課	施設係長	石塚　憲
	都市計画課	主任	奥田　吉彦

(平成17年度：自治体)

団体名	所属	職名	氏名
三重県	地震対策室	主査	山口　弘之
	地震対策室	主査	大辻　勝己
	地震対策室	主事	伊藤　秀彦
	地震対策室	主事	野田　憲市
	防災対策室	主査	中瀬　元浩
	防災対策室	技師	杉山　幸嗣
和歌山県	総合防災課	主任	田畑　博史
	総合防災課	主査	今井　善人
	総合防災課	副主査	西田　治彦
	県土整備総務課	防災班長	前田　俊紀
	県土整備総務課	主査	太田　和良
	都市政策課	課長補佐	近川　房千代
	都市政策課	主任	生駒　吉教
滋賀県	総合防災課地震対策室	主任主事	堀江　良樹
京都府	防災室	主事	八木　寿史
	建築指導課	主任	椋平　芳智
大阪府	危機管理課	課長補佐	藤原　常博
	危機管理課	主査	原田　雄造
	危機管理課	主査	廣橋　徹
兵庫県	防災計画課	主査	小池　謙一郎
	港湾課	主任	廣田　宗朗
奈良県	消防防災課	係長	向井　一富
	消防防災課	主査	倉田　貴史
	消防防災課	主査	中川　智巨
	消防防災課	主査	須原　寛
	消防防災課	主査	阪本　智彦
	消防防災課	主査	北村　由起子
	福祉政策課	主事	常盤　佳宏
	建築課	主査	山本　靖司
大阪市	危機管理室	担当係長	下田　健司
	危機管理室	担当係長	中井　正人
神戸市	危機管理室	主査	田中　丈之
	危機管理室	係員	松田　圭太
	危機管理室	係員	関戸　裕二
	住宅政策課	主査	東　和恵
	すまいの安心支援センター	主査	磨家　孝明
京都市	消防局防災危機管理室	主任	出口　晃平
	都市計画課	施設係長	石塚　憲

(平成17年度：専門家）

※五十音順

所　　　　属	職　名	氏　名
首都大学東京都市環境学部	研究員	饗庭　伸
首都大学東京都市環境学部	研究員	市古　太郎
横浜国立大学大学院環境情報研究院	助手	稲垣　景子
岩手県立大学総合政策学部	助教授	牛山　素行
高松工業高等専門学校建設環境工学科	助手	及川　康
京都大学原子炉実験所原子力基礎工学研究部門	助手	川辺　秀憲
名古屋大学大学院環境学研究科附属地震火山・防災センター	助手	木村　玲欧
株式会社防災＆情報研究所	主幹研究員	坂本　朗一
長岡造形大学建築・環境デザイン学科	講師	澤田　雅浩
筑波大学大学院システム情報工学研究科	講師	庄司　学
大阪大学コミュニケーションデザインセンター	特任講師	菅　磨志保
新潟大学災害復興科学センター	特任助教授	田村　圭子
独立行政法人防災科学技術研究所川崎ラボラトリー	研究員	秦　康範
名古屋大学大学院環境学研究科附属地震火山・防災センター	助手	林　能成
NTT西日本株式会社兵庫支店	主査	東田　光裕
新潟大学災害復興科学センター	特任助教授	福留　邦洋
筑波大学大学院システム情報工学研究科		藤井(齋藤)正俊
三菱UFJリサーチ＆コンサルティング（株）	研究員	紅谷　昇平
京都大学防災研究所	助教授	牧　紀男
大分大学教育福祉科学部	助教授	山崎　栄一
神戸大学大学院自然科学研究科	COE研究員	山崎　義人
株式会社コープラン		吉川健一郎
株式会社防災都市計画研究所	計画部長	吉川　忠寛
東京大学生産技術研究所	助手	吉村　美保
秋田県立大学木材高度加工研究所	准教授	渡辺　千明
人と防災未来センター	専任研究員	越山　健治
人と防災未来センター	専任研究員	近藤　伸也
人と防災未来センター	専任研究員	照本　清峰
人と防災未来センター	専任研究員	永松　伸吾
人と防災未来センター	専任研究員	原田　賢治
人と防災未来センター	専任研究員	平山　修久
人と防災未来センター	専任研究員	堀江　啓

(平成18年度：自治体)

団体名	所属	職名	氏名
三重県	防災対策室	副室長	中嶋　宏行
	防災対策室	主査	中瀬　元浩
	防災対策室	主査	杉山　幸嗣
	地震対策室	主査	大辻　勝己
	地震対策室	技師	河村　孝祐
和歌山県	総合防災課	主任	田畑　博史
	総合防災課	副主査	久保田　歩
	総合防災課	副主査	西田　治彦
	東牟婁振興局串本建設部	総括主任	太田　和良
	県土整備総務課	主査	片家　康裕
	県土整備総務課	主事	高崎　慎太郎
	都市政策課	主任	生駒　吉教
	都市政策課	主査	前山　勝彦
滋賀県	総合防災課地震対策室	主任主事	堀江　良樹
	住宅課	主幹	杉田　憲二
京都府	防災室	主事	八木　寿史
	建築指導課	建築指導主任	鹿野　俊成
	建築指導課	技師	中西　康晴
大阪府	危機管理課	総括主査	鍋割　治
	危機管理課	主査	廣橋　徹
	建築企画課	総括主査	宮本　佳典
	建築企画課	技師	今井　忠海
兵庫県	港湾課	主任	廣田　宗朗
奈良県	防災統括室	係長	尾崎　俊之
	防災統括室	係長	坂口　歩
	防災統括室	調整員	山中　淳史
	防災統括室	主査	倉田　貴史
	防災統括室	主査	須原　寛
	防災統括室	主査	阪本　智彦
	福祉政策課	主事	江上　真弘
	建築課	主査	前田　巧
大阪市	危機管理室	技師	黒木　利一
神戸市	危機管理室	係員	関戸　裕二
	住宅政策課	主査	東　和恵
	すまいの安心支援センター	耐震支援係長	磨家　孝明
京都市	消防局防災危機管理室	主任	出口　晃平
	指導課	課長補佐	籾井　太計司
	住宅政策課	企画係長	山本　一博
	住宅政策課	係員	大岸　薫

(平成18年度：専門家)

※五十音順

所　　　　属	職　名	氏　名
首都大学東京都市環境学部	研究員	饗庭　伸
横浜国立大学大学院環境情報研究院	助　手	稲垣　景子
京都大学原子炉実験所原子力基礎工学研究部門	助　手	川辺　秀憲
名古屋大学大学院環境学研究科附属地震火山・防災センター	助　手	木村　玲欧
株式会社防災＆情報研究所	主幹研究員	坂本　朗一
長岡造形大学建築・環境デザイン学科	講　師	澤田　雅浩
筑波大学大学院システム情報工学研究科	講　師	庄司　学
大阪大学コミュニケーションデザインセンター	特任講師	菅　磨志保
新潟大学災害復興科学センター	特任助教授	田村　圭子
独立行政法人防災科学技術研究所川崎ラボラトリー	研究員	秦　康範
名古屋大学大学院環境学研究科附属地震火山・防災センター	助　手	林　能成
ＮＴＴ西日本株式会社兵庫支店	主　査	東田　光裕
東京大学工学系研究科	博士課程	廣井　悠
新潟大学災害復興科学センター	特任助教授	福留　邦洋
三菱ＵＦＪリサーチ＆コンサルティング（株）	研究員	紅谷　昇平
京都大学防災研究所	助教授	牧　紀男
大分大学教育福祉科学部	助教授	山崎　栄一
株式会社防災都市計画研究所	計画部長	吉川　忠寛
東京大学生産技術研究所	助　手	吉村　美保
秋田県立大学木材高度加工研究所	准教授	渡辺　千明
人と防災未来センター	専任研究員	越山　健治
人と防災未来センター	専任研究員	近藤　伸也
人と防災未来センター	専任研究員	近藤　民代
人と防災未来センター	専任研究員	鈴木　進吾
人と防災未来センター	専任研究員	照本　清峰
人と防災未来センター	専任研究員	永松　伸吾
人と防災未来センター	専任研究員	原田　賢治
人と防災未来センター	専任研究員	平山　修久
人と防災未来センター	専任研究員	堀江　啓

巻頭カラーページ 解説

写真 1944年昭和東南海地震における尾鷲市の被害の様子（巻頭カラーページ①頁参照）

　東南海地震と南海地震は、我が国の歴史を紐解いても、おおよそ100年前後の周期で繰り返し発生している。前回は東南海地震が1944年に発生し、その2年後に南海地震が発生した。写真はそのときの尾鷲市における津波被害の様子を伝える貴重なもの。

図1　（巻頭カラーページⅡ、Ⅲ頁参照）

　政府の中央防災会議によれば、東海地震、東南海地震、南海地震の3つが同時発生した場合、西日本の太平洋側を中心に広域にわたって強い揺れが発生すると想定されており、これによれば日本国民の3人に1人が、震度5弱以上の揺れを経験することとなる。もし現実化すれば、戦後最大規模の地震・津波災害になることは間違いない。

図2・3　（巻頭カラーページⅣ頁参照）

　東南海地震発生から南海地震の発生までに、数日から数年の間隔が空くケースも想定される。このため一部の地域では、震度6弱、5メートル以上の津波に再び襲われる可能性がある。東南海地震が単独で発生すれば、その後の救援活動や復旧・復興活動がもつリスクは大きい。

図4　（巻頭カラーページⅤ頁参照）

　東南海地震と南海地震の発生確率のピークはそれぞれ2031年と2036年と考えられている。そのころの我々の社会は、現在から大きく変貌を遂げているはずである。例えば、2030年頃には人口の30%以上が65歳以上の老齢という地域が圧倒的多数となる。地域コミュニティ内部での助け合いは今以上に困難となるであろう。

図5　（巻頭カラーページⅥ頁参照）

　プレート境界を震源とする東海・東南海・南海地震は、数秒程度の周期をもつゆっくりと大きな揺れ（やや長周期の強震動）を発生させ、平野部ではこれらが特に増幅される。それが、高層建築物や長大橋梁、コンビナートの石油タンクなどの大型構造物と共振現象を起こしたとき、建築物に想定以上の激しい揺れをもたらし、思わぬ機能障害をもたらす危険性がある。

図6 (巻頭カラーページ⑦頁参照)

　東海・東南海・南海地震による集落の孤立は極めて多数に及ぶことが想定される。三重県・和歌山県における土砂災害危険箇所のかなりの部分が震度6弱以上の揺れに襲われ、国道や主要な地方道を閉塞させる可能性が高い。また沿岸部は津波で被災する。孤立箇所の把握すら困難となり、孤立の全面解消には長期間を要する。

図7 (巻頭カラーページ⑦頁参照)

　これだけの広域災害に対応するためには、行政の災害対策本部をはじめ災害対応にかかわるすべての人々が、災害の全体像や、その時点における焦眉の課題について統一的な認識を共有しなければならない。そのためには、各府県や市町村が用いる本部会議資料を統一し、目標を明確にした災害対応を実施する必要がある。

図8 (巻頭カラーページ⑦頁参照)

　東南海地震と南海地震が時間差で発生するときの課題と解決戦略は地域ごとに異なる。どちらの地震でも大きな被害を受ける地域（大大の地域）と、どちらか一方で大規模な被害を受ける地域（大小又は小大の地域）、どちらもそれほど被害を受けない地域（小小の地域）と、外力の大きさによって4つの地域に累計し、それぞれの問題構造を把握する必要がある。

【「巨大地震災害へのカウントダウン」執筆者代表一覧】

第1編　東海・東南海・南海地震とはどのような災害なのか
　　（人と防災未来センター　研究副主幹：永松　伸吾）

第2編　6つの課題
　第1章　住宅の耐震化戦略の構築
　　（株式会社インターリスク総研　主任研究員：堀江　啓、東京大学大学院　情報学環総合防災情報研究センター　准教授：大原　美保、東京大学大学院　工学系研究科都市工学専攻　助教：廣井　悠）

　第2章　やや長周期の強震動による社会資本への被害予測と対策の確立
　　（京都大学大学院　工学研究科都市社会工学専攻　ライフライン工学講座都市供給システム分野　GCOE特定准教授：平山　修久）

　第3章　広域災害を視野に入れた連携体制の構築・効果的な危機対応を可能にする情報システムの開発
　　（神戸大学大学院　工学研究科建築学専攻　准教授：近藤　民代、（財）ひょうご震災記念21世紀研究機構　人と防災未来センター　研究主幹：越山　健治）

　第4章　要援護者の避難対策も含めた総合的な津波避難対策の提案
　　（新潟大学　危機管理室　（災害復興科学センター（兼務））　教授：田村　圭子）

　第5章　中山間地域・中小都市の再生を視野に入れた防災のあり方の提案
　　（長岡造形大学　建築・環境デザイン学科　准教授：澤田　雅浩）

　第6章　複数の震災が連続して発生する場合での最適な復旧・復興戦略
　　（人と防災未来センター　主任研究員：照本　清峰）

第3編　現場と研究者の知恵が集う～チーム33がめざしたもの～
　　（人と防災未来センター　研究副主幹：永松　伸吾）

巨大地震災害へのカウントダウン
～東海・東南海・南海地震に向けた防災戦略～

平成21年6月1日 初版発行

監修	河田 惠昭 （人と防災未来センター長）
	林 春男 （京都大学防災研究所教授）
編集	大大特成果普及事業チーム33
発行者	星沢 哲也
発行所	東京法令出版株式会社

112-0002	東京都文京区小石川5丁目17番3号	03(5803)3304
534-0024	大阪市都島区東野田町1丁目17番12号	06(6355)5226
060-0009	札幌市中央区北九条西18丁目36番83号	011(640)5182
980-0012	仙台市青葉区錦町1丁目1番10号	022(216)5871
462-0053	名古屋市北区光音寺町野方1918番地	052(914)2251
730-0005	広島市中区西白島町11番9号	082(516)1230
810-0011	福岡市中央区高砂2丁目13番22号	092(533)1588
380-8688	長野市南千歳町1005番地	

〔営業〕TEL 026(224)5411　FAX 026(224)5419
〔編集〕TEL 026(224)5412　FAX 026(224)5439
http://www.tokyo-horei.co.jp/

© Printed in Japan, 2009

本書の全部又は一部の複写、複製及び磁気又は光記録媒体への入力等は、著作権法上での例外を除き禁じられています。これらの許諾については、当社までご照会ください。

落丁本・乱丁本はお取替えいたします。

ISBN978-4-8090-2277-7